Héctor Fuentes Castillo

Estrategias de desarrollo regional

Héctor Fuentes Castillo

Estrategias de desarrollo regional

El caso de la región de Atacama, Chile

PUBLICIA

Impressum / Aviso legal
Bibliografische Information der Deutschen Nationalbibliothek: Die Deutsche Nationalbibliothek verzeichnet diese Publikation in der Deutschen Nationalbibliografie; detaillierte bibliografische Daten sind im Internet über http://dnb.d-nb.de abrufbar.

Información bibliográfica de la Deutsche Nationalbibliothek: La Deutsche Nationalbibliothek clasifica esta publicación en la Deutsche Nationalbibliografie; los datos bibliográficos detallados están disponibles en internet en http://dnb.d-nb.de.

Coverbild / Imagen de portada: www.ingimage.com

Verlag / Editorial:
PUBLICIA
ist ein Imprint der / es una marca de
OmniScriptum GmbH & Co. KG
Bahnhofstraße 28, 66111 Saarbrücken, Deutschland / Alemania
Email / Correo Electrónico: info@omniscriptum.com

Herstellung: siehe letzte Seite /
Publicado en: consulte la última página
ISBN: 978-3-8416-8335-9

Zugl. / Aprobado por: Lleida, Universidad de Lleida, Tesis Doctoral 2017

"Hoy en día, el desarrollo es una preocupación mundial que trasciende las ideologías y los intereses inmediatos. Es ahora un reto tanto moral como político. . . Que demuestra que la estabilidad y la prosperidad son indivisibles."

Kofi Annan

"La suerte de una ciudad depende de tres factores claves: Planeación territorial, consenso con las entidades territoriales de orden superior y participación ciudadana."

Foro Mundial de Ciudades, Colombia, 2014

A mi padres, Laura y José.

RESUMEN

Los factores de crecimiento económico no Forman un inventario cerrado, sino un elenco abierto y cambiante. Una realidad que en regiones y países cuyo crecimiento se ha basado en la explotación de recursos naturales preexistentes, resulta difícil de percibir. En este ambiente variable, un país debe ser capaz de definir líneas de crecimiento y de desarrollo económico equitativo para todas sus regiones, y éstas a su vez, deben participar activamente en las estrategias de cambio, considerando para ello el potencial de crecimiento que poseen todas sus riquezas y las oportunidades que brinda el mercado en su desarrollo.

La política de desarrollo endógeno constituye una respuesta concreta a la necesidad de plantear una normativa de crecimiento y desarrollo sustentable en el tiempo, para una región. Esta teoría hace referencia a los procesos de crecimiento y acumulación de capital en territorios que tienen una cultura e instituciones propias, sobre cuya base se toman las decisiones de inversión. El desarrollo endógeno, para ser exitoso, necesita no solo de las relaciones económicas entre sus estructuras productivas, sino que también requiere de valores sociales y culturales, que servirán de base para el proceso de desarrollo. En el cumplimiento de esas metas, es necesario contar con estrategias sustentables en el tiempo y en beneficio propio, para que de este modo la región, adquiera mayor competitividad económica y sostenibilidad social. A la vez que sus habitantes, se vean favorecidos, por una mayor seguridad laboral y un mayor ingreso per cápita.

Las estrategias regionales deben elegir en qué actividades destacará el territorio, qué activos específicos se ofrecerán para conseguir que las empresas se localicen en él, cuáles serán los actores objetivos y los actores principales que llevarán a cabo estas actividades, cuál será el papel o la conexión de la región en relación a otros territorios y agentes externos, y qué articulación interna presentará el territorio. Con el propósito de aplicar éstos conocimiento y todos los vertidos en esta tesis, se ha usado a la región de Atacama en Chile, como un gran laboratorio. En ella se han definido distintas estrategias, que darán sustento al proceso de desarrollo endógeno.

Palabras Clave: Crecimiento económico, desarrollo económico, desarrollo endógeno, estrategia territorial.

RESUM

Els factors de creixement econòmic no formen un inventari tancat, sinó un elenc obert i canviant. Una realitat que en regions i països el creixement s'ha basat en l'explotació de recursos naturals preexistents, resulta difícil de percebre. En aquest ambient variable, un país ha de ser capaç de definir línies de creixement i de desenvolupament econòmic equitatives per a totes les seves regions, i aquestes al seu torn, han de participar activament en les estratègies de canvi, considerant per a això el potencial de creixement que posseeixen totes les seves riqueses i les oportunitats que brinda el mercat en el seu desenvolupament.

La política de desenvolupament endogen constitueix una resposta concreta a la necessitat de plantejar una normativa de creixement i desenvolupament sostenible en el temps, per a una regió. Aquesta teoria fa referència als processos de creixement i acumulació de capital en territoris que tenen una cultura i institucions pròpies, sobre la base dels quals prenen les decisions d'inversió. El desenvolupament endogen, per ser reeixit, necessita no només de les relacions econòmiques entre les seves estructures productives, sinó que també requereix de valors socials i culturals, que serviran de base per al procés de desenvolupament. En el compliment d'aquestes metes, cal comptar amb estratègies sostenibles en el temps i en benefici propi, perquè d'aquesta manera la regió, adquireixi més competitivitat econòmica i sostenibilitat social. Alhora que els seus habitants, també es vegin afavorits, per una major seguretat laboral i un major ingrés per càpita.

Les estratègies regionals han de triar en quines activitats destacarà el territori, quins actius específics s'oferiran per aconseguir que les empreses es localitzin en ell, quins seran els actors objectiu i els actors principals que portaran a terme aquestes activitats, quin serà el paper o la connexió de la regió en relació a altres territoris i agents externs, i què articulació interna presentarà el territori. Amb el propòsit d'aplicar aquests coneixement i tots els abocaments en aquesta tesi, s'ha fet servir a la regió d'Atacama a Xile, com un gran laboratori. S'hi han definit diferents estratègies, que donaran suport al procés de desenvolupament endogen.

Paraules Clau: Creixement econòmic, desenvolupament econòmic, desenvolupament endogen, estratègia territorial

ABSTRACT

The economic growth factors are not a closed inventory, but an open and changing one. A reality difficult to perceive in regions and countries in which growth has been based on the exploitation of existing natural resources. In this changing environment, a country must be able to define growth lines and equitable economic development for its regions, and these in turn, should actively participate in changing strategies, taking into consideration the growth potential of its resources and development opportunities offered by market.

Endogenous development policy is a concrete response to the need of establishing a policy of sustainable growth and region's development. This theory refers to the growth processes and capital accumulation in territories with their own culture and institutions on which investment decisions are based. For endogenous development to be successful, you need not only economic relations between their productivity structures, but social and cultural values as well as a basis for the development process. In fulfilling these goals, it is necessary to have sustainable strategies over time for their own benefit, so that in this way the region, will acquire superior economic competitiveness and social sustainability. While their inhabitants, are also favored with greater job security and higher per capita income.

Regional strategies should define in which activities the territory will excel on, which specific assets will be offered to businesses so that they stablish operations there, what are the objectives and main actors who will carry out these activities, what role or connection will have the region in relation to other territories and external agents, and what internal articulation will the territory have. In order to apply this knowledge and all contents in this thesis, the Atacama region in Chile has been used, as a vast laboratory. On this thesis several strategies have been defined, these will sustain the process of endogenous development.

Keywords: Economic growth, economic development, endogenous development, territorial strategy.

INDICE

INDICE DE FIGURAS

INDICE DE GRÁFICOS

INDICE DE TABLAS

ACRÓNIMOS

BCCH = Banco Central de Chile.

CAP = Compañía de Acero del Pacífico.

CEPAL = Comisión Económica para América Latina y el Caribe.

COCHILCO = Comisión Chilena del Cobre.

CODELCO= Corporación Nacional del Cobre, Chile.

CONICYT = Comisión Nacional de investigación Cientifica y Tecnológica.

CORFO = Corporación de Fomento de la Producción.

ENAMI = Empresa Nacional de Minería.

INACER = Índice de Actividad Económica Regional.

INE = Instituto Nacional de Estadística.

MM$ = Miles de miles de pesos chilenos.

MMU$ = Miles de miles de dólares américanos.

MN = Millas Nauticas.

MSNM = Metros Sobre el Nivel del Mar.

MTn = Miles de toneladas.

SERCOTEC = Servicio de Cooperación Técnica.

SII = Servicio de Impuestos Internos de Chile.

Tn= Tonelada.

UF = Unidad de Fomento, unidad de cuenta usada en Chile, reajustable de manera diaria, acuerdo con la inflación.

US$ = Dólar américano.

CAPÍTULO I

INTRODUCCIÓN.

Durante muchas décadas, el desarrollo y el crecimiento económico fueron considerados sinónimos. Las escuelas clásicas no creían que el crecimiento y el desarrollo fuesen el producto de cambios tecnológicos. Su enfoque era, no obstante, muy elemental. Consideraban que las bases del crecimiento económico se fundamentaban en dos factores básicos: capital y trabajo. Además dedujeron que al aumentar la población, también lo hacía la fuerza de trabajo, y que al existir un cierto acervo de medios de capital, los beneficios económicos de las empresas descenderían significativamente, dado que los rendimientos de producción son decrecientes. En medio de esta disyuntiva, el progreso tecnológico quizás sería el único factor que permitiría mejoras en el capital y aumentos en la productividad. Thomas Malthus, observó que la población crecía mucho más rápido que los medios de subsistencia, especialmente los de la agricultura. Según su planteamiento los alimentos en el mejor de los casos, aumentarían en base a una progresión aritmética, en cambio la población lo haría en una proporción geométrica. Una diferencia que llevaría a una escasez alimentaria, dando lugar a la pobreza extrema. Este tipo de pensamientos se mantuvo durante muchos años, e incluso las ideas de Karl Marx que ponían en duda la viabilidad de la economía de mercado, atendiendo al descontento social, estuvieron impregnadas de ellas. Las teorías de Marx y Malthus parecieron tener su confirmación máxima durante la Gran Depresión de los años 30 que como una epidemia azotó las economías nacionales. Dado que los ingresos fiscales, los beneficios y los precios de casi todos los países cayeron, transmitiendo una sensación generalizada de inseguridad y miseria. Parecía que el sistema imperante era incapaz de proporcionar una solución al estancamiento económico existente. En esta misma época de pesimismo económico aparecen los trabajos de John Keynes, quien consiguió relacionar el estudio del ciclo económico con los análisis del crecimiento, proporcionando una explicación consistente al crecimiento y ciclos de la economía. Aduciendo que ésta crece cuando las expectativas son positivas y disminuye cuando son negativas. Aunque a Keynes no se le puede atribuir un aporte exclusivo a las teorías del crecimiento económico, sus ideas fueron el inicio para el desarrollo de los modelos macroeconómicos, con los cuales se ahondó años después el crecimiento económico.

El gran interés que ha suscitado entre los economistas por el crecimiento económico, no ha sido otra cosa que su capacidad para resolver el problema de la pobreza. Poco a poco se fueron dando cuenta que el crecimiento por si solo no bastaba, ya que se entendía, como la acumulación de trabajo y capital. Los modelos de crecimiento en sus análisis, no consideraban los instrumentos necesarios para promover y medir el desarrollo económico y social. Después de la Segunda Guerra Mundial, se produce un cambio sustancial en el pensamiento colectivo, con la llegada de la preocupación por aquellas sociedades denominadas, Subdesarrolladas o Países del Tercer Mundo, específicamente los procesos de independencia de los años 50 y 60. Ese período también se caracteriza por el rechazo a aceptar un único pensamiento teórico como válido. Así las teorías y enfoques centradas en el desarrollo económico se dividen en dos corrientes; la primera es la **ortodoxa**, que forma parte de la corriente principal (*mainstream*) de la economía, y en segundo lugar la **heterodoxa**, que se caracteriza por sus criticas al primero y por buscar planteamientos alternativos.

Durante la década de los setenta los conceptos de crecimiento y desarrollo se fueron distanciando aún más, adquiriendo éste último una dimensión más humana. La noción de desarrollo se centró en la satisfacción de las necesidades básicas del hombre, esto se explica por:

- El modelo de crecimiento económico imperante, había sido incapaz de reducir el desempleo, la pobreza y las desigualdades existentes en el tercer mundo.

- El ambiente bélico y hostil que se vivía en el mundo. Por un lado, aumentaban los golpes militares en países subdesarrollados y por otro, crecían los movimientos sociales como consecuencia de la guerra de Vietnam.

- Las estrategias de industrialización habían sido un fracaso en lo económico y social.

- La creciente información sobre la pobreza y desigualdad existentes en el Tercer Mundo.

- El alto costo en vidas humanas y sufrimientos en Etiopía y Bangladesh, como consecuencia de las hambrunas de 1973 y 1974.

Todo esto ayuda en el surgimiento de un enfoque radicalmente distinto a los anteriores. La formulación más uniforme de los años setenta sobre este nuevo concepto de desarrollo es el denominado Relatorio de Uppsala. Un concepto de desarrollo alternativo que se fundamenta en satisfacer las necesidades humanas en toda su expresión. Empezando por las necesidades básicas e incluyendo las necesidades de expresión, creatividad e igualdad. Entre los elementos definidos en el desarrollo alternativo, se encuentra el desarrollo endógeno.

La teoría del desarrollo endógeno, se plantea e investiga desde mediados de los años setenta y durante los ochenta. Tuvo una gran influencia en la teoría del **desarrollo económico regional**, pues, el objeto clave en este enfoque era el territorio. Este deja de ser el soporte físico de las relaciones funcionales y sociales que se dan en torno a las actividades económicas, para convertirse en el entramado de todo tipo de intereses que afectan a la comunidad. El desarrollo endógeno se define como un proceso en el que la capacidad emprendedora e innovadora constituye el mecanismo impulsor de los procesos de transformación de la economía y de la sociedad. La teoría del desarrollo endógeno analiza los mecanismos de la acumulación de capital y las fuerzas que están detrás. Desde estas perspectivas hace un esfuerzo por situar la discusión del crecimiento sostenido de la productividad y la diversificación de actividades económicas. El potencial del desarrollo endógeno tiene en cuenta todos los factores que pueden contribuir al desarrollo económico no sólo regional, sino también nacional; como es el caso de los recursos materiales presentes en el entorno, las infraestructuras de transporte y comunicaciones, las estructuras urbanas, así como el capital físico y el capital humano, entendido este último en términos de capacitación. Para incentivar el desarrollo endógeno en un territorio, es necesario contar con planes adecuados, que definan los intereses comunes de todos los habitantes de una región en pos de una meta común. Estos programas deben tener muy claros los objetivos que se desean alcanzar, las bases en que se sustentarán, el proceso de transformación y los responsables. Todo este proceso se conoce como estrategia territorial.

El termino estrategia, nació en el ámbito militar, en su acepción más amplia se define como el conjunto de acciones cuyo objetivo es alinear los recursos y potencialidades en el logro de sus metas. En éste, las metas eran objetivos bélicos y se usaban los recursos disponibles de forma adecuada para alcanzarlos. Actualmente el término estrategia se usa mucho en el ámbito empresarial. La estrategia ha facilitado herramientas para que algunas compañías puedan liderar las ventas de bienes y servicios en mercados competitivos, consiguiendo maximizar los niveles de beneficios. Por otro lado, y a mayor escala, el uso de la estrategia territorial busca aumentar el bienestar de toda una región. **En este proceso, la región deberá elegir el tipo de actividades a promover, garantizando un proceso de formación plenamente participativo de los habitantes del territorio, pues son ellos quienes tienen que asumir los objetivos a alcanzar**. Estas estrategias regionales no pueden ser lideradas por un solo individuo, porque para su despliegue se necesitarán múltiples competencias. Por lo tanto, el papel de líderes, agentes e instituciones destacadas puede ir cambiando, según sea el caso, a lo largo del proceso. Es necesario que cada protagonista destacado actúe críticamente y esté dispuesto a abandonar o asumir nuevas responsabilidades. En consecuencia, la formación de la estrategia ya no requiriere una estructura jerárquica sino una coordinación heterárquica, donde no exista una sola fuente de poder y todos los componentes sean independientes aunque coordinados. En esta nueva disposición lo importante es influir: todos pueden incidir en el resto, con libertad de pensamiento, a través de una relación predominantemente horizontal. Para que una estrategia de desarrollo regional sea realmente efectiva es necesario generar procesos inclusivos en todos los actores representativos de la ciudadanía. Por consiguiente, y aunque la población posea un rol clave en todo el proceso para generar estrategias de desarrollo endógeno, es indispensable que las instituciones políticas abran primero esos canales efectivos de participación para la ciudadanía y sus organizaciones.

En el marco de este texto es conveniente apuntar que la teoría del desarrollo endógeno posee un carácter primordial, dado que debe de ser la encargada de responder a los retos de competitividad regional que exige hoy en día la globalización. En estos momentos las regiones están compitiendo por inversiones y recursos que son difíciles de movilizar y de controlar. Por lo que es necesario plantear estrategias sustentables en el tiempo que integre los recursos y las potencialidades de una determinada región, con el buen uso de la investigación y el desarrollo de nuevas técnicas y procesos productivos de bienes y servicios. **En este sentido, la innovación debería de ser un medio indispensable para la consolidación de las ventajas competitivas regionales.** La innovación parece ser la herramienta más importante para destacar, evolucionar y abrir nuevos horizontes.

A lo largo de este trabajo, el enfoque teórico mencionado, centrado en definir las estrategias competitivas regionales, **se aplica a un estudio de caso, la**

región de Atacama, Chile. Se trata de un territorio que posee unas cualidades que lo hacen único. Esta región tiene una superficie similar a la de países como Panamá o la República Checa, aunque su densidad demográfica es de apenas 4,1 habitantes por kilómetro cuadrado.

1.1.- PLANTEAMIENTO DEL PROBLEMA.

La región de Atacama en Chile, no ha poseído el planteamiento de estrategias sustentables en el tiempo, que haya permitido integrar sus potencialidades, así como el buen uso de la investigación y el desarrollo de nuevas técnicas y procesos y bienes y servicios productivos. Hay que considerar una estrategia enraizada en el desarrollo endógeno, para favorecer la economía interna y sus habitantes.

1.2.- HIPÓTESIS.

La constatación de esta tesis, reside en que el crecimiento económico y social experimentado por algunas regiones, se debe a que cuentan con las estrategias de desarrollo adecuadas. Lo que les permite fortalecer y utilizar eficientemente sus ventajas competitivas e incrementar sus niveles de desarrollo económico.

Hipótesis: Las mejoras en el bienestar económico y social, son fruto de la implementación de nuevas estrategias de desarrollo, las que no son inmediatas, necesitan de un tiempo determinado para una positiva evolución y absorción de los distintos sectores económicos, coordinados, en un amplio esfuerzo.

1.3.- OBJETIVO GENERAL.

El presente trabajo plantea, como objetivo central, **definir aquellas estrategias regionales que intentan alcanzar altos niveles de crecimiento económico y de desarrollo social, sustentables en el tiempo, para la región de Atacama.** Ésta región corresponde a una de las quince divisiones territoriales que posee la república de Chile, subdividida a su vez en provincias y en comunas.

1.4.- METODOLOGÍA.

Al plantear un trabajo de investigación, es necesario llevar a cabo una exhaustiva revisión bibliográfica. Esta comienza con una revisión de la literatura; que tiene por objeto delimitar y fortalecer las nociones en, dado el objetivo de la tesis, crecimiento y desarrollo económico regional; estrategias competitivas y políticas de desarrollo regional y las teorías de desarrollo endógeno. También se busca conocer el papel otorgado a lo largo de la historia del pensamiento económico a estos conceptos y establecer los nexos de unión entre ambas magnitudes. Por último, como una estrategia para alcanzar el objetivo central, se ha conformado un Panel de Expertos, con agentes destacados de la región de Atacama, cuyo objetivo es analizar las distintas fuentes de ventajas competitivas existentes.

El fin de esta investigación se concreta en los siguientes objetivos específicos:

- Identificar de manera empírica los factores que favorecen o dificultan el desarrollo de esta investigación.
- Definir el estado competitivo en que se encuentra la región de Atacama.
- Elegir las actividades económicas a promover en la región de Atacama.
- Especificar las estrategias competitivas que permitan un mayor desarrollo endógeno en la región.

A lo largo de esta tesis se evaluará como la región de Atacama, que desde sus inicios ha fundamentado todo su crecimiento económico en la explotación de recursos naturales, puede diversificar su matriz de producción. Hoy en día, sobre el 85% de las exportaciones regionales corresponden al sector minero, destacando el cobre y el hierro, y más del 50% de su producto interno bruto se basa en esta actividad exportadora.

En la tarea de definir las estrategias de desarrollo regional adecuadas en Atacama, el estudio del caso ha contado con el valioso aporte de un *panel de expertos* compuesto por un grupo de profesionales y autoridades locales que durante el verano boreal de 2015 se sometieron a un cuestionario y a una entrevista. A partir de éste aporte se ha podido modelar mínimamente la situación actual de la región y analizar sus puntos fuertes y debilidades. A través de la opinión de los encuestados que participaron en el proyecto, se ha conseguido esbozar un marco de desarrollo necesario para el futuro de la región. También se han podido definir las tareas que ayudarían a alcanzar dicho objetivo en beneficio de toda la comunidad.

Este planteamiento metodológico del trabajo de investigación se traduce en la realización de las siguientes fases que muestra la figura 1.1.

Figura 1.1.- Metodología de la Investigación

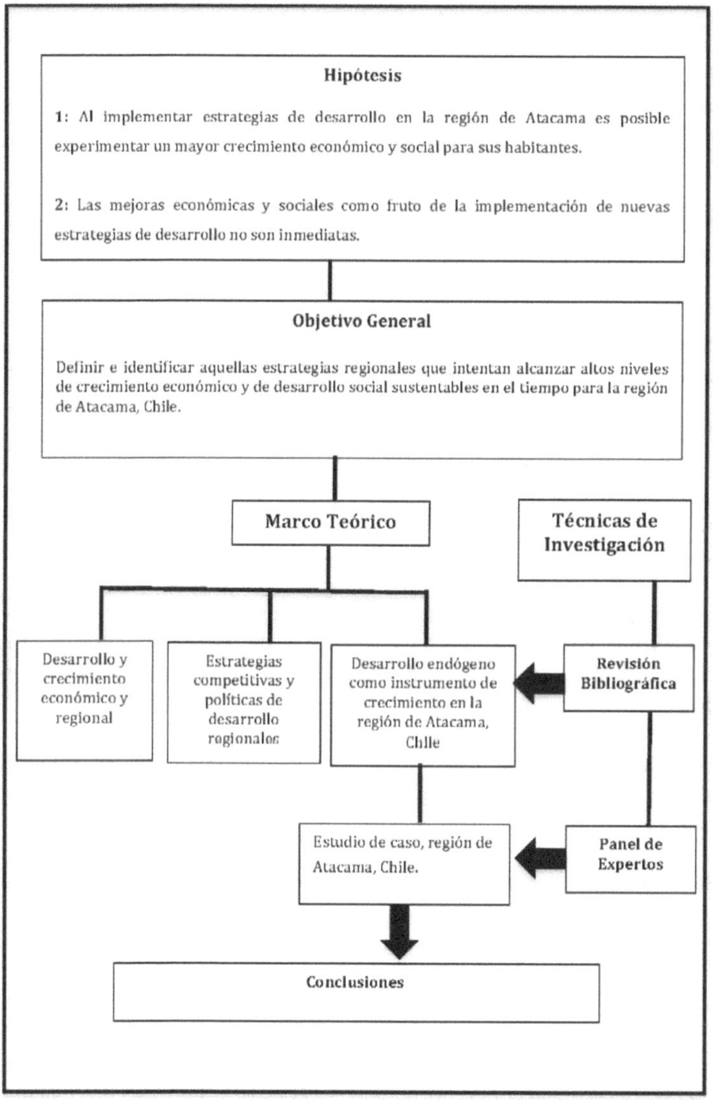

Fuente: Elaboración propia.

1.5.- DIFICULTADES DE LA INVESTIGACIÓN.

La presente tesis es de carácter pionera en la región de Atacama. No existen estudios previos similares. Una lamentable constatación que se explica por las siguientes 2 razones:

1.- El carácter incipiente de una conciencia regional en Atacama.

2.- La falta de información estadística sobre las principales variables socio-económicas regionales.

En efecto, los datos disponibles para medir el PIB regional, no permiten detallar la naturaleza económica de la región. No se disponen de datos adecuados, como las rentas que provienen de empresas internacionales o nacionales, con casa matriz en la región Metropolitana, pero con filiales en Atacama, como por ejemplo: Compañía Contractual Minera Candelaria, Manto Verde de Angloamerican S.A., División Salvador de Codelco, Compañía Minera Maricunga de Kinross, Sociedad Punta del Cobre S.A., Sociedad Contractual Minera Carola. Este sesgo en la contabilidad regional, proviene del Banco Central de Chile, quien centraliza todos los datos. Además la información tributaria depende del Servicio de Impuestos Internos de Chile, organismo que tampoco entrega información diferenciada por región, acerca de la vinculación territorial de los flujos de ventas, de dotación de personal, de masa de salarios asignados por empresas o holding empresariales, entre otros.

En definitiva, la débil información cuantitativa disponible, ha sido un obstáculo insuperable para la presente tesis, que busca ser detallada, tanto en aspectos cualitativos como cuantitativos.

Sin embargo es necesario incluir algunos puntos importantes que servirán de mapa conceptual, necesarios para adentrarnos en la singularidades de Atacama y en las teorías de desarrollo de crecimiento regional.

1.6.- ESTRUCTURA DE LA TESIS.

El presente trabajo se ha estructurado en **nueve capítulos**, dedicándose el primero a la introducción. En éste se destaca la importancia del tema a investigar, las hipótesis de trabajo, los objetivos y el esquema metodológico general, herramientas que guiarán la investigación en cada una de sus fases.

En el segundo capítulo se realiza una revisión literaria de la región de Atacama destacando su evolución histórica y económica.

En el tercer capítulo se otorgan diversos indicadores demográficos y económicos que ayudarán a definir el modelo económico regional.

En los siguientes tres capítulos, concretamente del capítulo cuarto al sexto, se dispone el marco teórico en que se desenvuelve la tesis. En él se examinan y analizan diversas teorías económicas, relacionadas con el desarrollo y crecimiento económico regional, como también las distintas estrategias y políticas de desarrollo.

El capítulo siete, estampa el modelo económico regional, se analiza además, el desarrollo sostenido y el potencial económico de Atacama.

El capítulo ocho, muestra el análisis del estudio de campo, realizado a través de la metodología *panel de expertos,* a distintos actores regionales destacados en el ámbito profesional. también se obtienen distintas estrategias que ayudarán a diversificar la matriz de producción regional.

El capítulo nueve, por último, exhibe las distintas conclusiones y aportes del presente trabajo.

CAPÍTULO II

CONCEPTO DE REGIÓN.

Al adentrarnos en la presente investigación, es necesario definir y limitar el concepto de región. Para avanzar y llevar a cabo los objetivos ya planteados en este trabajo, y poder así concluir el estudio, sobre fenómenos económicos regionales. Al definir qué es lo que constituye una región, y como se subdivide la economía nacional en un sistema regional, se torna en un tratamiento complicado y lleno de ambigüedades. De lo anterior surgirán preguntas del tipo ¿Cómo se define una región? o ¿A qué unidad es aplicable la teoría del crecimiento regional? La única respuesta válida, es que no existe una definición clara, ya que puede tener muchas respuestas dependiendo de los objetivos que se quieran alcanzar.

En economía regional, se entiende que una región es una entidad sub estatal. Frecuentemente se define un sistema interregional como la subdivisión de la economía nacional en un número limitado de regiones contiguas (Richardson, 1977: 17). En relación a los métodos para delimitar las fronteras de una región, la mayoría puede agruparse bajos tres criterios; homogeneidad, nodalidad y programación (Richardson, 1977: 17 - 18).

- **Homogeneidad:** En este criterio las áreas se agrupan para formar una región, con algún elemento en común, pudiendo ser este económico, social o político.

- **Nodalidad:** el concepto nodal de región acentúa las diferencias espaciales entre regiones, admitiendo que la población y las actividades económicas de una región, no se encuentran dispersas de manera uniforme. Por el contrario se encuentran concentradas en focos específicos de sus actividades o de sus alrededores, concepto de pueblo o ciudad. Es así como los centros urbanos de la región serán interdependientes, pudiéndose medir el grado de dependencia mutua, según los flujos de población, factores, mercancías, servicios o según las comunicaciones.

- **Programación:** Consiste en definir a las regiones como áreas administrativas y políticas en las que se supone que la determinación política proporciona al área una unidad, en el sentido de instrumentos políticos. La ventaja de este tipo de distribución es que se trabaja con datos accesibles, que se ajustan a las fronteras administrativas, pudiendo así medir de manera más fácil los efectos de cualquier instrumento político que se ponga en funcionamiento a nivel regional. Sin embargo el inconveniente que puede aparecer, es que los límites administrativos sean incompatibles con los límites regionales derivados de criterios económicos.

No obstante a las categorías ya planteadas de región, este trabajo utilizará las definiciones administrativas adoptadas por los organismos gubernamentales de Chile, es decir; se aceptará el *"fait accompli"* (Richardson, 1973: 239). En las siguientes secciones del capítulo, se describen características relevantes de la región de Atacama, la que también llamaremos Tercera Región o simplemente Atacama, como abreviatura o recurso literario para evitar la redundancia. Así mismo, el país se divide en 15 regiones, la tabla 2.1, muestra el nombre de cada región, con su respectivo número.

Tabla 2.1.- Nombre y número de región de Chile.

NÚMERO DE REGIÓN	**NOMBRE**
I	Región de Tarapacá
II	Región de Antofagasta
III	Región de Atacama
IV	Región de Coquimbo
V	Región de Valparaíso
VI	Región del Libertador General Bernardo O`Higgins
VII	Región del Maule
VIII	Región del Biobío
IX	Región de La Araucanía
X	Región de Los Lagos
XI	Región Aisén del General Carlos Ibáñez del Campo
XII	Región de Magallanes y de la Antártica Chilena
XIII (Capital de Chile)	Región Metropolitana de Santiago
XIV	Región de Los Ríos
XV	Región de Arica y Parinacota

Fuente: Basado en Biblioteca del Congreso Nacional de Chile. Véase http://www.bcn.cl

2.1.- REGIÓN DE ATACAMA EN CHILE, DESCRIPCIÓN Y CARACTERÍSTICAS[1].

La República de Chile, reconocida visualmente como una angosta y larga faja de tierra, posee una longitud de norte a sur de 4.270 kms, y un ancho medio, de este a oeste, de 177 kms. Está situada en el margen suroccidental de América del Sur, exactamente entre los paralelos 17º 30' y 56º 30' de latitud sur. El territorio también incluye la Isla Salas y Gómez, la de Pascua y el Archipiélago de Juan Fernández. Si se suman todas estas superficies, se obtienen 756.945 Km^2 entre el Chile continental y el insular. Además Chile cuenta con una franja de mar territorial de 200 millas o Zona Económica Exclusiva de 4.438.085 Km^2, que facilitan la exploración, explotación, conservación y administración de los recursos del medio marino.

Política y administrativamente el país ha dividido su territorio en regiones, dirigidas por su propio Gobierno y con una ciudad capital donde se legisla. A su vez, el Gobierno Regional está compuesto por el Intendente y por el Consejo Regional, el primero es nombrado por el Presidente de la República, en cambio, cada miembro del Consejo Regional, es elegido por votación popular, entre sus principales funciones, destacan las facultades normativas, resolutivas y fiscalizadoras. Las regiones no solamente dividen el territorio sino que políticamente son consideradas como la máxima unidad administrativa del país. Dentro de cada región se encuentran las provincias, con sus respectivas ciudades capitales. Cada provincia está encabezada por el Gobernador, cargo también nombrado por el Presidente de la República. Según la Constitución de 1981, el gobernador debe velar por los servicios públicos de su provincia. Por lo demás, el gobernador que esté al cargo de la provincia que aloja la capital regional, también deberá reemplazar al Intendente regional cuando éste se encuentre ausente.

Finalmente, la unidad esencial de la estructura política administrativa de Chile, es la Comuna. El concepto de comuna se ha mantenido desde los inicios de la República e incluso se considera como una continuación del cabildo colonial. Hoy en día, en Chile existen 346 comunas, cuya administración reside en el Gobierno Municipal, constituido por un alcalde y un Consejo Comunal. El alcalde, es la máxima autoridad de la comuna, su elección es democrática y por un periodo de cuatro años, con posibilidad de reelección. El Consejo Comunal se compone de 6, 8 ó 10 concejales, todos elegidos por

[1] El presente capitulo, se basa en información obtenida del sitio web de la Biblioteca del Congreso Nacional de Chile. Véase http://www.bcn.cl

votación directa. Las municipalidades intentan visualizar una cierta descentralización del poder central, pues se espera que de ellas emanen políticas públicas, cuyo destino es la satisfacción de las necesidades de sus habitantes. Además las municipalidades, deben velar por el cumplimiento de diversas tareas, como la limpieza municipal, los programas de desarrollo social, los servicios básicos: de salud, de educación primaria y secundaria para todos sus vecinos.

La región de Atacama se estructura en tres provincias y nueve comunas. El detalle se muestra en la tabla 2.2.

Tabla 2.2.- Provincias y comunas región de Atacama.

Provincia	Capital Provincial	Comuna	Nº de habitantes. (Censo 2012)
Chañaral	**Chañaral**	1. Chañaral	13.546
		2. Diego de Almagro	16.301
Copiapó	**Copiapó**	3. Caldera	16.070
		4. Copiapó	158.438
		5. Tierra Amarilla	13.507
Huasco	**Vallenar**	6. Huasco	8.976
		7. Vallenar	52.147
		8. Freirina	6.367
		9. Alto del Carmen	5.229

Fuente: Elaboración propia basada en INE Atacama.

La región de Atacama limita al norte con la región de Antofagasta, al sur con la región de Coquimbo, al este con las provincias de Catamarca, La Rioja y San Juan de la República de Argentina y al oeste con el Océano Pacífico. Por su extensión territorial es la cuarta a nivel nacional, dado que posee una superficie de 75.176,2 km^2 y una población, según Censo del 2012, de tan solo 299.863 habitantes. Además es conocida por dar acceso al desierto que lleva su nombre, el cual se caracteriza por ser uno de los lugares más inhóspitos del planeta, debido a su máxima aridez.

La figura 2.1, muestra las divisiones político-administrativas de la región de Copiapó y la ubicación en el mapa de Chile.

Figura 2.1.- Ubicación espacial de la región de Atacama.

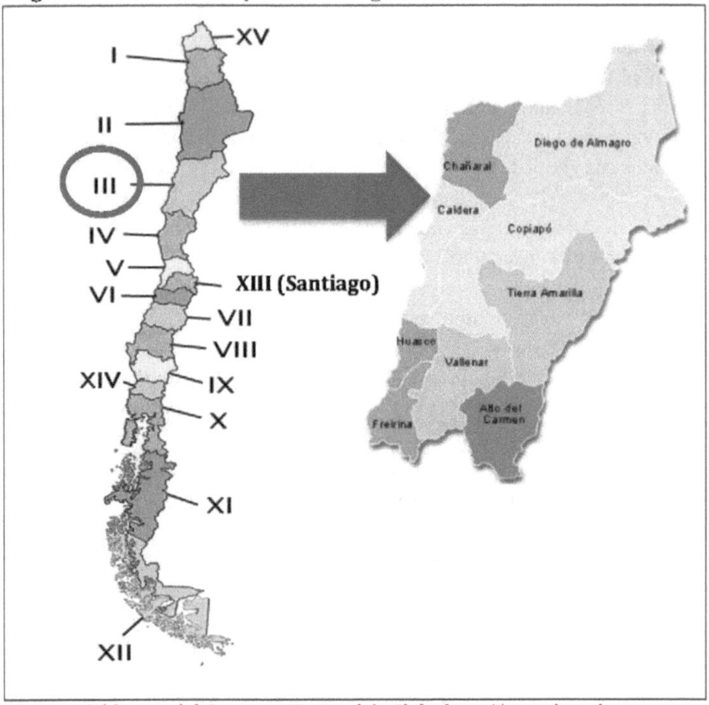

Fuente: Biblioteca del Congreso Nacional de Chile: http://www.bcn.cl

De entre todas las comunas de la Tercera Región, existe una que presenta la mayor concentración de habitantes, como se puede observar en los gráficos 2.1 y 2.2, se trata de Copiapó, capital regional y provincial, ciudad situada a 806 kms al norte de la capital nacional, Santiago.

Gráfico 2.1.- Concentración de habitantes por provincias en la región de Atacama.

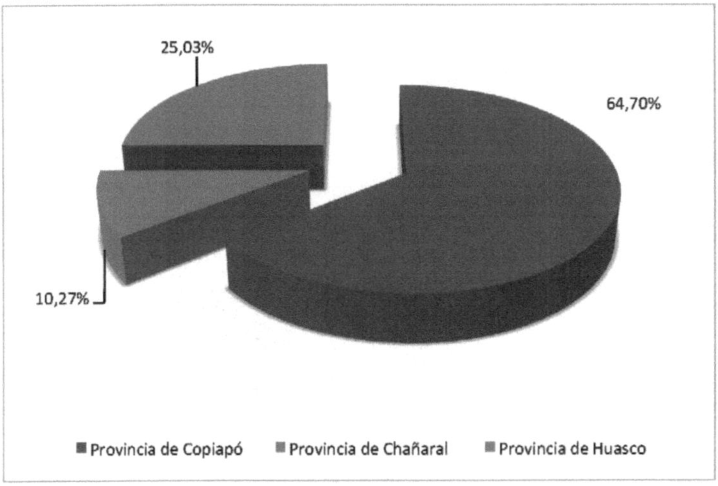

Fuente: INE Atacama.

Gráfico 2.2.- Concentración de habitantes por comunas en la región de Atacama.

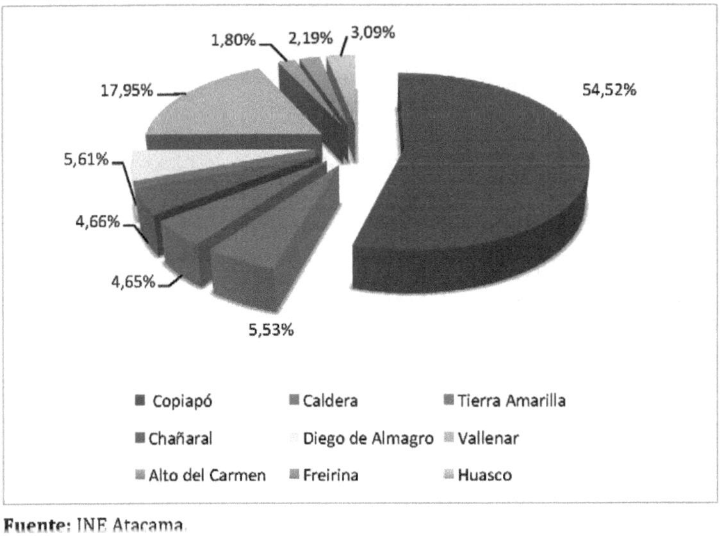

Fuente: INE Atacama.

El patrón que muestra la capital regional, en cuanto a concentración de habitantes, es una pauta que se presenta en todas las regiones de Chile (Ver figura 2.2);la ciudad o comuna que ostenta la categoría de capital regional, es la que posee un mayor número de habitantes y, en consecuencia; concentra en el interior de sus fronteras más servicios y prestaciones, tanto públicos como privados.

Figura 2.2.- Provincias y comunas, región de Atacama.

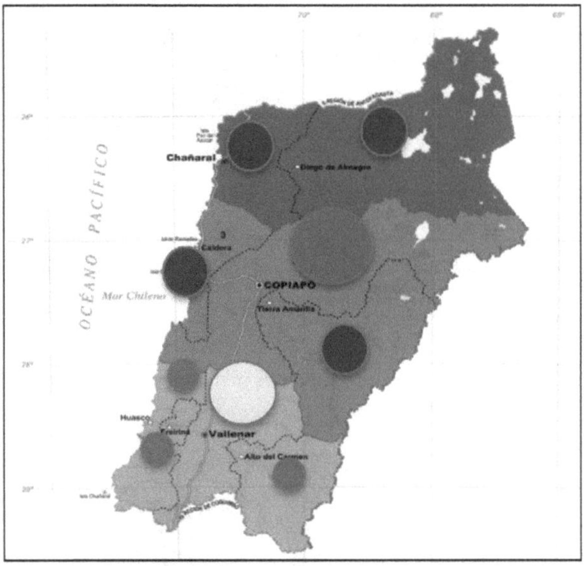

Fuente: Elaboración propia, basada en INE Atacama.

150.000 < Población < 160.000 habitantes.

50.000 < Población < 150.000 habitantes.

13.000 < Población < 50.000 habitantes.

5.000 < Población < 13.000 habitantes.

Una vez definido y limitado el espacio territorial, en donde se llevará a cabo el estudio, es necesario dar unas pinceladas de los inicios de la región. La sección siguiente detalla, en parte, la historia de Atacama y su posterior evolución económica y social.

2.2.- EVOLUCIÓN DE LA REGIÓN DE ATACAMA[2]

Copiapó fue un asentamiento prehispánico milenario dominado por los incas poco antes de la llegada de los españoles. Por aquél entonces su nombre era Copayapu, que según la tradición significaba "Copa de Oro". Las dos últimas sílabas, "yapu", significan oro en lengua aymara. Respecto a las primeras sílabas, no está claro que la "copa" fuera una alusión a dicho objeto, pues, para los incas era desconocido. No obstante Copayapu se haya traducido como "Copa de Oro". En Copiapó: los aymaras, desarrollaron una importante cultura entre los años 1200 y 1438 D.C. hasta que fueron conquistados por los Incas. Según parece, el reino aymara estaba integrado por más de tres millones de personas que se distribuían entre los actuales Perú, Bolivia y el norte de Chile. Ocupaban retazos de los valles para sus actividades de labranza fundamentalmente el cultivo del maíz. También conocían el arte de la alfarería, del tejido de lana de vicuña y la minería, pues explotaban el oro y el cobre existente en la región. Por su parte, el Imperio incaico, como es sabido, existió en el occidente de América del Sur desde el siglo XIII hasta el siglo XVI. La capital de los incas se encontraba en Cuzco, actual Perú. Los miembros de la sociedad incaica consideraban que sus gobernantes eran descendientes y sucesores de Manco Cápac, héroe cultural que introdujo la vida civilizada y en el cual se apoyaba la legitimidad del régimen político incaico. De acuerdo con los cronistas y los testimonios de algunos conquistadores, el poder del inca era absoluto: era poseedor no sólo de las tierras de su reinado, sino que también, de todo aquello que se encontrara dentro de él, incluyendo las vidas de sus súbditos.

Los habitantes de Copiapó estaban comunicados con el imperio Inca por un camino provisto de tambos o posadas cuyo trazado aún se conserva en largos trechos del desierto. Este camino y los senderos transversales servían al Inca para llevar a cabo el comercio, trasladar tropas y proteger el Imperio. Este último funcionaba con un sistema de posta de mensajeros que se desplazaban a pie, debiendo identificarse cada 7 km en puestos fortificados donde se controlaba a los transeúntes. Cada 21 km podían descansar en los

---

[2] Esta sección, está basada en el sitio web de la Biblioteca Nacional Digital de Chile. Véase http://www.bibliotecanacionaldigital.cl

tambo, o posadas indicadas, se estiman en más de 33 mil Km^2 las infraestructura incorporadas. El Imperio Incaico tenía unos 6.000 km de longitud y cerca de 2 millones de Km^2 entre el océano Pacífico y la selva amazónica, y desde las cercanías de Ipiales, Colombia, por el norte, hasta algún lugar entre los río Maipo, Cachapoal y Maule, Chile, por el sur.

Hoy día en Atacama, aún existe parte de la ruta incaica. Se cree que por esta zona pasó la expedición de Diego de Almagro y, años después, Pedro de Valdivia quien tomó posesión del valle en nombre del Rey de España. La conquista impactó profundamente en los incas de Copiapó, quienes rápidamente declinaron demográficamente, aunque sin desaparecer por completo. Las aldeas y tierras habilitadas para la agricultura fueron abandonadas. Los españoles se apropiaron pues de los mejores suelos por medio de mercedes. Los incas se vieron obligados a refugiarse en el pueblo de San Fernando, localizado en el valle de Copiapó, que también fue denominado el Pueblo de Indios.

En el año 1549 Copiapó ya era reconocido como lugar central del dominio español en el norte de Chile, siendo paradero obligado en la ruta hacia Perú. Además de su ubicación estratégica la ciudad tenía una gran actividad minera y agrícola, lo que permitió el establecimiento de los conventos de San Francisco y de la Merced, como también de un colegio, La Compañía de Jesús, todos fundados antes de que el poblado fuese nombrado oficialmente como villa. En torno a estos conventos se fue instalando una población más estable dedicada tanto a la minería como a la agricultura. El gobernador del reino, José Antonio Manso de Velasco, fundó formalmente en 1742 la villa de San Francisco de la Selva de Copiapó. Sin embargo no fue hasta mediados del siglo XIX, con el descubrimiento de los minerales de plata de Chañarcillo y Tres Puntas, que Copiapó alcanzó un espectacular desarrollo urbano y arquitectónico, convirtiéndose en la capital minera de Chile y, también, en la primera ciudad del país con ferrocarril. El objetivo de este primer ferrocarril fue permitir la salida del mineral de plata de Chañarcillo, mina descubierta en 1832. Ello concentró en la zona un gran movimiento de minerales, víveres y pasajeros. La Locomotora Copiapó, nombre que se asigno al primer tren que existió en Sudamérica, cubría el trayecto Copiapó - Caldera. En el año 1850, se iniciaron los trabajos de construcción del puerto de Caldera. Por aquél entonces al puerto llegaban ingenieros y técnicos provenientes de todo el mundo, especialmente de Estados Unidos y Europa. Los rieles para la vía férrea fueron importados desde Inglaterra e instalados sobre durmientes de roble, también importados. Desde entonces Copiapó fue adquiriendo fama por la riqueza de sus minerales, situación que le permitió jugar un rol protagónico en las revoluciones de la década de 1850, que sentaron las bases de la República chilena.

En los años de la colonia el dinero metálico provenía principalmente de Perú, pues en Chile existía una gran escasez de dinero circulante. Todo esto hacía difícil poder acumular un stock adecuado de medios de pagos que pudieran apoyar las transacciones internas y el desarrollo de las actividades económicas. Para acabar con la necesidad de circulante, en 1849 la República fundó el primer banco Comercial de Chile, Banco de Chile Arcos. A pesar de algunas limitaciones, estaba autorizado para emitir billetes convertibles en moneda metálica. Sin embargo el banco tuvo una corta vida y el gobierno le retiró la facultad emisora en abril de 1850. Poco después, en el año 1865, se desató la guerra entre España y Chile, lo que agudizó las necesidades de financiamiento del estado chileno y, ese mismo año, se autorizó la emisión de billetes inconvertibles a todas las entidades que otorgasen préstamos al Estado de Chile. En esa época, la frontera chilena-boliviana estaba situada a unos 300 kilómetros al norte de Copiapó, de forma que los yacimientos de salitre estaba principalmente en suelo boliviano, aunque eran mayoritariamente explotado por capitales chilenos y extranjeros. Esta y otras razones desencadenaron la llamada Guerra del Pacífico entre la confederación de Perú y Bolivia frente a Chile. Duró cuatro años, desde 1879 hasta 1883. Al finalizar esta contienda, la frontera de Chile se desplazó más de 1.000 kilómetros al norte de Copiapó. La región de Atacama quedó, pues, localizada en el centro norte del país.

Al finalizar el siglo XIX se inicia un período de menor desarrollo urbano en la región de Atacama, reflejado en el descenso demográfico de la ciudad de Copiapó como consecuencia de la decadencia del ciclo minero y la atracción ejercida por las regiones salitreras situadas más al norte. Durante la primera mitad del siglo XX, la región se vio sacudida por dos terremotos de gran intensidad. El del 10 de noviembre de 1922 engendró un tsunami que arruinó Atacama, provocando graves daños en los puertos de Chañaral, Caldera y Huasco, así como en Freirina y Copiapó. En esta última urbe el sismo llegó a los 8 grados en la escala Rossi-Forel (medición previa a la de Richter y Mercalli), dejando más de mil viviendas destruidas y alrededor de 70 muertos y 300 heridos. El segundo gran sismo tuvo lugar el día 2 de agosto de 1946. Su epicentro se localizó en la costa oeste de la Región de Atacama y alcanzó la intensidad máxima de 8,3 en la escala de Richter. La zona más afectada fue Caldera, con una intensidad de 8,3, seguida por

Chañaral, registrando una intensidad de 8,1. El recuento final de víctimas arrojó un saldo total de 8 muertos, 35 heridos y 32.856 damnificados. Sin embargo las cifras son cuestionables puesto que sólo existen registros para las ciudades y no para los pueblos pequeños. Se registraron, además, deslizamientos de tierra y un mini maremoto, de no más de 2 metros, que arraso hasta los 600 metros dentro de la costa. Junto a los terremotos y maremotos, la región también tuvo que lidiar con una fuerte epidemia de viruela. La enfermedad se presentó a comienzos del año 1913 y, más tarde, en 1918. Sin embargo fue en 1921 cuando el brote afectó a más del 10% de la población de Vallenar, muriendo alrededor de 250 personas como producto de la peste. Esto no solo afectó moralmente a una región sino que azotó al país entero, dado que no dispuso de las herramientas y procesos necesarios para evitar la catástrofe sanitaria.

La segunda mitad del siglo XX en Atacama se caracteriza por una serie de hitos relevantes, siendo el descubrimiento de la mina de cobre "El Salvador", uno de ellos. El yacimiento subterráneo, comenzó su producción en 1959. El nombre se debe a que en los años 1956 - 1957, al agotarse el mineral de la Mina Vieja, situada en Potrerillos, fue descubierto este yacimiento. Ello significó una "salvación" para la minería de la región. En 1970 la minera fue nacionalizada, pasando a ser controlada por CODELCO. El embarque de los minerales paseó a efectuarse a través de Barquitos, localidad situada en la Bahía de Chañaral.

Otro hecho relevante fue la fundación de la Universidad de Atacama el 26 de octubre de 1981 aunque, en realidad, sus verdaderos inicios datan de año 1857 cuando se fundó la Escuela de Minas de Copiapó, integrada por académicos de primer nivel, muchos de ellos traídos de Europa. La idea inicial del gobierno chileno era emular en Copiapó la *École nationale supérieure des mines* de París, aunque finalmente se optó por la contratación de académicos alemanes, especialmente de la Universidad de Freiberg, por ser la institución especializada en minería más antigua de Europa. La Universidad nació de la fusión entre la Escuela de Minas de Copiapó y la Escuela Normal de Copiapó, habiendo sido esta última fundada en 1905.

El 26 de enero de 1952 se inauguró la Fundición Nacional de Paipote, hoy en día Fundición Hernán Videla Lira. Fue la primera fundición de cobre de propiedad estatal, ubicada en la localidad de Paipote, Comuna de Copiapó. Su creación tuvo origen en la segunda década del siglo XX pero, debido a razones económicas y el advenimiento de la Segunda Guerra Mundial, se postergó su construcción varias décadas. Su función principal fue añadir valor al proceso productivo, de la extracción de cobre, llevada a cabo por cientos de pequeños y medianos mineros (o minería artesanal). Como es sabido el cobre sin refinar, no puede ser transado en los mercados internacionales. Por ello la Fundición Hernán Videla Lira, favoreció a la pequeña minería, transformando los minerales oxidados y sulfurados en productos comerciables. Con el establecimiento de la Fundición Nacional de Paipote, la minería artesanal logró una importante reactivación, desarrollando un proceso económico ascendente de creación de valor. Dado que ello se hacía en Copiapó, este auge llevó el desarrollo urbano sostenido de la ciudad, alcanzando más de cuarenta mil habitantes en 1970 y prácticamente los setenta mil en 1982. Por otro lado, a finales del siglo XX y comienzos del siglo XXI, la producción y exportación de la uva de mesa fue creciendo. Resulta que en medio del desierto más árido del mundo crece la uva temprana de Chile, la cual, gracias a ciertas condiciones climáticas, cuenta con unas características que la hacen única. Hoy en día, esta fruta se exporta principalmente a los mercados asiáticos y norteamericanos. En las últimas décadas, como consecuencia del gran crecimiento alcanzado por las plantaciones de uvas de exportación, la ciudad de Copiapó y la región de Atacama ha sido testimonio de una notable expansión agroalimentaria.

CAPÍTULO III

VARIABLES Y DESARROLLO ECONÓMICO EN LA REGIÓN DE ATACAMA.

Este capitulo abordará diferentes datos demográficos y económicos relevantes de la región de Atacama. Las variables económicas, nos ayudarán a la consecución de los objetivos, correspondiendo a aquellas pautas que marcan el rumbo económico regional en un período determinado. Al describir la situación económica actual, se usaran indicadores económicos de coyuntura, y el análisis de distintos sectores económicos.

Antes de revisar las distintas variables económicas, es necesario definir la terminología que usaremos en los respectivos análisis:

- **Área rural:** Formada por asentamientos humanos concentrados o dispersos, que poseen 1.000 ó menos habitantes; o entre 1.001 y 2.000 habitantes con menos de 50% de su población económicamente activa, dedicada actividades secundarias y/o terciarias.

- **Área urbana:** Conjunto de Viviendas concentradas con más de 2.000 habitantes; o entre 1.001 y 2.000 habitantes con el 50% o más de su población económicamente activa, dedicada a actividades secundarias y/o terciarias.

- **Categoria en la ocupacion:** Es la posición que la persona ocupa en su trabajo u ocupaba durante la última semana, previa a la encuesta, si está cesante, de acuerdo a las siguientes categorías:

    1. Empleador.
    2. Cuenta Propia.
    3. Asalariado Sector Privado.
    4. Asalariado Sector Público.
    5. Personal de Servicio Puertas Adentro.
    6. Personal de Servicio Puertas Afuera.
    7. Familiar no Remunerado.

- **Desocupado:** Es la persona que no estaba ocupada en la semana de referencia, pero ha realizado esfuerzos definidos por conseguir trabajo durante los dos meses precedentes a la fecha de la entrevista. Incluye al "Cesante" (que tuvo un trabajo con anterioridad) y al que "Busca trabajo por primera vez", esto es, nunca ha trabajado en un empleo regular.

Desocupados = Cesantes + Buscan trabajo por primera vez

- **Fuera de la fuerza de trabajo:** Son las personas de 15 años y más que no pertenecen a la fuerza de trabajo; son económicamente "inactivos".

- **Grupos de ocupacion:** Se entiende por Ocupación a la profesión, oficio, negocio o clase de trabajo. La agrupación se hace en base a la Clasificación Ocupacional COTA-70. Los Grupos Ocupacionales, son los siguientes:

  - ✓ Profesionales, técnicos y personas en ocupaciones afines.
  - ✓ Gerentes, administradores y funcionarios de categoría directiva.
  - ✓ Empleados de oficina y personas en ocupaciones afines.
  - ✓ Vendedores y personas en ocupaciones afines.
  - ✓ Agricultores, ganaderos, pescadores, cazadores, madereros y personas en ocupaciones afines.
  - ✓ Conductores de medios de transporte y personas en ocupaciones afines.
  - ✓ Artesanos y operarios en ocupaciones relacionadas con la hilandería, la confección del vestuario y calzado, - Otros Artesanos y operarios
  - ✓ Obreros y jornaleros n.e.o.c.
  - ✓ Trabajadores en Servicios personales y en ocupaciones afines.
  - ✓ Trabajadores en ocupaciones no identificables o no declaradas y otros trabajadores n.e.o.c.

- **Indicador de Actividad Económica Regional, INACER:** corresponde a un indicador de tendencia de la actividad económica agregada regional, con base promedio en el año 2003, que busca estimar los ritmos de aceleración o estancamiento. Se calcula para todas las regiones del país, a excepción de la Región Metropolitana. Lo publica cada INE regional, con un rezago de 45 días. Ver anexo 1, para su calculo.

- **Índice de Laspeyres:** Es una media aritmética de precios simples, que utiliza como ponderaciones el valor de las transacciones realizadas en el período base (período 0).

$$ILP = \frac{\sum P_{ti} * Q_{0i}}{\sum P_{0i} * Q_{0i}}$$

P_{ti} = Precio del bien i en el período t, (período 0+1).
P_{0i} = Precio del bien i, en el periodo 0.
Q_{0i} = Cantidad transada del bien i, en el período i.

- **Índice de ocupacion:** Indica la evolución del número de ocupados del trimestre respecto al numero de ocupados del año base.

- **Índice encadenado:** Es un índice complejo en el el que se fragmenta el paso del período cero al período t, considerando incrementos parciales, lo que se traduce que en su elaboración las ponderaciones utilizadas reflejan los pesos de las distintas variables en el año (t-1), en vez del año base cero. Con lo que la estimación es mucho más precisa y actualizada. Ver anexo 2, para su calculo.

- **Índice relativo:** Este tipo de indicador se usa para caracterizar la estructura territorial, en base a una magnitud. Su formula representa la relación entre la participación de un sector económico "i", en una región "j". Y la participación del mismo sector "i", con el total nacional. En términos genéricos la ecuación es la siguiente.

$$IR_{ij} = \left[\frac{V_{ij}}{\sum_{j=1}^{n} V_{ij}} \Big/ \frac{\sum_{i=1}^{n} V_{ij}}{\sum_{i=1}^{n}\sum_{j=1}^{n} V_{ij}}\right]_{t-tk}$$

IR_{ij} = Índice relativo del sector i de la región j

V_{ij} = Valor de la variable, correspondiente al sector i de la región j.

t = Período de evaluación

$$\sum_{j=1}^{n} V_{ij} = \textit{Valor de V, correspondiente al total sectorial, sector i.}$$

$$\sum_{i=1}^{n} V_{ij} = \textit{Valor de V, correspondiente al total regional, región j.}$$

$$\sum_{i=1}^{n} \sum_{j=1}^{n} V_{ij} = \textit{Valor de V, correspondiente al total global}$$

En el presente trabajo, su calculo se basa en magnitudes como; PIB y empleo, para estimar los:

- ✓ Cociente de localización.
- ✓ Coeficiente de especialización.

- ➢ **Ocupado:** Todas las personas en edad de trabajar que durante la semana de referencia, trabajaron al menos una hora, recibiendo un pago en dinero o en especie, o un beneficio de empleado/empleador o cuenta propia. Además se consideran ocupados a las persona que en la semana de referencia de la encuesta se encontraba en una de las siguientes acciones:

  - ✓ Familiar no remunerado que trabajó 15 horas o más.
  - ✓ Tiene un empleo (o negocio), pero no trabajó en la semana en referencia, por ausencia temporal (vacaciones, permiso, enfermedad de corta duración u otra razón).

Ocupados = Trabajando por ingreso + Sin trabajar, pero tiene empleo + Trabajando para un familiar sin pago en dinero

- ➢ **Población Económicamente Activa (PEA) o Fuerza de Trabajo:** Personas en edad de trabajar, que durante la semana de referencia, cumplen los requisitos para ser incluidas en la categoría de ocupados o desocupados.

Fuerza de Trabajo = Ocupados + Desocupados

- **Población en Edad de Trabajar (PET):** Población actualmente residente de 15 años y más.

- **Rama de actividad economica:** Actividad del establecimiento en que la persona trabaja o trabajó la última semana previa a la encuesta. Se agrupan sobre la base de la **Clasificación Industrial Internacional Uniforme** de todas las actividades, las que se enumeran a continuación:

  - ✓ Agricultura, caza, silvicultura y pesca. - Explotación de minas y canteras.
  - ✓ Industrias manufactureras.
  - ✓ Electricidad, gas y agua.
  - ✓ Construcción.
  - ✓ Comercio por mayor y por menor y restaurantes y hoteles.
  - ✓ Transporte, almacenamiento y comunicaciones.
  - ✓ Establecimientos financieros, seguros, bienes inmuebles y servicios prestados a las empresas.
  - ✓ Servicios comunales, sociales y personales.
  - ✓ Actividades no bien especificadas.

- **Tasa de desocupacion:** Es el porcentaje que representa a la población que está en la fuerza de trabajo con la condición de desocupado.

Tasa de Desocupación = (Desocupados / Fuerza de Trabajo)*100

- **Tasa de participacion:** Es el porcentaje que representa a la población de15 años y más, que pertenece a la fuerza de trabajo.

Tasa de Participación = (Fuerza de Trabajo / Población de 15 años y más)*100

- **Trimestre movil:** Período de tres meses, que se desplaza un mes en sucesivas veces.

- **Unidad de Fomento (UF):** Unidad monetaria de existencia no física usada en Chile, y reajustable de acuerdo a la inflación. Fue creada mediante decreto en 1967. Su finalidad original era la revalorización de los ahorros de acuerdo con las variaciones inflacionarias, permitiendo que el dinero ahorrado en bancos y cajas mantuvieran su poder adquisitivo.

3.1- INDICADORES DEMOGRÁFICOS EN LA REGIÓN DE ATACAMA.

Los Indicadores constituyen una colección de valores capaces de resumir la evolución histórica del comportamiento de una región. En este trabajo se han reunido los siguientes indicadores demográficos:

3.1.1.- De población.

Este indicador muestra la evolución que ha experimentado la población de Atacama desde sus inicios, y la distribución entre habitantes urbanos y rurales (Ver tabla y gráfico 3.1).

Tabla 3.1.- Distribución poblacional a lo largo del tiempo, 1854 -2012

Año	Pob. Total	Variación Período	Área Urbana	%	Área Rural	%
1854	50.760		S.I.		S.I.	
1865	78.972	55,58%	36.742	46,5	42.230	53,5
1875	69.482	-12,02%	S.I.		S.I.	
1885	64.143	-7,68%	S.I.		S.I.	
1895	59.713	-6,91%	39.257	65,7	20.456	34,3
1907	63.968	7,13%	25.861	40,4	38.107	59,6
1920	48.413	-24,32%	23.397	48,3	25.016	51,7
1930	61.098	26,20%	24.604	40,3	36.494	59,7
1940	84.312	37,99%	37.890	44,9	46.422	55,1
1952	80.113	-4,98%	41.441	51,7	38.672	48,3
1960	116.235	45,09%	85.459	73,5	30.776	26,5
1970	153.888	32,39%	128.783	83,7	25.105	16,3
1982	183.407	19,18%	167.282	91,2	16.125	8,8
1992	230.873	25,88%	208.960	90,5	21.913	9,5
2002	254.336	10,16%	232.619	91,5	21.717	8,5
2012	299.863	17,90%	S.I.		S.I.	

S.I: Sin Información.
Fuente: Instituto Nacional de Estadísticas, Chile.

Gráfico 3.1.- Evolución poblacional en la región de Atacama, 1854 - 2012.

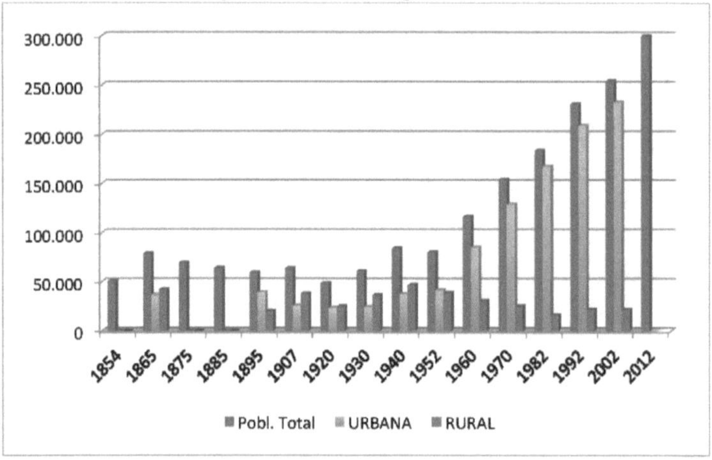

Fuente: Elaboración propia a partir de la tabla 3.1.

El crecimiento experimentado por la región de Atacama desde 1950 hasta nuestros días, ha sido siempre ascendente. No obstante, como se dijo en el capítulo II, este crecimiento se ha visto interrumpido por fuertes terremotos y pestes que han azotado la zona. Los incrementos demográficos, en cambio, han coincidido con eventos mineros, como la fiebre del oro desatada entre 1865 y 1866 en el sector de Jesús María[3]. También se observa el éxodo de habitantes del campo a la ciudad, que viene ocurriendo desde el siglo XIX. A mediados de ese siglo las proporciones eran muy similares, ambas bordeaban el 50%. Sin embargo, el número de la población urbana ha ido aumentando en desmedro de la población rural. La mayor concentración urbana de la región se traduce hoy en un valor superior al 90%.

3.1.2.- Crecimiento poblacional.

En la tabla 3.2 y gráficos 3.2 - 3.3, se muestra el crecimiento poblacional que ha venido experimentando la región de Atacama, a su vez comparado con el crecimiento que ha tenido Chile. Ambos se proyectan hasta el año 2020. Además se muestran sus respectivas tasas de variación poblacional.

---

[3] Información extraída de la Biblioteca Nacional Digital de Chile. Véase http://www.bibliotecanacionaldigital.cl.

Tabla 3.2.- Variación de la población regional versus la nacional, datos históricos y proyección, 2002 - 2020.

Año	Pobl. Atacama	Tasa de crecimie-nto regional	Población Chile	Tasa de crecimie-nto nacional	Porcenta-je nacional de la región
2002	263.663		15.668.271		1,68%
2003	265.920	0,86%	15.837.836	1,08%	1,68%
2004	268.455	0,95%	16.001.669	1,03%	1,68%
2005	271.272	1,05%	16.165.316	1,02%	1,68%
2006	274.604	1,23%	16.332.171	1,03%	1,68%
2007	278.424	1,39%	16.504.869	1,06%	1,69%
2008	282.498	1,46%	16.686.853	1,10%	1,69%
2009	286.816	1,53%	16.876.767	1,14%	1,70%
2010	291.234	1,54%	17.066.142	1,12%	1,71%
2011	295.598	1,50%	17.255.527	1,11%	1,71%
2012	299.863	1,44%	17.444.799	1,10%	1,72%
2013	304.035	1,39%	17.631.579	1,07%	1,72%
2014	308.247	1,39%	17.819.054	1,06%	1,73%
2015*	312.486	1,38%	18.006.407	1,05%	1,74%
2016*	316.692	1,35%	18.191.884	1,03%	1,74%
2017*	320.799	1,30%	18.373.917	1,00%	1,75%
2018*	324.801	1,25%	18.552.218	0,97%	1,75%
2019*	328.690	1,20%	18.726.548	0,94%	1,76%
2020*	332.463	1,15%	18.896.684	0,91%	1,76%

* Los datos son pronósticos, con nivel de confianza del 95%.

Fuente: Instituto Nacional de Estadísticas, Chile.

Es necesario destacar el hecho que desde el año 2005, la población ha crecido más rápido en la región que en el conjunto del país. Un fenómeno que cabe atribuir a la expansión minera de estos años. Las proyecciones en el crecimiento de la población de Atacama son positivas: se espera que continúen por encima de la media nacional. Sin embargo, y pese al aumento poblacional ocurrido en la región, ésta mantiene una densidad poblacional de tan sólo 4,1 habitantes por cada kilómetro cuadrado, la mitad de la media nacional, que es de 8,5 habitantes por kilómetro cuadrado.

Gráfico 3.2.- Porcentaje nacional de habitantes que viven en la región de Atacama, datos históricos y proyección, 2002 - 2020.

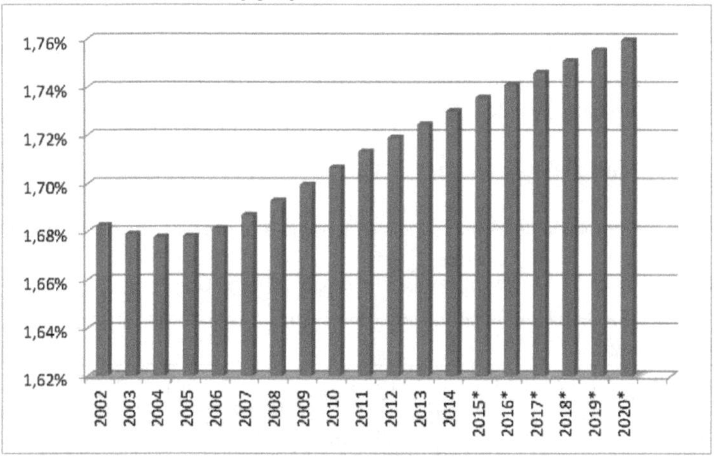

* Los datos son pronósticos, con nivel de confianza del 95%.

Fuente: Elaboración propia basada en la tabla 3.2.

Gráfico 3.3.- Tasas de crecimiento regional y nacional, datos históricos y proyección 2002 - 2020.

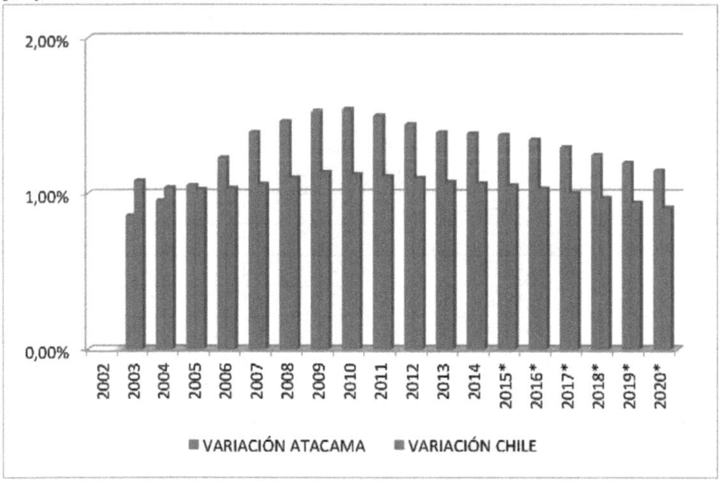

* Los datos son pronósticos, con nivel de confianza del 95%.

Fuente: Elaboración propia basada en la tabla 3.2.

De los gráficos anteriores se puede deducir que, desde comienzos de este siglo, la región de Copiapó ha presentado una notable atracción para el asentamiento humano; en buena parte, por el auge minero y agrícola. La mayor oferta de trabajo, parece que ha motivado los desplazamientos desde las regiones vecinas. Sin embargo no existen datos al respecto para confirmar esta sospecha. Pese a que se trata de una opinión compartida.

3.1.3.- Poblacional por sexo.

La siguiente variable, desarrollada en la tabla 3.3, refleja la distribución por sexo en la región de Atacama.

Tabla 3.3.- Distribución poblacional por sexo, datos históricos y proyección 2002 - 2020.

Año	Hombres	Mujeres	% Hombres	% Mujeres
2002	134.545	129.118	51,0%	49,0%
2003	135.729	130.191	51,0%	49,0%
2004	137.097	131.358	51,1%	48,9%
2005	138.634	132.638	51,1%	48,9%
2006	140.480	134.124	51,2%	48,8%
2007	142.631	135.793	51,2%	48,8%
2008	144.911	137.587	51,3%	48,7%
2009	147.276	139.540	51,3%	48,7%
2010	149.699	141.535	51,4%	48,6%
2011	152.111	143.487	51,5%	48,5%
2012	154.470	145.393	51,5%	48,5%
2013	156.766	147.269	51,6%	48,4%
2014	159.072	149.175	51,6%	48,4%
2015*	161.381	151.105	51,6%	48,4%
2016*	163.668	153.024	51,7%	48,3%
2017*	165.905	154.894	51,7%	48,3%
2018*	168.088	156.713	51,8%	48,2%
2019*	170.213	158.477	51,8%	48,2%
2020*	172.278	160.185	51,8%	48,2%

* Los datos son pronósticos, con nivel de confianza del 95%.

Fuente: Instituto Nacional de Estadísticas, Chile.

Esta tabla ha sido añadida, porque Atacama presenta un predominio masculino por ser una región dedicada mayormente al sector minero. Pese al cambio en las tendencias laborales generadas, hoy en día el sector minero aún es mayoritariamente masculino. Ello explica el promedio de 52% de hombres en la región de Atacama. (Ver gráfico 3.4).

Gráfico 3.4.- Distribución por sexo, año 2015.

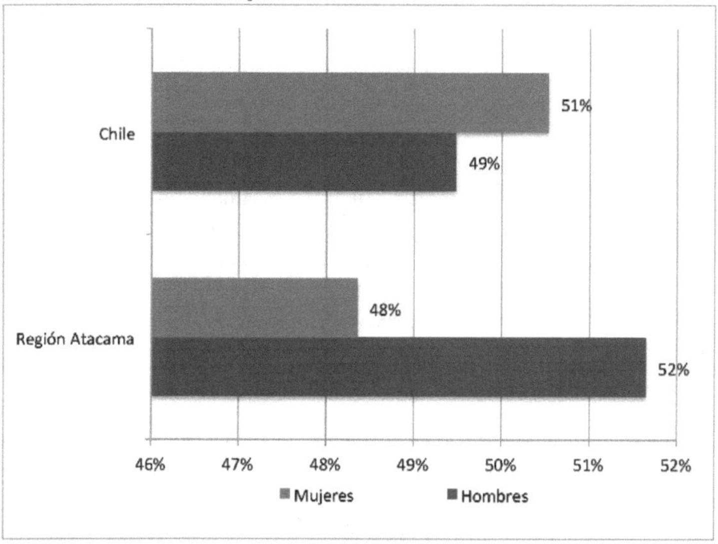

Fuente: Elaboración propia basada en la tabla 3.3.

Las diferencias existentes con las distribuciones de sexo, sobresalen al ver el gráfico 3.4. Se puede apreciar que para Chile la proporción femenina es superior. Tal como es lógico según los factores biológicos, a diferencia de la región de Atacama, donde por cada 100 mujeres existen 106 hombres. La estructura económica regional, aleja a Atacama de la proporción natural entre sexos.

3.2.- INDICADORES ECONÓMICOS DE LA REGIÓN DE ATACAMA.

3.2.1.- Niveles de desempleo.

Al aumentar la población en la región de Atacama, también ha ido aumentando su fuerza laboral. Sin embargo, la demanda por trabajo no ha aumentado en la misma proporción que la oferta. Las siguientes tablas ofrecen un panorama del mercado de trabajo en los últimos tiempos, y se compara con el resto de las regiones y el promedio del país.

Tabla 3.4.- Fuerza de trabajo en la región de Atacama, 2004 - 2013.

Año	Fuerza de Trabajo	Ocupados	Desocupados	Tasa de Desocupación %
2004	116.100	104.480	11.620	10,0
2005	120.480	110.950	9.530	7,9
2006	115.700	104.560	11.140	9,6
2007	119.390	110.980	8.410	7,1
2008	121.810	114.360	7.450	6,1
2009	123.940	112.930	11.010	8,9
2010	126.640	117.210	9.430	7,5
2011	129.480	121.700	7.790	6,0
2012	132.020	125.630	6.380	4,8
2013	138.983	133.330	7.770	5,6

Fuente: INE Atacama.

La tabla 3.4 muestra el comportamiento que ha tenido la fuerza de trabajo en Atacama. Hay que destacar que, si bien la tasa de desocupación ha obtenido máximos recientes del 10 y 9,6%, los valores sobre el desempleo estructural de la región, se ubican entre el 5,5 y 6%, unas cifras que son relativamente bajas. Lo anterior puede explicarse por la naturaleza de los trabajos y origen de los trabajadores, pues, al existir una gran cantidad de faenas mineras, la demanda por trabajo es creciente, lo que atrae a muchas personas. Muchos de estos nuevos trabajadores mineros, estarán dispuestos a emplazarse en la región, siempre que el proyecto laboral y de vida sea permanente en el tiempo, en cambio otros, solo verán una opción laboral transitoria. De esta manera, cuando la industria y las faenas mineras empiecen a prescindir del personal, todos estos obreros transitorios emigrarán a sus regiones de origen o a alguna otra que demande mano de obra. Si bien es cierto, que estas características poco ayudan en la creación de una identidad regional, permiten sin embargo, mantener y controlar los niveles de desempleo en el largo plazo. El gráfico 3.5, muestra las relaciones existentes entre la fuerza de trabajo, ocupados, desocupados y la tasa de desocupación, en los períodos 2004 - 2013.

Gráfico 3.5.- Niveles de desempleo en Atacama 2004 - 2013.

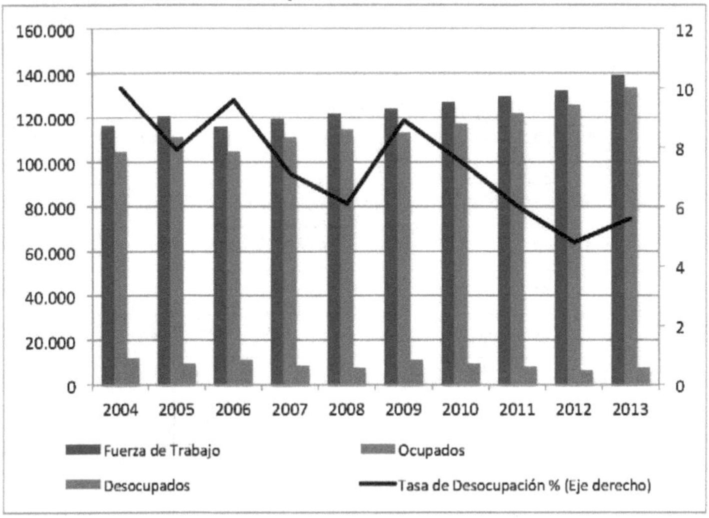

Fuente: Elaboración propia basada en la tabla 3.4.

Pese a lo señalado anteriormente, si se analizan las tasas de desempleo de la región, se puede inferir que ésta no consigue absorber la masa de desocupados que varía ligeramente año tras año. Si bien la tasa de paro no es alta, pero es persistente. Crece el volumen de la fuerza de trabajo y el de los ocupados en términos porcentuales, pero la tasa de paro no se modifica a la baja. La explicación a este fenómeno, quizás pueda encontrarse en las expectativas que genera la región, pues, al tener una creación de empleos dinámica, atrae continuamente a trabajadores desempleados. Lamentablemente muchos de ellos, no poseen la experiencia o habilidades en aquellos sectores que demandan mano de obra, y como consecuencia, se mantienen al margen del mercado laboral en espera de alguna oportunidad. La tabla 3.5 y el gráfico 3.6, comparan los niveles de desempleo de la región con las del resto del país.

Tabla 3.5.- Tasas de desempleo en Chile y regiones, 2004 - 2014.

	Tasa de desempleo %										
PAÍS Y REGIÓN	**2004**	**2005**	**2006**	**2007**	**2008**	**2009**	**2010**	**2011**	**2012**	**2013**	**2014**
PAÍS	**8,8**	**8**	**7,8**	**7,1**	**7,8**	**9,7**	**8,2**	**7,1**	**6,4**	**5,98**	**6,32**
Arica y Parinacota					10,6	8,5	7,1	7,7	6,1	5,64	6,08
Tarapacá	8,8	8,7	8,3	7,7	6,2	5,7	5,4	5,3	4,2	6,2	6,01
Antofagasta	9	7,9	7,9	6,8	6,9	8,7	7,6	6,1	4,9	5,56	6,24
Atacama	**10**	**7,9**	**9,6**	**7,1**	**6,1**	**8,9**	**7,5**	**6**	**4,8**	**5,59**	**6,66**
Coquimbo	8,9	7,2	7	6,7	6,3	8,1	8,3	7,5	5,9	6,7	6,93
Valparaíso	11,2	10,1	8,6	7,8	10,1	11,2	9,7	8,4	7,3	6,91	7,19
Libertador General Bernardo O`Higgins	7,3	5,7	5,5	6,2	7,3	9,5	6,8	6	5,8	5,08	5,27
Maule	8,8	7,7	7,2	7,9	7,3	7,4	7,1	6,6	6	5,57	5,99
Biobío	9	9,7	10,1	8,5	8,7	11,2	9,2	8,3	8,1	7,62	8,07
La Araucanía	5,6	7,4	7,8	7	9,6	11,2	8,4	8	7,2	6,77	6,07
Los Ríos					7,1	8,5	9,1	7,3	6,3	5,36	4,72
Los Lagos	6,1	5,7	5,5	4,6	3,5	7,8	7,1	4,5	3,8	2,96	3,82
Aisén del General Carlos Ibáñez del Campo	6	5,2	5,4	3,7	0,4	4,6	5,2	4,1	4,2	4,61	3,84
Magallanes y de la Antártica Chilena	7	5,7	4,2	2,6	2,3	5,8	5,2	4,8	3,8	3,58	2,63
Metropolitana de Santiago	9,3	8	7,8	7,2	7,9	9,8	8,2	7,1	6,6	5,84	6,33

Fuente: INE Chile.

Gráfico 3.6.- Tasas de desempleo en Atacama y el país, 2004 - 2014.

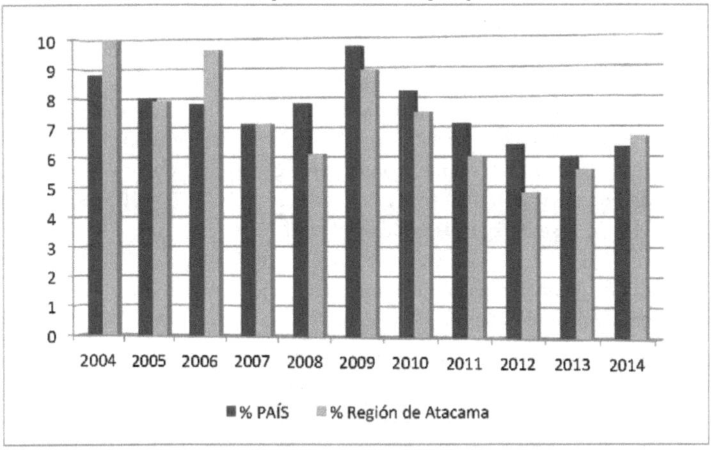

Fuente: Elaboración propia basada en la tabla 3.5.

El gráfico 3.7 muestra que la región de Atacama, en promedio, ha mantenido niveles de desocupación por debajo de la media nacional. Esto refleja el esplendor minero y agrícola en la pasada década, a la que también ha empujado el sector agrícola de exportación.

Gráfico 3.7.- Promedio comparativo de Chile y Atacama en los niveles de desempleo, 2004 - 2014.

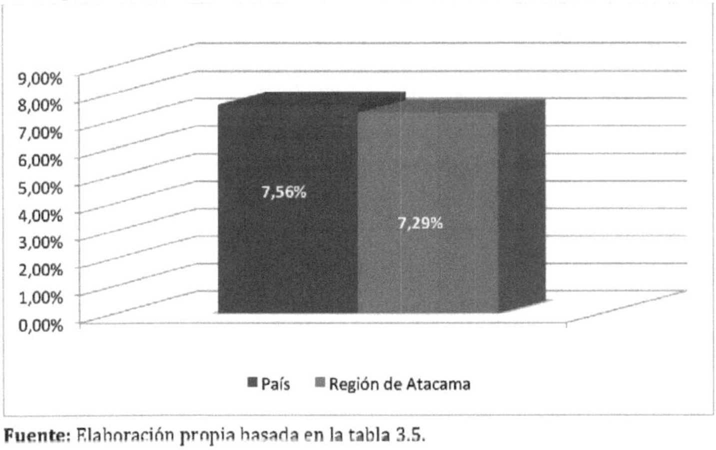

Fuente: Elaboración propia basada en la tabla 3.5.

Si bien es cierto que, los promedios en las tasas de desempleo a nivel regional son levemente inferiores a los promedios nacionales. Es necesario señalar que, al comparar Atacama con las otras regiones, su nivel de desocupación no es tan bajo como se esperaría, quizás ello se explique por el nivel de expectativas laborales. Como se ha dicho, al existir la creencia de que una región posee mejores condiciones de trabajo, la llegada de personal provenientes de otras regiones aumentará, generando un problema en la capacidad de absorción del exceso de oferta de trabajo. El gráfico 3.8 refleja los niveles de desempleo de la región y el resto de las regiones.

Gráfico 3.8.- Promedio absoluto entre las regiones y Atacama en los niveles de desempleo, 2004 - 2014.

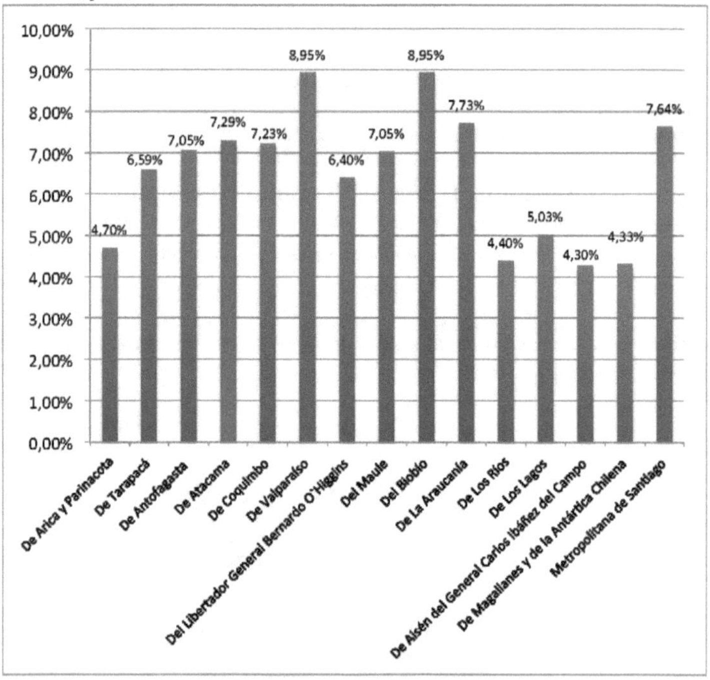

Fuente: Elaboración propia basada en la tabla 3.5.

3.2.2.- Producto Interno Bruto Regional.

El PIB regional, corresponde a la suma de los aportes que entrega la producción de los distintos sectores económicos que componen la región. El calculo del PIB nacional y regional, se ha realizado a **coste de factores**, es decir, en su calculo no se consideran los impuestos indirectos, todo esto para facilitar la comparación entre ellos. La siguiente tabla 3.6, muestra el impacto que ha causado el aporte de los distintos sectores económicos al PIB de la región.

Tabla 3.6.- PIB de Atacama, 2008 - 2012.

	2008	2009	2010	2011	2012
	Millones de pesos encadenados (2008 - 2012)				
Agropecuario-silvícola	49.010	49.619	43.916	54.021	60.888
Pesca	11.437	9.323	8.164	7.977	7.063
Minería	1.184.255	1.114.361	1.138.848	1.154.394	1.140.836
Indust. Manuf.	13.943	14.064	14.574	15.517	15.045
Electricidad, gas y agua	59.165	77.096	97.407	98.938	79.640
Construcción	142.738	170.609	364.415	546.164	790.275
Comercio, restaurantes y hoteles	106.101	93.915	115.894	141.495	171.071
Transportes y comunic.	97.788	89.985	101.369	111.490	127.616
Servicios financieros y empres.	54.142	56.533	60.387	66.669	66.408
Propiedad de vivienda	51.424	53.141	54.876	56.187	58.215
Servicios personales	102.657	106.959	113.102	117.173	125.369
Administr. pública	69.294	73.593	75.246	77.381	79.926
PIB a costo de factores	**1.941.954**	**1.909.197**	**2.213.437**	**2.452.231**	**2.680.119**

Fuente: Banco Central de Chile.

Los datos presentados indican que, en términos absolutos, el sector minero es el que brinda un mayor aporte al PIB regional. Su contribución en promedio, está por encima del 50%. Le siguen el sector de la construcción y el sector comercio, restaurantes y hoteles. Ver Gráfico 3.9 para el detalle de los porcentajes de los diversos sectores.

Gráfico 3.9.- Aportes en promedio de los sectores económicos al PIB regional, 2008 - 2012.

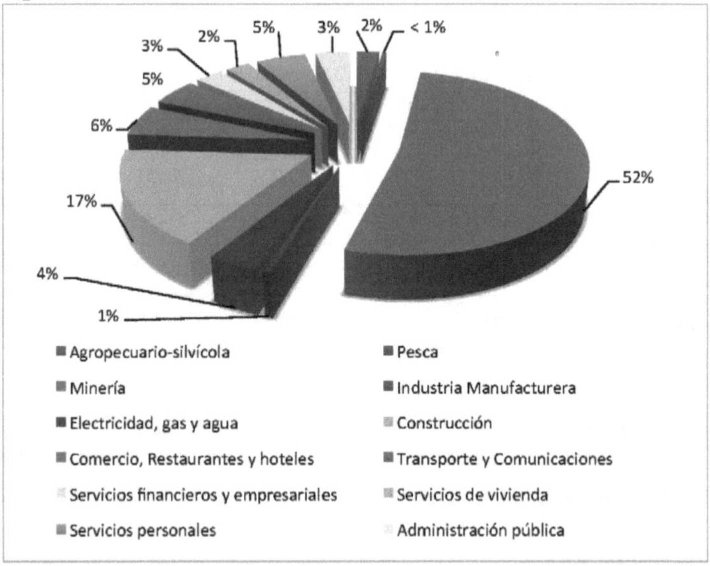

Fuente: Elaboración propia basada en la tabla 3.6.

Al ver el gráfico anterior, es posible entender porque ha sido catalogada la región de Atacama, como una zona minera, pues, el mayor aporte a su PIB corresponde a dicho sector.

Sin embargo, y en busca de complementar el análisis anterior, es necesario obtener una visión general de cuál es la distribución territorial de la industria a nivel nacional. Para ello, se usa la ecuación genérica de índice relativo. En primer lugar, es necesario calcular la estructura económica de todos los sectores productivos, en base al PIB. Seguidamente se estima el tamaño relativo de cada sector, con el total de la economía regional y con el tamaño global de la economía nacional. Por último, se dividen ambos valores relativos, obteniendo así el **cociente de localización**, el cual entrega una medida de la proporción que una actividad económica representa para la región. El resultado del calculo, se interpreta de la siguiente manera:

- Cuando el cociente es mayor que 1, se puede afirmar que el sector económico analizado, posee una mayor concentración en la región, y además, un tamaño mayor al del contexto nacional.

- Si por el contrario, el cociente es igual a 1, indica que los tamaños del sector productivo analizado, son iguales en la región y en el país. Es decir, no se puede hablar de una alta, ni de una baja concentración relativa.

- Por último, si el cociente es menor que 1, se puede afirmar que esa actividad económica no posee una fuerte concentración en la región.

A continuación se procede a calcular el cociente de localización, por actividad económica y región. Por este motivo, la tabla 3.7 muestra los aportes que hacen los distintos sectores económicos a su respectivo PIB regional y por ende, al PIB nacional. En su calculo se han utilizado los PIB promedios de los períodos 2008 - 2012.

Tabla 3.7.- Promedio PIB nacional, período 2008 – 2012.

	Agropecuario-silvícola	Pesca	Minería	Industria manufacturera	Electricidad, gas y agua	Construcción
	Millones de pesos encadenados (2008 - 2012)					
Reg.I	1.782	24.391	1.356.898	78.713	67.699	259.251
Reg.II	4.408	11.198	6.528.629	454.060	287.163	1.013.361
Reg.III	51.491	8.793	1.146.539	14.629	82.449	402.840
Reg.IV	139.059	17.623	1.089.012	103.493	41.277	253.619
Reg.V	234.990	8.697	1.242.308	1.167.129	30.994	698.122
Reg.VI	516.435	563	1.107.149	554.664	151.953	356.548
Reg.VII	393.823	2.782	29.707	526.793	542.815	265.615
Reg.VIII	445.991	85.323	5.457	1.788.203	877.915	698.143
Reg.IX	224.716	5.735	23	194.101	42.964	201.316
Reg.X	184.362	148.563	0	305.119	98.596	206.809
Reg.XI	7.258	70.658	24.192	14.279	3.432	80.209
Reg.XII	12.615	12.012	156.247	105.872	19.931	70.556
Reg.XIII	330.470	566	252.052	5.048.486	732.329	2.370.674
Reg.XIV	138.219	12.958	0	249.388	42.958	42.325
Reg.XV	20.522	4.373	47.050	66.064	14.917	28.557
PIB por sector	**2.706.142**	**414.235**	**12.985.262**	**10.670.994**	**3.037.393**	**6.947.946**

Fuente: Banco Central de Chile.

Continuación Tabla 3.7.-

	Comercio, rest. y hoteles	Transportes y comunica.	Servicios financieros y empresar.	Propiedad de vivienda	Servicios personales	Ad. pública	PIB regional
	Millones de pesos encadenados (2008 - 2012)						
Reg.I	383.907	166.520	83.211	73.784	173.477	110.837	**2.758.470**
Reg.II	372.383	498.135	223.553	194.515	369.751	124.727	**10.060.978**
Reg.III	125.695	105.650	60.828	54.769	113.052	75.088	**2.239.388**
Reg.IV	252.540	192.731	136.434	140.434	332.380	141.367	**2.834.952**
Reg.V	558.736	1.093.288	535.979	552.804	918.546	457.398	**7.573.643**
Reg.VI	248.594	232.101	341.963	153.439	343.846	148.709	**4.147.749**
Reg.VII	245.006	258.131	168.970	126.573	387.248	185.409	**3.144.726**
Reg.VIII	570.171	517.327	562.997	347.737	932.147	414.559	**7.253.366**
Reg.IX	223.598	219.808	190.913	154.150	401.050	176.410	**2.034.088**
Reg.X	234.110	249.672	264.954	131.883	368.072	180.487	**2.365.771**
Reg.XI	32.514	27.531	11.803	21.966	52.294	96.471	**443.007**
Reg.XII	85.729	57.919	43.723	54.703	73.086	117.423	**810.694**
Reg.XIII	6.582.306	2.924.454	15.335.593	2.719.286	5.690.072	1.616.078	**43.559.092**
Reg.XIV	140.614	95.741	72.916	60.714	172.002	88.206	**1.115.662**
Reg.XV	83.093	54.937	19.725	44.436	103.426	94.097	**581.351**
PIB por sector	**10.138.997**	**6.693.943**	**18.053.561**	**4.831.192**	**10.430.451**	**4.027.267**	**90.922.938**

Fuente: Banco Central de Chile.

La tabla 3.8 muestra los respectivos cocientes de localización, distribuidos por sector económico y región. La tabla muestra una matriz de dos entradas, ordenados por sector (columnas) y región (filas).

Tabla 3.8.- Promedio cocientes de localización, período 2008 - 2012..

	Agropecuario-silvícola	Pesca	Minería	Industria manufacturera	Electricidad, gas y agua	Construcción
Reg.I	0,022	1,941	3,444	0,243	0,735	1,230
Reg.II	0,015	0,244	4,544	0,385	0,854	1,318
Reg.III	0,773	0,862	**3,585**	0,056	**1,102**	**2,354**
Reg.IV	1,648	1,364	2,690	0,311	0,436	1,171
Reg.V	1,042	0,252	1,149	1,313	0,123	1,206
Reg.VI	4,183	0,030	1,869	1,139	1,097	1,125
Reg.VII	4,208	0,194	0,066	1,427	5,167	1,105
Reg.VIII	2,066	2,582	0,005	2,101	3,623	1,260
Reg.IX	3,712	0,619	0,000	0,813	0,632	1,295
Reg.X	2,618	13,784	0,000	1,099	1,248	1,144
Reg.XI	0,550	35,009	0,382	0,275	0,232	2,369
Reg.XII	0,523	3,252	1,350	1,113	0,736	1,139
Reg.XIII	0,255	0,003	0,041	0,988	0,503	0,712
Reg.XIV	4,163	2,549	0,000	1,905	1,153	0,496
Reg.XV	1,186	1,651	0,567	0,968	0,768	0,643
PIB por sector	1	1	1	1	1	1

Fuente: Elaboración propia, basado en la tabla 3.6 y 3.7.

Continuación Tabla 3.8.

	Comercio, rest. y hoteles	Transportes y comunica.	Servicios financieros y empresar.	Propiedad de vivienda	Servicios personales	Ad. pública	PIB regional
Reg.I	1,248	0,820	0,152	0,503	0,548	0,907	1
Reg.II	0,332	0,673	0,112	0,364	0,320	0,280	1
Reg.III	0,503	0,641	0,137	0,460	0,440	0,757	1
Reg.IV	0,799	0,923	0,242	0,932	1,022	1,126	1
Reg.V	0,662	1,961	0,356	1,374	1,057	1,363	1
Reg.VI	0,537	0,760	0,415	0,696	0,723	0,809	1
Reg.VII	0,699	1,115	0,271	0,757	1,073	1,331	1
Reg.VIII	0,705	0,969	0,391	0,902	1,120	1,290	1
Reg.IX	0,986	1,468	0,473	1,426	1,719	1,958	1
Reg.X	0,887	1,433	0,564	1,049	1,356	1,722	1
Reg.XI	0,658	0,844	0,134	0,933	1,029	4,916	1
Reg.XII	0,948	0,970	0,272	1,270	0,786	3,270	1
Reg.XIII	1,355	0,912	1,773	1,175	1,139	0,838	1
Reg.XIV	1,130	1,166	0,329	1,024	1,344	1,785	1
Reg.XV	1,282	1,284	0,171	1,439	1,551	3,654	1
PIB por sector	1	1	1	1	1	1	1

Fuente: Elaboración propia, basado en la tabla 3.6 y 3.7.

Al analizar los valores del recorrido que adoptan los distintos cocientes de localización (CL_{ij}), en la región de Atacama, se observa que el sector minero posee una fuerte concentración, sin embargo, su presencia también es importante en las regiones I y II. No se puede olvidar el sector construcción, siendo éste relevante, en 12 de las 15 regiones. Por último, el sector eléctrico, gas y agua también obtiene un índice levemente superior a 1, es decir, su comportamiento en la región, es similar, al promedio que presenta el país.

El Gráfico 3.10 muestra el comportamiento por región, del cociente de localización en todos aquellos sectores que la región de Atacama destaca, pudiendo así, comparar las distintas concentraciones.

Gráfico 3.10.- Cociente de localización promedio en aquellos sectores que Atacama destaca, 2008 - 2012.

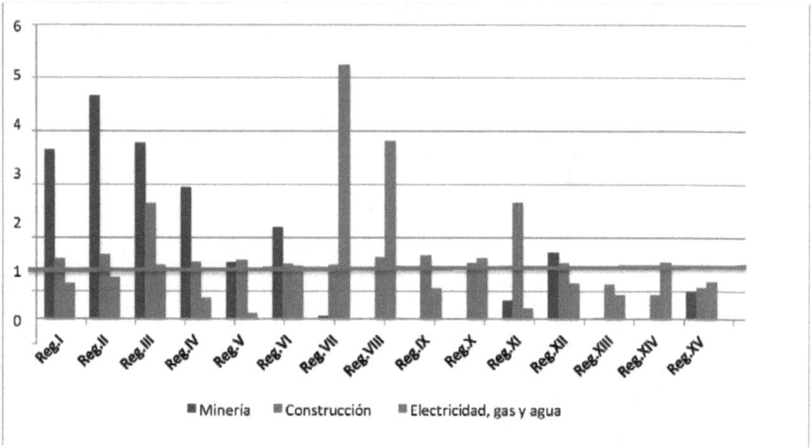

Fuente: Elaboración propia, basado en la tabla 3.8.

Al analizar los valores, se puede indicar que en términos relativos, la minería en Atacama, es la segunda región de importancia nacional, ubicándose después de la región de Antofagasta (región II), y antes que la región de Arica y Parinacota (región I). No obstante, al observar los índices de localización del sector minero, entre las tres primeras regiones, se tiene que la región II posee una mayor concentración respecto al PIB. Sin embargo, es necesario señalar que a febrero del 2012, la región de Atacama, según datos del Servicio Nacional de Geología y Minería (Sernageomin), poseía el mayor número de faenas mineras distribuidas a lo largo y ancho de la región. La tabla 3.9 exhibe aquellos valores, y la figura 3.1 muestra la concentración en el mapa de Atacama.

Tabla 3.9.- Número de faenas mineras a febrero del 2012.

Región	**Número de faenas mineras**
I	215
II	1092
III	**3114**
IV	1398

Fuente: Sernageomin 2012.

Figura 3.1.- Concentración de faenas mineras en Atacama, febrero 2012.

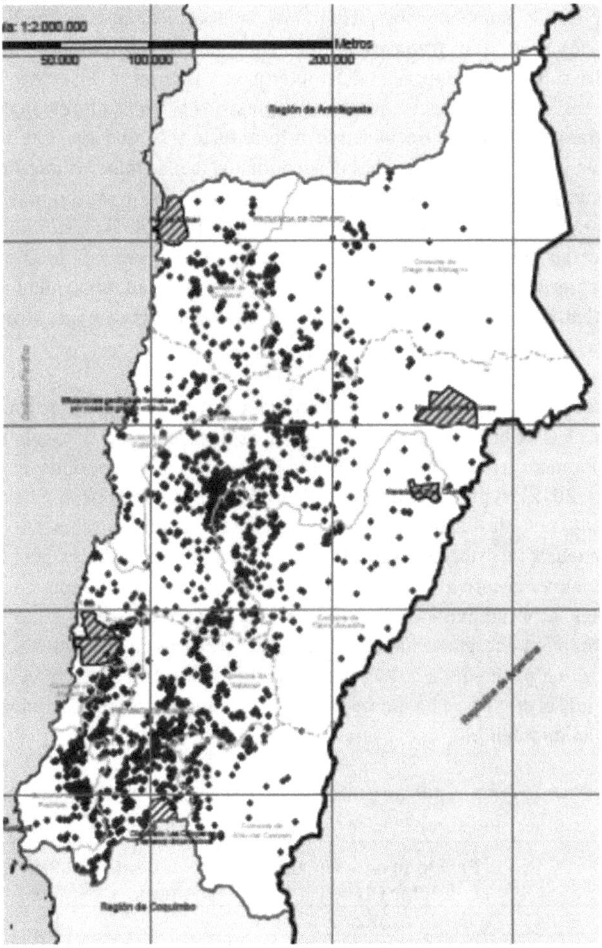

Fuente: Sernageomin 2012.

Es necesario hacer presente que el número de explotaciones declaradas, no implican que en la mina se realice un trabajo continuo. En otras palabras, al inscribir una faena minera, se está declarando un derecho de propiedad por un cierto período de tiempo, el que debe ser renovado continuamente para perpetuar su continuidad. Por consiguiente no significa que existan personas o trabajadores permanentes que exploten el yacimiento, pudiendo así, no existir trabajo en ella. Lo que dificulta el control a la actividad minera de menor escala, pues, muchos pirquineros montaran empresas familiares de extracción, las que trabajaran solo en aquellas temporadas de altos beneficios. Cuando el precio del mineral sea inferior a los costos, estos yacimientos estarán desiertos y sus propietarios y trabajadores engrosarán las cifras de cesantes. No obstante a lo anterior, se observa que tanto la segunda como la primera región poseen menos faenas mineras que Atacama, sin embargo, la segunda tiene un cociente de localización mucho mayor. Esta disyuntiva se explica, porque tanto la segunda como la primera región concentran mayormente a la gran minería del cobre, en cambio Copiapó, si bien alberga algunas mineras grandes, en cantidad son menores. En definitiva, el alto número se ve influenciado por una gran concentración de mineras pequeñas y artesanales.

Otro sector económico que también se muestra fortalecido, y no sólo en la región, es el de la construcción, su auge se explica como una consecuencia del buen momento económico vivido por Chile. Durante el período estudiado (2008 - 2012), el país crecía a razón de un 5% y el dólar en promedio costaba $500 chilenos, alcanzando en ocasiones hasta los $450 (Ver tabla 3.10). Como consecuencia de esto, las tasas internas de interés estaban bajas, permitiendo así, un mayor acceso al crédito y un alto dinamismo en las compras de bienes durables, especialmente en los referentes a pisos y casas. En cambio, en el 2015 toda esa energía se ha estancado. Chile crece a una tasa del 2%, el dólar se cotiza en promedio a $700 y las tasas de interés han ido subiendo, como resultado, el crédito se ha ido restringiendo, reduciendo así, la actividad en el mercado inmobiliario.

Tabla 3.10.- Precio del dólar y tasa de crecimiento porcentual anual del PIB a precios de mercado sobre la base de dólares de EE.UU. constantes de 2005.

Año	**Precio promedio anual del dólar ($/U$)**	**Crecimiento del PIB, % Anual.**
2007	522,47	5,2
2008	522,46	3,3
2009	559,61	-1,0
2010	510,25	5,8
2011	483,67	5,8
2012	486,49	5,5
2013	495,31	4,2
2014	570,37	1,9

Fuente: Cochilco y Banco Mundial.

Al graficar los datos de la tabla 3.10, se observa que el crecimiento del país, parece ser una función inversa al precio del dólar. Es así como cuando el precio del dólar es alto, en promedio sobre los $ 500, el país tiene tasas de crecimiento menores. En cambio, cuando el dólar cae, el crecimiento del país aumenta (Ver gráfico 3.11).

Gráfico 3.11.- Crecimiento del PIB nacional y precio del dólar 2007 - 2014.

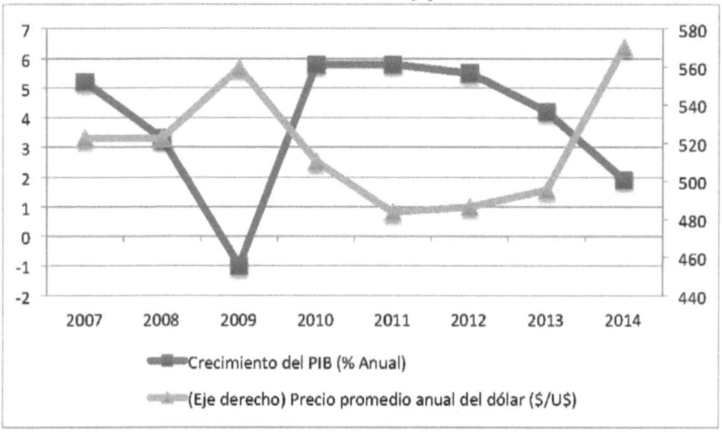

Fuente: Elaboración propia, basada en la tabla 3.10.

Dado el movimiento que presentan estas variables, y con el propósito de reafirmar lo antes descrito, se calcula su coeficiente de correlación:

Coeficiente de correlación (R)= -0,822020363

El valor encontrado indica una alta correlación negativa, es decir, mientras mas barato se encuentre el dólar, mayor será el crecimiento del PIB.

Al graficar ambas variables con los datos encontrados, para luego calcular una función de regresión, se encuentra un coeficiente de determinación (R^2) igual a 0,67572 (Ver gráfico 3.12). Esto significa, que la variable explicativa, el crecimiento del PIB nacional (Y), puede ser explicado en un 67,5% por la variable independiente, precio del dólar (X), dejando un 32,5% sin explicación.

Gráfico 3.12.- PIB v/s Precio del dólar.

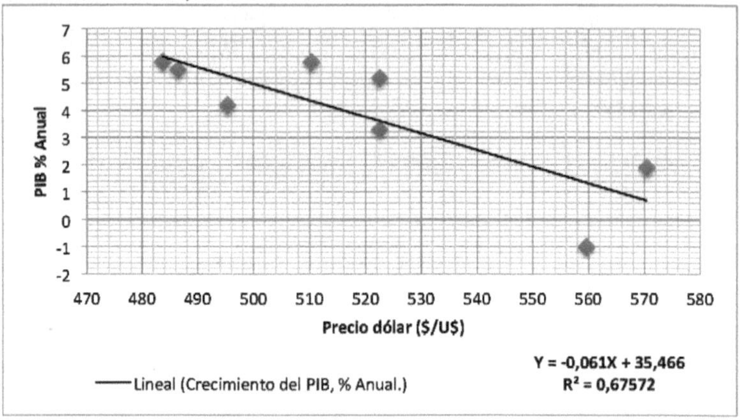

Fuente: Elaboración propia, basada en la tabla 3.10.

Por último, el sector energético, con un índice muy cercano a 1, posee un comportamiento acorde al crecimiento regional y de país. Según datos de la Secretaría Regional de Energía, el sector minero lidera el consumo de energía con un 34%, seguido por el industrial con un 28%, el residencial en cambio, solo ocupa un 38% del total. En la generación de energía, destaca fuertemente la zona central (entre regiones VI y VIII), básicamente esto es consecuencia de la alta concentración de centrales hidroeléctricas, las que alimentan todo el Sistema Interconectado Central (SIC), el que abarca desde la III a la X regiones. El SIC está compuesto por un 46% de centrales térmicas, 1,7% de centrales eólicas y un 52,3% de centrales hidroeléctricas. En conjunto, ofrecen una capacidad instalada de 6.646 MW. y una generación bruta de 29.577 GMW.

3.2.3.- Producto Interno Bruto Nacional.

A nivel nacional, las contribuciones de las distintas actividades económicas son más regulares. La tabla 3.11 muestra los aportes globales de cada sector económico y su evolución a lo largo de 5 años.

Tabla 3.11.- PIB de Chile 2008 – 2012.

	2008	2009	2010	2011	2012
	Millones de pesos encadenados (2008 - 2012)				
Agropec. - silvícola	2.711.891	2.594.121	2.603.169	2.876.570	2.716.149
Pesca	405.094	347.386	346.794	420.654	509.859
Minería	13.164.592	13.028.242	13.218.971	12.535.539	13.010.966
Industria Manufact.	10.506.172	10.060.807	10.313.289	11.092.465	11.472.843
Electr., gas y agua	2.498.997	2.843.577	3.081.725	3.443.073	3.732.843
Construcción	6.891.485	6.523.534	6.642.910	7.094.649	7.605.364
Comercio, restaur. y hoteles	9.166.284	8.638.182	9.929.827	11.136.853	11.887.512
Transporte y Comunicaciones	6.319.708	5.990.669	6.518.377	6.975.485	7.660.629
Servicios financieros y empresariales	16.311.758	16.558.933	17.666.606	19.235.939	20.547.724
Servicios de vivienda	4.600.617	4.766.551	4.801.816	4.922.844	5.064.129
Servicios personales	9.502.672	9.788.294	10.283.205	10.998.735	11.579.693
Adm. pública	3.808.922	4.059.870	4.171.397	4.199.103	4.348.286
PIB a costo de factores	**85.888.192**	**85.200.168**	**89.558.339**	**94.550.401**	**99.590.923**

Fuente: Banco Central de Chile.

Sin embargo, nuevamente destacan las del sector minero. También sobresalen los servicios financieros, la industria y el comercio. Si bien es cierto, los aportes de las distintas actividades económicas están mucho más diversificadas, en comparación a lo que ocurre en la región de Atacama, es necesario resaltar que la minería sigue siendo un pilar significativo en la economía de Chile. Las contribuciones, en términos absolutos de este sector, en promedio, alcanzan el 14%, a precios encadenados desde el año 2008. Lo que significa que un 14% de la economía nacional depende de los precios internacionales que puedan alcanzar los productos mineros. Es así como cualquier variación en la demanda del sector, repercutirá directamente en los ingresos de Chile. La gráfica 3.13 refleja las contribuciones, de cada actividad económica en el PIB nacional, durante el período 2008 - 2012.

Gráfico 3.13.- Aportes en promedio de los sectores económicos al PIB nacional, 2008 - 2012.

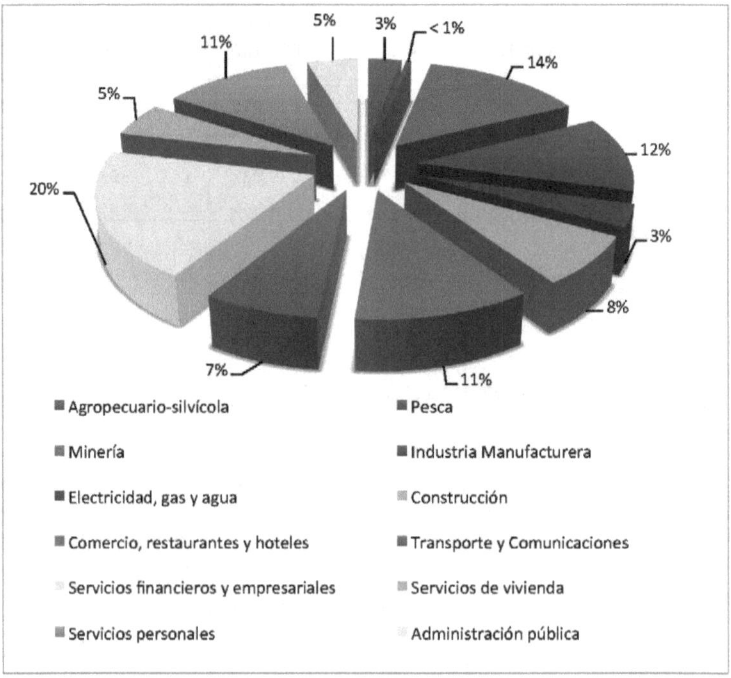

Fuente: Elaboración propia basada en la tabla 3.10.

Al analizar los aportes regionales, se observa que las contribuciones de Atacama al PIB nacional, son bastante pequeñas. El gráfico 3.14 muestra el promedio de la participación de Atacama, en términos absolutos, para un período de cinco años.

Gráfico 3.14.- Aportes del PIB de Atacama al PIB nacional, 2008 - 2012.

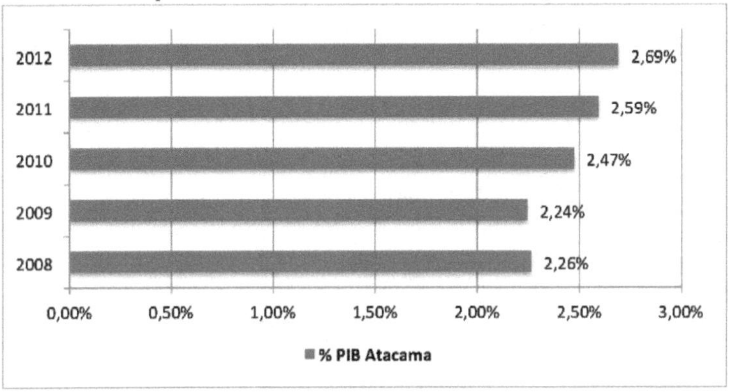

Fuente: Elaboración propia basada en las tablas 3.6 y 3.11.

No obstante lo anterior, al analizar los impactos individuales que tienen los sectores económicos regionales, en sus respectivos nacionales, se observa que el sector minero junto al de la construcción son los que realizan mayores aportes. El gráfico 3.15 muestra en detalle las contribuciones que hace cada sector económico de Atacama, a su respectivo sector económico nacional. La mayor participación, proviene de actividades mineras y de construcción, aportando valores que bordean en promedio el 9% y el 6% respectivamente.

Gráfico 3.15.- Aportes promedios de los sectores económicos regionales a sus símiles nacionales, 2008 - 2012.

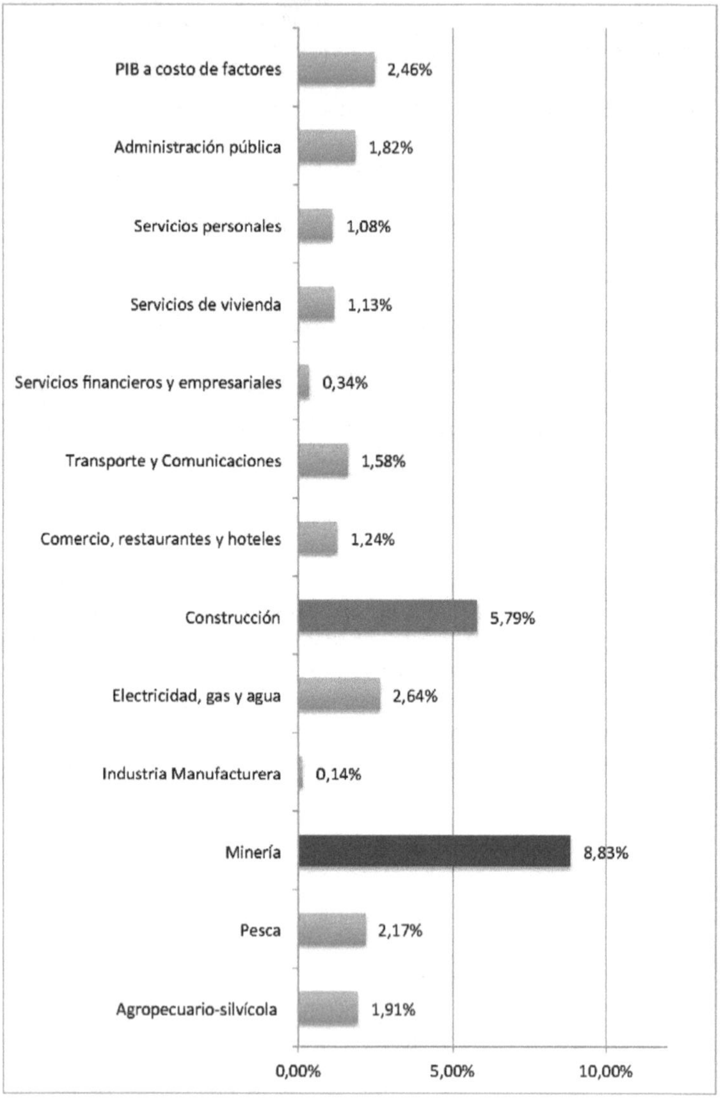

Fuente: Elaboración propia basada en la tabla 3.6 y 3.11.

A nivel nacional, en consecuencia, los sectores minería y construcción, son los únicos sectores que destacan. Bien es cierto que estas áreas económicas regionales, pueden generar expectativas mayores, sobredimensionando sus reales capacidades. Sin embargo, el problema aparece cuando el ciclo minero se contrae, pues ello impacta de sobremanera en el resto de los sectores productivos, aunque pueden darse excepciones, como por ejemplo: el sector agrícola de exportación. En cualquier caso, la tasa de desempleo aumenta con el estancamiento de la minería. Con el tiempo, se prevé que parte de los cesantes emigren a otras regiones colindantes o a la capital. Con lo que se produce la siguiente paradoja: un menor nivel de actividad económica regional, da lugar finalmente a un menor nivel de desempleo regional, debido a la emigración de los cesantes.

Con el propósito de ampliar el análisis sectorial, se calculan los respectivos **coeficientes de especialización.** En su calculo matemático, se usa nuevamente la ecuación genérica de índices relativos. Éste indicador ayudará a determinar el grado de especialización relativa que posee la región, pudiendo alcanzar los siguientes valores:

- Mayor a 1, refleja actividades con un alto grado de preparación, por lo que se puede afirmar que la región posee una especialización en ese sector productivo, por sobre las otras regiones. Además, es factible asumir, que los bienes de ese sector económico se exportan, ya sea a otras regiones o al mundo.

- Al ser el cociente igual a 1, indica una especialización normal, es decir, acorde al crecimiento del país.

- Menor a 1, se puede afirmar que esa actividad económica no posee especialización en la región, y que tampoco es capaz de satisfacer sus requerimientos, por lo tanto, debe importar ese tipo de bienes.

Al calcular el coeficiente de especialización, es necesario caracterizar la estructura económica de Atacama y del país en base al PIB, en su calculo se considera el período 2008 - 2012. Luego se estiman los pesos relativos de cada sector, en la región y en el país. Por último, al calcular el peso relativo de cada sector económico de la región, en relación a la participación porcentual del mismo sector en el conjunto de la economía nacional, se obtienen los distintos coeficientes de especialización (Ver tabla 3.12).

Tabla 3.12.- Coeficiente de especialización basado en el PIB, Atacama 2008 - 2012.

	2008	**2009**	**2010**	**2011**	**2012**
Agropecuario-silvícola	0,799	0,854	0,683	0,724	0,833
Pesca	**1,249**	**1,198**	0,953	0,731	0,515
Minería	**3,979**	**3,817**	**3,486**	**3,551**	**3,258**
Industria manufacturera	0,059	0,062	0,057	0,054	0,049
Electricidad, gas y agua	**1,047**	**1,210**	**1,279**	**1,108**	**0,793**
Construcción	**0,916**	**1,167**	**2,220**	**2,968**	**3,861**
Comercio, restaurantes y hoteles	0,512	0,485	0,472	0,490	0,535
Transportes y comunicaciones	0,684	0,670	0,629	0,616	0,619
Servicios financieros y empresariales	0,147	0,152	0,138	0,134	0,120
Propiedad de vivienda	0,494	0,498	0,462	0,440	0,427
Servicios personales	0,478	0,488	0,445	0,411	0,402
Administración pública	0,805	0,809	0,730	0,711	0,683
PIB a costo de factores	1	1	1	1	1

Fuente: Elaboración propia basada en la tabla 3.6 y 3.11.

El gráfico 3.16 muestra la evolución respectiva, a través del tiempo, de cada coeficiente de especialización.

Gráfico 3.16.- Índice de especialización basado en el PIB, Atacama 2008 - 2012.

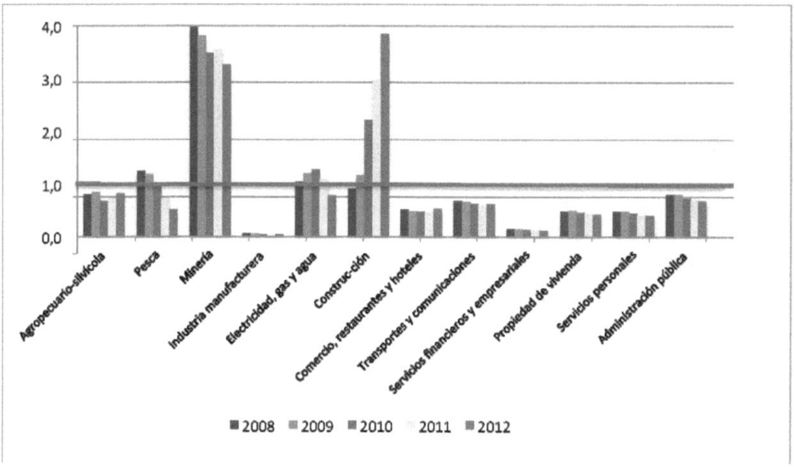

Fuente: Elaboración propia basada en la tabla 3.12.

Al comparar entre si los distintos coeficientes, se puede medir el grado de especialización relativa que posee la región. Para su análisis, se ha usado el número 1 como base, éste valor corresponde a la idéntica participación que un sector económico tiene en la región, con relación a la participación de esa actividad a escala del PIB nacional. De esta manera se puede indicar, que las especializaciones de la región, se darán siempre en aquellos sectores que obtengan cocientes mayores a la unidad, es decir, proporcionalmente el sector aporta un mayor valor a escala, comparado con los otros sectores. Al observar los distintos índices de especialización para Atacama, se puede determinar que durante el período evaluado, los sectores económicos que han presentado una mayor importancia han sido: el minero y la construcción. Ambos han mantenido durante el tiempo de análisis, valores muy superior a 1. Por lo que se puede afirmar que la región, posee una especialización en minería. El índice del sector de la construcción, pese ha mantener la mayoría de las veces valores superiores a 1 durante los años consultados, no se puede hablar de una especialización regional en esa área.

Al obtener la minería un índice superior a la unidad, se puede suponer que sus actividades son superiores a las necesidades de la región, y en consecuencia sus productos pueden y debieran ser exportados. La región exporta el 100% de sus productos mineros, no obstante, el sector de la construcción, no puede exportar todos sus productos, por lo que su índice debiera entenderse como un crecimiento real. Sin embargo, las causas que impulsan este crecimiento, se entienden como una consecuencia del sector minero. Es decir, cuando la minería se encuentra en auge, la demanda regional por mano de obra aumenta, lo que atrae a muchos trabajadores de otras regiones vecinas, a querer asentarse en Atacama. Además existe, por parte de las grandes empresas mineras, acciones destinadas a favorecer la compra de viviendas, es así como en la mayoría de sus programas de bienestar, se ofrecen sin restricciones bonos y créditos blandos a sus trabajadores para la compra de vivienda, los que pueden hacer efectivo en todo Chile. Un buen número de éstos trabajadores, elige la capital regional para comprar un piso o casa. Todo esto genera aumentos explosivos en la demanda de viviendas e impulsa a las constructoras e inmobiliarias, a querer invertir en la zona. No obstante lo anterior, existe un desfase entre la demanda y la oferta, que producen una escasez relativa en el sector, e impulsan un efecto de burbuja inmobiliaria en la región. Tanto el subsidio privado, como la decisión de comprar en Atacama, aumentan al alza los precios de los terrenos y bienes inmuebles, siendo éstos muchas veces superiores, a sus símiles de otras regiones. Según la Cámara Regional de la Construcción, un proyecto inmobiliario contempla un horizonte de evaluación, que va desde los 5 a los 10 años, dependiendo de su envergadura. Es por esto que ambos sectores económicos no se mueven al mismo ritmo, y explica en parte, el tardío despegue del sector construcción, como también el desfase existente entre ambos sectores. Ver Gráfico 3.17. Es por ello, que la dinámica del sector construcción es diferente y, por ende, no es capaz de actuar a la misma velocidad que los otros sectores, por consiguiente, su reacción es más tardía.

Gráfico 3.17.- Evolución de los índices de especialización basados en el PIB, minería y construcción, 2008 - 2012.

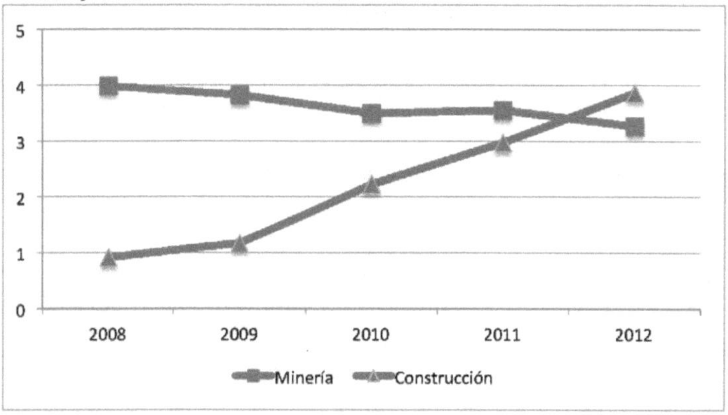

Fuente: Elaboración propia basada en la tabla 3.12.

Al observar el gráfico 3.17, se aprecia que el impulso del sector construcción comienza a finales del año 2008. El que como se dijo anteriormente, corresponde en parte al buen momento económico vivido por Chile, durante el período de análisis. Por otra parte, también puede considerarse como una consecuencia del auge de los precios alcanzado por el cobre en los mercados internacionales (Ver tabla 3.13). Esta bonanza económica se mantuvo por varios años sucesivos, sin embargo, cuando el ciclo minero comienza a disminuir, el crecimiento del sector no merma. Como se ha dicho, ambas industrias poseen tiempos de respuesta diferente.

Tabla 3.13.- Precio promedio del cobre, 2007 - 2014

Año	**Precio promedio nominal del cobre (¢US$/lb)**
2007	323,25
2008	315,32
2009	234,22
2010	341,98
2011	399,66
2012	360,59
2013	332,12
2014	311,26

Fuente: Cochilco.

El precio del cobre se estima diariamente en las bolsas metaleras, sin embargo y como herramienta de análisis, se consideran los promedios anuales, publicados por *The London Metal Exchange*.

Al intentar aislar el impacto que tiene el precio del cobre, sobre el crecimiento del país, se muestran ambas variables en el gráfico 3.18.

Gráfico 3.18.- Precio nominal del cobre y tasa de crecimiento del PIB, 2007 - 2014.

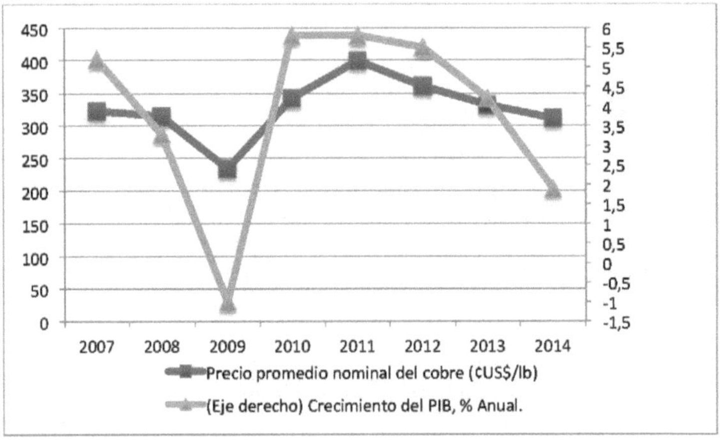

Fuente: Tabla 3.10 y tabla 3.13.

Al calcular el coeficiente de correlación (R), entre estas dos variables se obtiene el siguiente valor:

Coeficiente de correlación (R) = 0,898

Es una alta correlación positiva entre el precio del cobre y el crecimiento del país. Es decir, mientras mayor sea el precio del cobre, el crecimiento del PIB será mayor. En cambio, si el precio del cobre disminuye, el crecimiento comenzara a mermar (Ver gráfico 3.19).

Gráfico 3.19.- % de crecimiento del PIB v/s precio del cobre

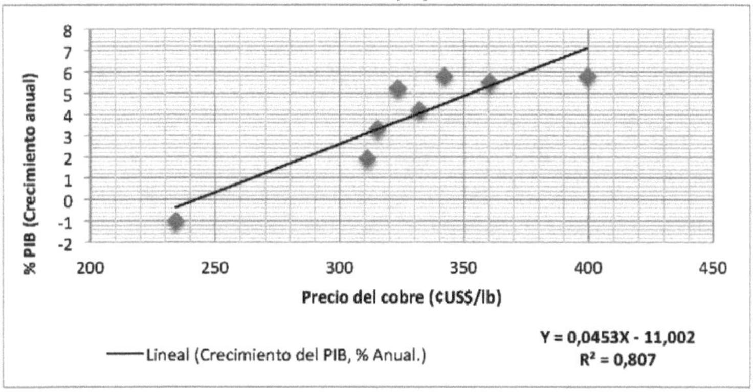

Fuente: Elaboración propia, basado en la tabal 3.10 y 3.13.

Al calcular una función de regresión, a partir de los datos encontrados, se obtiene un coeficiente de determinación (R^2), con un valor de 0,807. Es decir, la variable explicativa, % del crecimiento del PIB nacional (Y), puede ser explicada en un 80,7% por la variable independiente, el precio del cobre (X), dejando un 19,3% sin explicación.

A continuación, el gráfico 3.20 muestra el comportamiento del dólar, frente a variaciones en el precio del cobre.

Gráfico 3.20.- Precio del dólar y precio del cobre, 2007 - 2014.

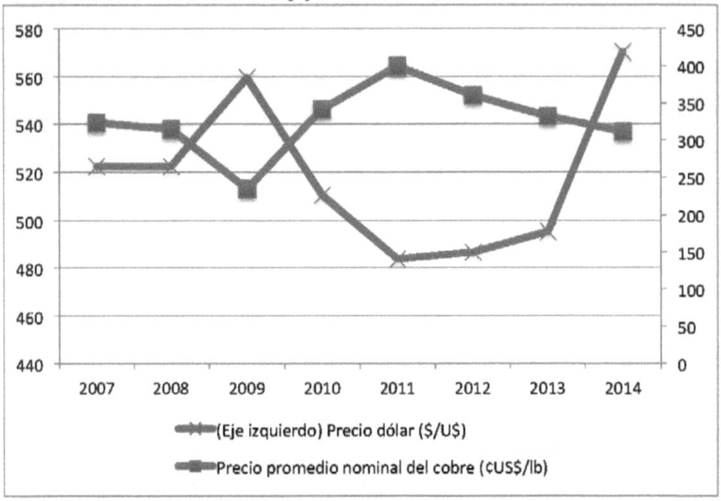

Fuente: Elaboración propia, basada en las tablas 3.10 y 3.13.

Al analizar los gráfico 3,18 y 3,20, se observa que las mayores tasas de crecimiento alcanzadas por Chile, se obtienen cuando el precio del dólar es bajo y el precio del cobre es alto. Si bien es cierto que esta situación es ventajosa para la región y el país, lamentablemente depende de causas externas, y en consecuencia, son variables totalmente ajenas al dominio económico nacional.

Al día de hoy (diciembre 2015), Chile y la región, sufren el estancamiento y crisis mundial en la demanda de materias primas, lo que afecta directamente al sector minero, impulsando una paralización de trabajos y en consecuencia un aumento en los despidos. Lamentablemente no se poseen datos estadísticos homogéneos y validados de los últimos 3 períodos, por lo que no se pudieron incorporar en el análisis y confirmar tal apreciación. Hubiera sido deseable su agregación, para analizar el impacto global de la crisis en Atacama.

Respecto a los sectores económicos que obtienen un índice muy cercano a cero, como es el caso de la industria manufacturera y los servicios financieros y de empresas (Ver gráfico 3.21). Se puede indicar que la región no posee ninguna especialización en esas áreas, y en consecuencia, la mayoría de sus productos debería de importarlos, ya sea desde otras regiones o desde otros países.

Gráfico 3.21.- Índice de especialización relativa basado en el PIB, sector manufacturero y servicios financieros y empresariales, 2008 - 2012.

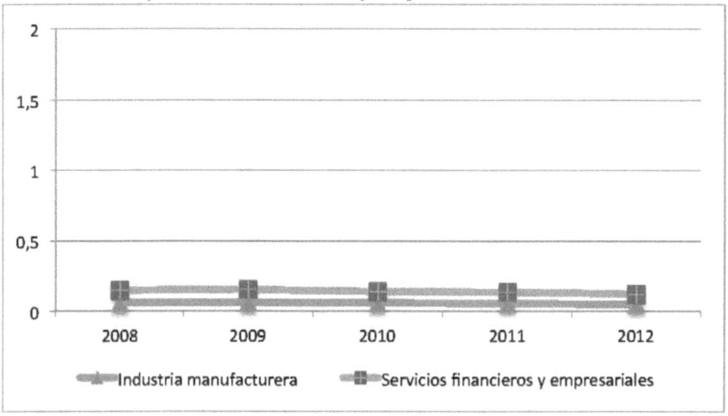

Fuente: Elaboración propia basada en la tabla 3.12.

En el caso de los productos obtenidos por los servicios financieros y empresariales, se puede observar además que no solo en Atacama, sino que también en todas las regiones de Chile, a excepción de la XIII región, que corresponde a la capital nacional, los índices son menores a 1 (Ver gráfico 3.22). Mostrando el marcado centralismo que presenta Chile, pues, todas las operaciones bancarias, financieras o empresariales de importancia, están focalizadas en Santiago, dejando para las regiones, solo aquellos procedimientos de menor relevancia.

Gráfico 3.22.- Promedio índice de especialización relativa basada en el PIB, servicios financieros y empresariales, 2008 – 2012.

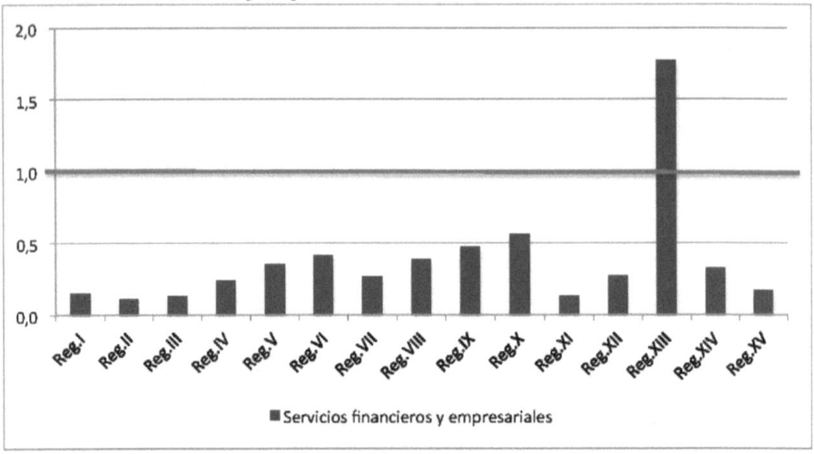

Fuente: Elaboración propia basada en la tabla 3.8.

Otro sector económico que atrae la atención, es el pesquero, al analizar sus índices de especialización, se observa el cambio que ha sufrido en la región durante el período 2008 - 2012. Se podría indicar que se ha "desespecializado" en el transcurso de los años, tal como muestra el gráfico 3.23.

Gráfico 3.23.- Índice de especialización relativa basado en el PIB, sector pesca, 2008 - 2012.

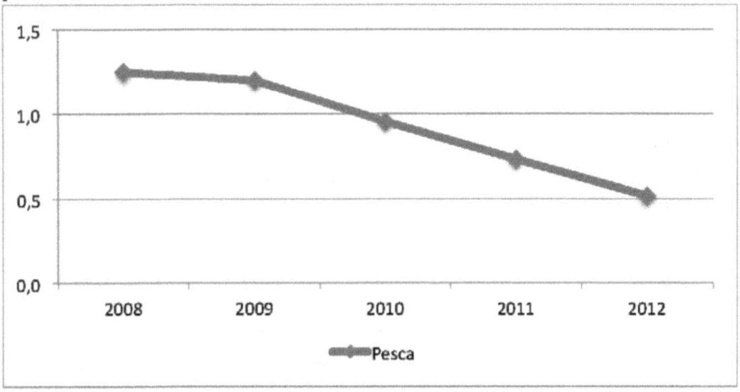

Fuente: Elaboración propia basada en la tabla 3.12.

Al buscar una respuesta a esta situación, se habló con GTM Consultora, empresa de Atacama dedicada a prestar asesoría en temas pesqueros y de recursos naturales a la Subsecretaría de Pesca, Chile. Al consultarles, ellos señalan que las fuertes disminuciones en el producto se han debido a múltiples razones, Una de ellas es que desde el 2009 el gobierno viene imponiendo vedas a la mayoría de los recursos del mar, siendo la más importante, a las aplicadas a la merluza común, al jurel y al loco. En el caso de la merluza o *Merluccius gayi gayi*, se ha ido reduciendo a más de la mitad las toneladas de extracción, es así que de 40 mil toneladas permitidas en Atacama durante el 2008, se fueron reduciendo hasta 19 mil toneladas durante el 2012. A ello también señalan, que la corriente de El Niño se ha venido endureciendo desde la década del 50, como consecuencia del cambio climático, consiguiendo que en muchas oportunidades, no se logren pescar las metas impuestas. Todo esto reduce la comercialización de la merluza, principal ingrediente en la producción de harina de pescado. Además, son enfáticos en señalar, que el fenómeno de El Niño, altera la extracción de toda la fauna marina.

3.2.4.- Especialización de los sectores económicos de atacama, en base al empleo.

Con el propósito de complementar el grado de especialización relativa por sector económico de la región, se calcula un nuevo Índice de Especialización, pero esta vez, caracterizando la estructura económica del territorio en base al empleo. Cómo se ha hecho con anterioridad, se usará la ecuación de índices relativos. Este índice muestra la participación que un sector económico tiene en la región, con relación a la participación de esa actividad a escala nacional. De esta manera, cuando el índice sea mayor a la unidad, se hablará de una alta especialización relativa del sector en base al empleo, pues, los aportes del sector respecto al total del país, son mayores que los aportes de ese sector a escala nacional. Si el índice es menor que uno, indica que el sector económico no posee especialización. En cambio, si su valor es igual a uno, indicará que la especialización relativa del sector económico, posee la misma estructura que la especialización nacional.

Las tablas 3.14 y 3.15 muestran las estructuras de la fuerza de trabajo ocupada, por sector económico entre los años 2008 y 2012, para la región y el país, respectivamente.

Tabla 3.14.- Fuerza de trabajo ocupada por sector económico, Atacama 2008 - 2012.

	2008	2009	2010	2011	2012
Agropecuario-silvícola	10.828	10.528	8.674	9.006	9.548
Pesca	1.765	1.565	1.758	1.826	1.256
Minería	16.570	15.890	27.193	28.234	24.623
Industria manufacturera	6.275	6.675	7.384	7.667	9.548
Electricidad, gas y agua	280	340	1.875	1.947	1.382
Construcción	16.740	15.700	8.322	8.641	9.799
Comercio, restaurantes y hoteles	25.147	24.822	24.380	25.314	27.764
Transportes y comunicaciones	6.442	7.282	7.384	7.545	6.784
Servicios financieros y empresariales	5.191	5.317	4.923	5.111	8.040
Propiedad de vivienda	4.354	4.291	4.354	4.625	4.648
Servicios personales	14.605	13.087	13.463	13.996	14.699
Administración pública	6.163	7.433	7.500	7.789	7.538
Total	114.360	112.930	117.210	121.700	125.630

Fuente: INE Atacama.

Tabla 3.15.- Fuerza de trabajo ocupada por sector económico, Chile 2008 - 2012.

	2008	2009	2010	2011	2012
	MILES DE PERSONAS				
Agropecuario-silvícola	763	650	704	720	709
Pesca	52	52	52	52	52
Minería	99	163	204	221	250
Industria manufacturera	741	752	807	859	881
Electricidad, gas y agua	40	52	60	60	55
Construcción	502	504	575	610	630
Comercio, restaurantes y hoteles	1.563	1.606	1.755	1.810	1.784
Transportes y comunicaciones	567	505	523	543	558
Servicios financieros y empresariales.	580	582	575	615	616
Propiedad de vivienda	417	446	484	505	502
Servicios personales	929	971	1.019	1.084	1.146
Administración pública	386	388	391	400	444
Total	6.639	6.671	7.149	7.479	7.627

Fuente: INE Chile.

La tabla 3.16 y el gráfico 3.24, muestran y comparan los distintos índice de especialización, calculados en base al empleo, usando para ello, la estructura económica regional y nacional.

Tabla 3.16.- Índice de especialización relativa por sectores económicos, basado en el empleo 2008 – 2012.

	2008	**2009**	**2010**	**2011**	**2012**
Agropecuario-silvícola	0,824	0,957	0,752	0,768	0,817
Pesca	1,970	1,778	2,062	2,157	1,467
Minería	**9,717**	**5,776**	**8,142**	**7,861**	**5,979**
Industria manufacturera	0,492	0,524	0,558	0,548	0,658
Electricidad, gas y agua	0,406	0,389	1,911	1,983	1,512
Construcción	**1,936**	**1,839**	**0,883**	**0,870**	**0,944**
Comercio, restaurantes y hoteles	0,934	0,913	0,847	0,860	0,945
Transportes y comunicaciones	0,660	0,852	0,861	0,855	0,738
Servicios financieros y empresariales.	0,520	0,539	0,522	0,511	0,793
Propiedad de vivienda	0,606	0,568	0,548	0,563	0,562
Servicios personales	0,913	0,796	0,806	0,793	0,779
Administración pública	0,927	1,131	1,171	1,197	1,031
Total	1,000	1,000	1,000	1,000	1,000

Fuente: Elaboración propia, calculado en base a las tablas 3.14 y 3.15.

Gráfico 3.24.- Índice de especialización en base al trabajo para Atacama, 2008 - 2012.

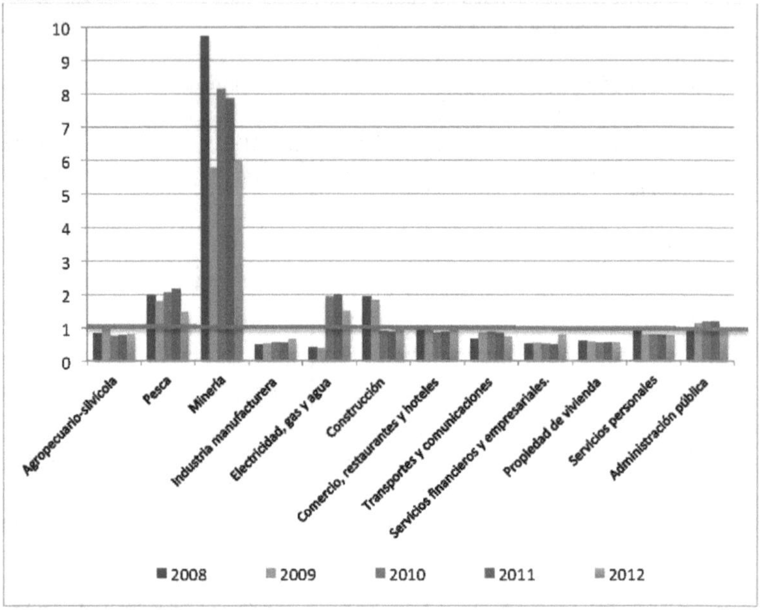

Fuente: Elaboración propia en base a la tabla 3.16.

Al analizar los índices calculados, se puede establecer que el sector minero lidera la especialización en la región, pues, su valor se ha mantenido por sobre los 5 puntos durante todo el período de estudio. Esta cifra indica que la participación del empleo minero, en la estructura regional, es más de cinco veces superior a la de ésta actividad en el país, llegando incluso, a ser 9 veces más, durante el año 2008.

El sector pesquero; el de electricidad, gas y agua y el sector de la construcción, también se tornan relevantes en el período de estudio. Aunque todos poseen un índice superior a 1, sus respectivos valores son muy menores, a los presentados en minería. El gráfico 3.25 muestra la comparación entre todos aquellos sectores económicos regionales, con índices de especialización basado en el empleo, superior a 1.

Gráfico 3.25.- Altos índices de especialización basados en el trabajo, Atacama 2008 - 2012.

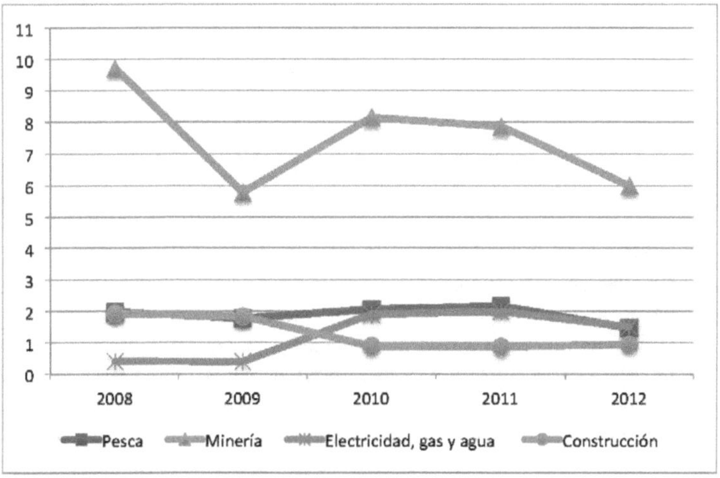

Fuente: Elaboración propia en base a la tabla 3.16.

Al analizar el gráfico, llama la atención lo ocurrido en el sector construcción, de tener altos índices entre los años 2008 y 2009, disminuye a menos de la mitad en los años siguientes, sin embargo, los aportes relativos basados en el PIB durante el período, continuaban en alza. La explicación a esta causa la entrega la Cámara Regional de la Construcción, quienes indican que cuando comienza el boom constructivo, muchas empresas externas a la región, parten con proyectos locales, pero, al no conocer el mercado laboral regional, contratan trabajadores pertenecientes a Atacama. Estos trabajadores exigen mayores salarios, que los pagados en Santiago o La Serena, aduciendo que la región es más cara y los niveles de renta son superiores. A ello, es necesario agregar que la expansión del sector, también se vivía en todo Chile, por lo que la contratación de mano de obra especifica, se hacía más complicado aún. A medida que fue pasando el tiempo, el proceso de aprendizaje de las constructoras se fue especializando y con ello, se redujeron las contrataciones de mano de obra que se hacían en la región. Las constructoras empiezan a contratar operarios de regiones "más baratas". La Cámara Regional de la Construcción, admite que los costos pueden parecer más altos, pero aclara que la medida también trae ciertos beneficios, como menor ausentismos, mayor concentración del personal en el trabajo, por lo que los accidentes laborales se reducen y por último, la empresa va adquiriendo mayores ventajas al ir especializando su mano de obra. Agrega además, que se intenta copiar el modelo de producción continua que existe en las mineras y en algunas labores agrícolas de la región.

Otro sector que destaca, al analizar la estructura en relación al empleo, es el de electricidad, gas y agua. Este sector crece abruptamente durante el 2010, doblando su valor al del año anterior. Con el propósito de encontrar una respuesta, se entrevista a la Secretaría Regional de Energía, a distintas empresas mineras y algunos actores públicos. Todas las discusiones acerca del tema, versan en el gran proyecto de inversión denominado Central Termoeléctrica Castilla, el cual estaba planificado a 80 Kms. de Copiapó, hacia la costa. Contemplaba la construcción de 6 plantas termoeléctricas, 2 plantas a carbón, una planta desaladora y un puerto. Este megaproyecto tenía aprobada una inversión de U$ 225 millones. A fines del 2009, la empresa dueña del proyecto, MPX, de capitales alemanes - brasileños, lleva a cabo los estudios de ingeniería y movimientos de tierra, necesarios para su puesta en marcha. Para ello, contratan ingenieros, técnicos y operarios, lo que explica el aumento en la fuerza laboral del sector. Pero lamentablemente, el proyecto fue rechazado por la Corte Suprema de Chile, el 28 de agosto del 2012, por un litigio, contra la empresa, llevado a cabo por las comunidades agrícolas de la zona y medioambientalistas, aduciendo falencias en los estudios de impacto ambiental, aprobados por la CONAMA (Comisión Nacional del Medio Ambiente). Es así como el 7 de noviembre del mismo año, la empresa anuncia a través de un comunicado que el día 31 de octubre del 2012, desvinculó al 100% de los trabajadores en Chile.

Al comparar la fuerza laboral del sector productivo de pesca, a través del tiempo, se puede observar que ésta ha empezado a disminuir durante el 2011. Esto es consecuencia de la baja productividad que ha presentado el sector desde el año 2009, tal como se ha discutido en la definición del cociente de localización.

3.2.5.- Especialización regional.

Para definir el nivel de especialización global que alcanza la economía de la región, se procede a graficar los distintos niveles de caracterización económica, teniendo como base dos factores: el PIB y el empleo. Para ello se usa un gráfico de dos variables, el eje de las abscisas corresponde al Índice de Especialización tomando como base la participación del empleo (I.E. Empleo). Y el eje de las coordenadas, que corresponde al Índice de Especialización con base en el Producto Interno Bruto (I.E. PIB).

Junto a los gráficos de los índices para el períodos 2008 - 2012, se dibuja una línea roja paralela a cada eje, situada por encima del punto (1,1). (Ver gráficos 3.26 - 3.30). Está línea roja, indica la frontera entre las actividades definidas como especializadas y las que no. Es así como, mientras más a la derecha y arriba de esta línea roja se encuentren, mayor será la especialización de la región en esa rama productiva.

Gráfico 3.26.- Especialización regional, año 2008.

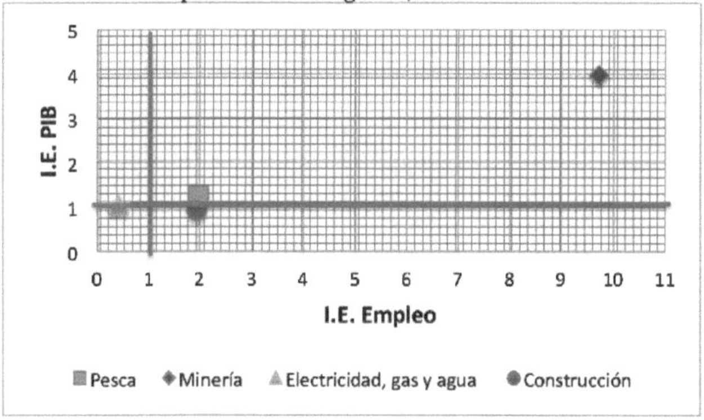

Fuente: Elaboración propia en base a las tabla 3.12 y 3.16.

Gráfico 3.27.- Especialización regional, año 2009.

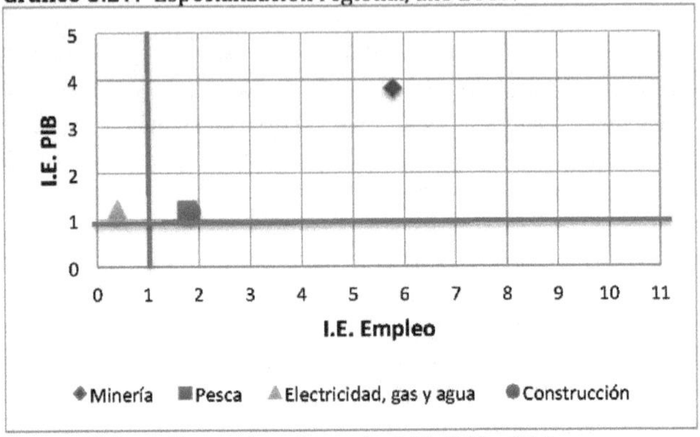

Fuente: Elaboración propia en base a las tabla 3.12 y 3.16.

Gráfico 3.28.- Especialización regional, año 2010.

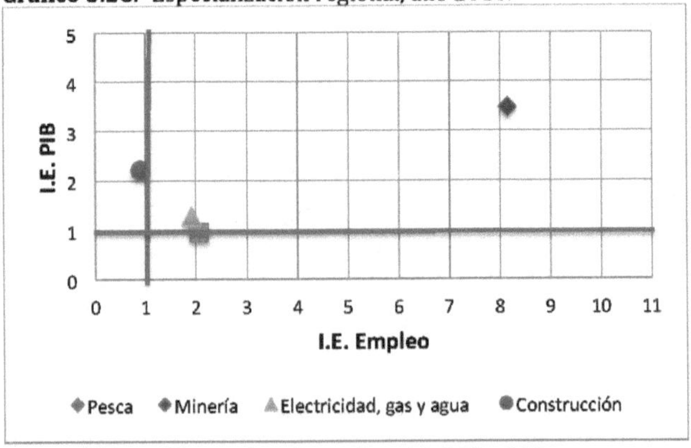

Fuente: Elaboración propia en base a las tabla 3.12 y 3.16.

Gráfico 3.29.- Especialización regional, año 2011.

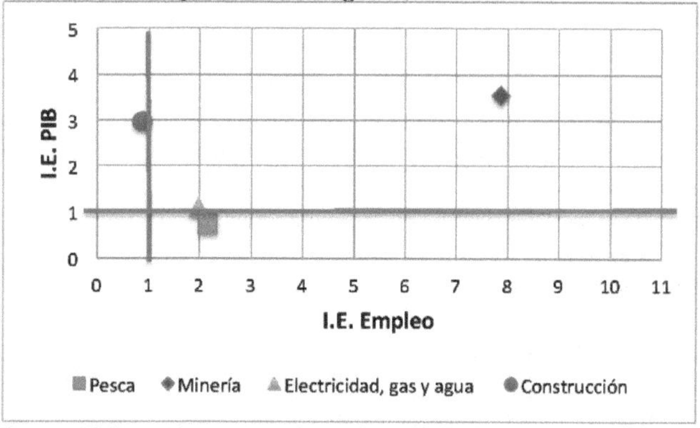

Fuente: Elaboración propia en base a las tabla 3.12 y 3.16.

Gráfico 3.30.- Especialización regional, año 2012.

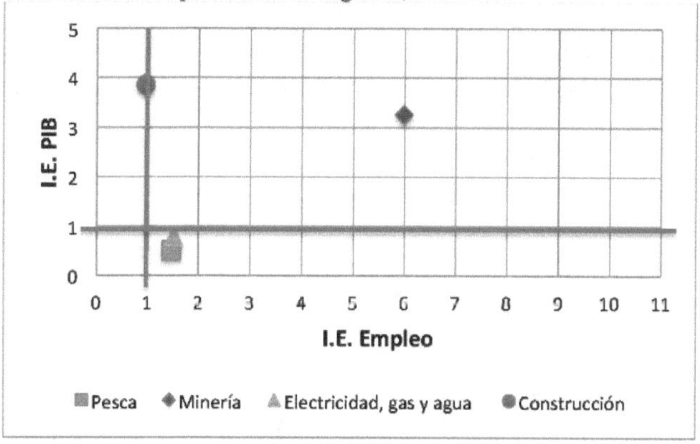

Fuente: Elaboración propia en base a las tabla 3.12 y 3.16.

Al revisar los gráficos, se puede apreciar que la región posee un fuerte liderazgo en las actividades mineras. Este sector productivo, a través del tiempo, alcanza altos valores al momento de medir la estructura económica regional, basándose para ello en el PIB y en el empleo. En términos de producción le sigue, el sector construcción, que pese a disminuir la participación en fuerza laboral, no lo hace en cuanto al producto. Pese a ello, es necesario recordar que su nivel de actividad refleja la coyuntura económica. De hecho, si las expectativas empiezan a cambiar en la minería, los flujos inmigratorios de trabajadores se frenan y, en respuesta a todo ello, la construcción encontraría dificultades para obtener remesas financieras y su actividad disminuiría. Lo mismo podría ocurrir con el resto de los sectores de servicios existentes en la economía de Atacama. También resulta interesante ver lo que sucede con el sector pesca, que pese a ir disminuyendo la participación en el producto, recién durante el 2012, la fuerza empleada empezó a disminuir. Por último, el sector de electricidad gas y agua, como se comentó recientemente, se tornó por momento, protagonista en la región en cuanto a la participación del empleo, pero lamentablemente no fue duradero.

3.2.6.- Indicador de Actividad Económica Regional, INACER.

Es un estadígrafo de corto plazo, publicado por el Banco Central de Chile, y cuya principal función es caracterizar, referenciar y señalar la evolución, tendencia y dinámica de la economía en la Región de Atacama, con un rezago de 45 días, contados desde el término del trimestre al que se refieren las cifras.

El INACER de Atacama incluye once sectores económicos. A diferencia del Banco Central y del INE, este indicador junta los servicios personales y la administración pública, dejando a ambos en un solo sector. El total de éstos son:

1.- Agropecuario-Silvícola;
2.- Pesca;
3.- Minería;
4.- Industria Manufacturera;
5.- Electricidad, Gas y Agua;
6.- Construcción;
7.- Comercio;
8.- Transporte, Almacenamiento y Comunicaciones;
9.- Servicios Financieros;
10.- Propiedad de Vivienda, y
11.- Servicios personales y Administración pública.

Es importante aclarar que el INACER no incluye el 100% de los bienes y servicios que pudieran existir en un determinado sector económico, dada la dificultad y oportunidad en la obtención de la información para incluirla en la canasta del indicador. Sin embargo, se establece un importante criterio que es incluir aquellas variables más representativas de cada rama económica. La metodología de su cálculo se encuentra en el anexo 1

Aunque es cierto que el cálculo del INACER ha sido diseñado para proporcionar información rápida, y acotada sobre la tendencia de la economía regional en un lapso de 90 días, trimestre móvil, y poder así implementar variables correctoras en aquellos sectores que han disminuido su actividad. A pesar de ello, y como herramienta de análisis, en la tabla 3.17 se muestra un promedio anual del Índice de Actividad Económica Regional de Atacama, y sus respectivas variaciones.

Tabla 3.17.- INACER Atacama, 1997 - 2013.

AÑO	% Variación INACER Atacama
2007	5,1
2008	5,0
2009	-1,9
2010	6,6
2011	**15,225**
2012	-7,05
2013	1,0
2014	-2,6

Fuente: INE Atacama

Al analizar la variación del INACER a lo largo del tiempo, es difícil definir aquellos sectores que impulsaron o retardaron la economía regional en aquellos años. Dado que el peso de cada producto, se calcula por la importancia de éste con relación a la valoración total del año base 1996. Sin embargo, si se puede afirmar que durante el año 2011 fue el mejor período productivo y económico alcanzado por la región de Atacama. Dicho dato no es menor, si se considera que durante ese período, el precio del cobre por momentos, sobrepasó los 4,0 US$/lb, alcanzando uno de los valores más altos en el último tiempo. Además el dólar alcanzó un valor histórico de $484. Es decir, tanto en el país como en la región, el impacto de los precios del cobre y del dólar, sobre el producto y la actividad económica, están fuertemente ligados. En los gráficos 3.31 y 3.32, se puede observar que tanto el precio del cobre como el valor del dólar y el INACER, se mueven, básicamente, con la misma tendencia.

Gráfico 3.31.- Variación del INACER y el precio del cobre, 2007 - 2014.

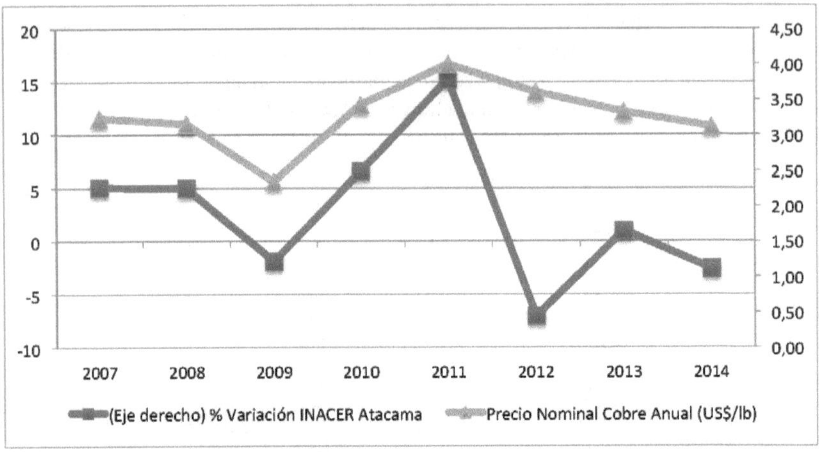

Fuente: Elaboración propia, basado en las tablas 3.13 y 3.17.

Durante el año 2012, como se dijo anteriormente, el precio del cobre alcanzó un valor de 4 US$ la libra, en ese mismo año, el INACER alcanza un incremento de un 15%.

Gráfico 3.32.- Variación del INACER y el precio del dólar, 2007 - 2014.

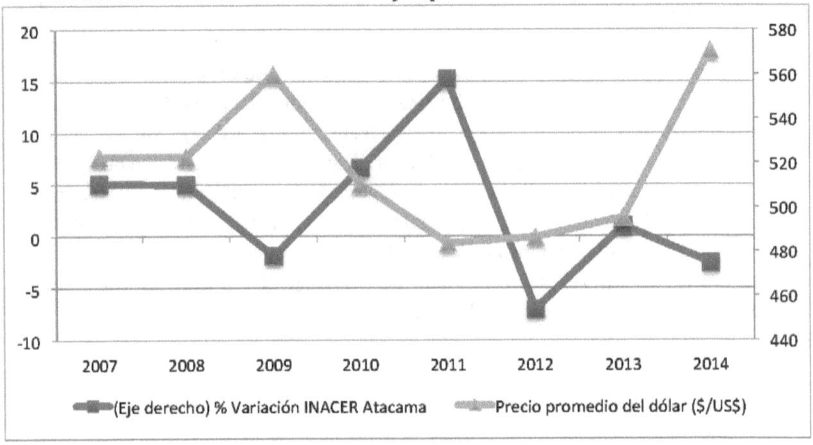

Fuente: Elaboración propia, basado en las tablas 3.10 y 3.17.

Al analizar los datos, se observa como el precio del cobre incide positivamente en la variación del INACER, por ello, se calcula el coeficiente de correlación entre ambas variables.

Coeficiente de correlación (R) = 0,49

El valor de correlación que poseen ambas variables es positivo, es decir, el precio del cobre está correlacionado positivamente con la variación del INACER. Al subir el precio del cobre, se esperaría que la variación del INACER también fuera positiva. Al graficar ambas variables con los datos encontrados, para luego calcular una función de regresión, se encuentra un coeficiente de determinación (R^2) igual a 0,237 (Ver gráfico 3.33). Esto significa, que la variable explicativa, % de variación del INACER (Y), puede ser explicado en un 23,75% por la variable (X), precio del cobre.

Gráfico 3.33.- %Variación del INACER v/s US$/(Lb Cu).

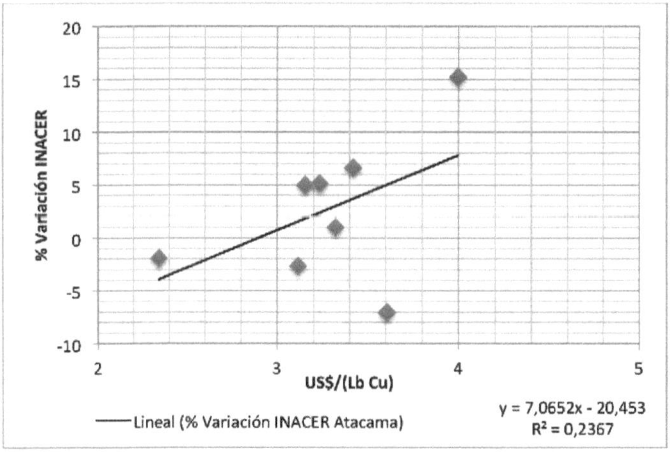

Fuente: Elaboración propia, basado en las tablas 3.13 y 3.17.

El precio del dólar, es otra variable que incide en las futuras variaciones del INACER. Es así como se observa, que los valores altos de la moneda, coinciden con variaciones negativas del indicador, y por el contrario, cuando el precio de la moneda es bajo, el INACER tiende a subir. Con el propósito de estimar la relación entre estas dos variable, se calcula el coeficiente de correlación.

Coeficiente de correlación (R)= -0,36

Al ser un valor negativo, confirma que los movimiento de ambas variables son opuestos, es decir, mientras una aumenta, la otra disminuye. Al calcular una función de regresión, con los datos encontrados, se obtiene un coeficiente de determinación (R^2) igual a 0,1319 (Ver gráfico 3.34). Esto significa, que la variable explicativa, % de variación del INACER (Y), puede ser explicado en un 13,19% por la variable (X), precio del cobre

Gráfico 3.34.- %Variación del INACER v/s (US$/$).

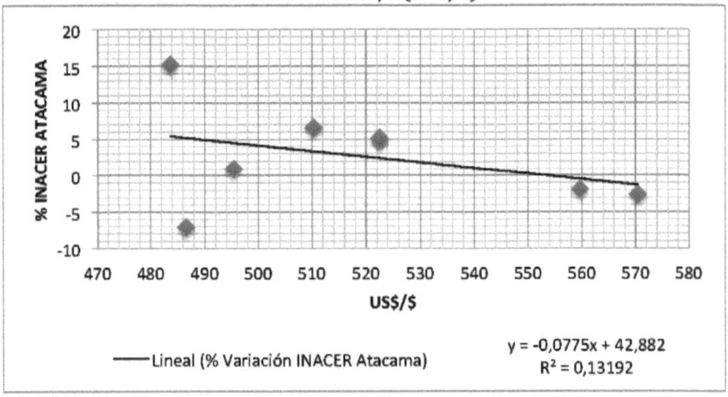

Fuente: Elaboración propia, basado en las tablas 3.10 y 3.17.

Los datos anteriores, permiten cuantificar la importancia del cobre en la actividad económica regional, y a la vez ponderar el precio que tiene la divisa norteamericana en la economía local.

3.3.- COMERCIO INTERNACIONAL.

3.3.1.- Sector exportador de Atacama.

El comercio internacional de la región de Atacama, es bastante activo. Exporta sus productos principalmente a Asia, Europa, Brasil y Estados Unidos. Para ello, se usan distintos convenios y tratados de libre comercio. Pero pese al volumen de transacciones y dinamismo comercial que presenta la región, ésta se focaliza principalmente en *"commodities"*. La tabla 3.18 muestra el nivel de exportaciones regionales entre los años 2008 y 2014, valorados en millones de dólares americanos.

Tabla 3.18.- Mercado exportador de Atacama, 2008 - 2014.

	2008	**2009**	**2010**	**2011**	**2012**	**2013**	**2014**
ACTIVIDAD ECONÓMICA	**Millones de dólares corrientes (MMUS$)**						
Minería	**4.436**	**3.052**	**5.140**	**6.651**	**5.253**	**5.444**	**4.601**
Cobre	3.862	2.577	4.027	4.888	3.929	4.090	3.583
Hierro	466	447	935	1.227	1.001	1.041	935
Resto de minería	108	28	179	535	322	314	83
Agricultura y pesca	**217**	**177**	**168**	**183**	**173**	**189**	**203**
Frutas	202	158	150	163	149	140	162
Uvas	194	149	147	152	143	141	157
Resto agricultura y pesca	15	19	19	20	24	41	41
Resto Exportaciones	**687**	**231**	**331**	**279**	**110**	**124**	**180**
Total de exportaciones	**5.340**	**3.460**	**5.639**	**7.113**	**5.536**	**5.757**	**4.984**

Fuente: Servivio Nacional de aduanas

Al análizar la estructura absoluta de los componentes de demanda agregada, se observa que el nivel total de exportaciones de Atacama durante estos últimos años, corresponde en promedio a un 91,4% a productos de la minería; un 3,5% a productos agropecuarios, silvícolas y pesqueros; y un 5,1% a una amalgama de productos, que constituyen "otras exportaciones"

(Ver gráfico 3.35). Queda claro, pues, la dependencia regional en los recursos primarios y *commodities*, especialmente mineros.

Gráfico 3.35.- Distribución promedio de exportaciones regionales, 2008 - 2014.

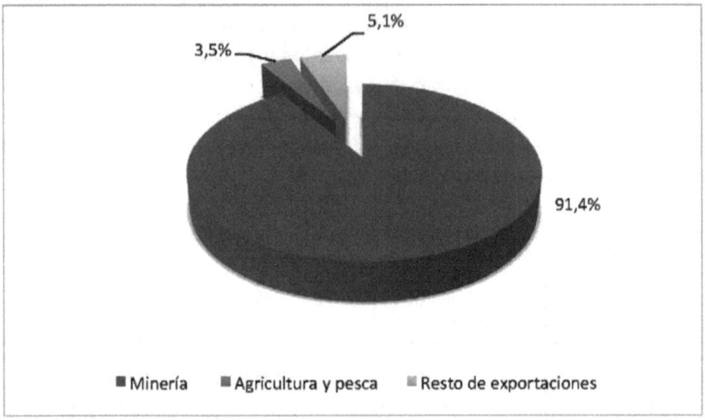

Fuente: Elaboración propia, basada en la tabla 3.18.

La principal componente de las exportaciones regionales, se divide en cobre, en menor cantidad hierro y en proporciones aún menores, que se han definido como "resto de la minería", continúan la plata, el oro, el molibdeno, el carbonato de litio y la sal marina. El gráfico 3.36 muestra los distintos porcentajes, de las principales exportaciones minera en Atacama

Gráfico 3.36.- Porcentaje de las principales exportaciones mineras de Atacama entre 2008 - 2014.

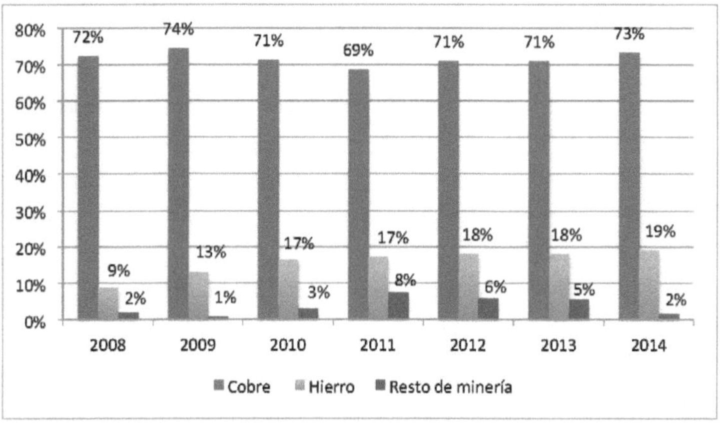

Fuente: Elaboración propia basada en la tabla 3.18.

Las principales exportaciones mineras de la región, promedian entre un 77,96% de cobre, un 17,5% de hierro y un 4,54% para el resto de productos mineros. El gráfico 3.37 muestra los porcentajes promedios, en el período 2008 - 2014.

Gráfico 3.37.- Porcentaje promedio de las principales exportaciones mineras de Atacama, 2008 - 2014.

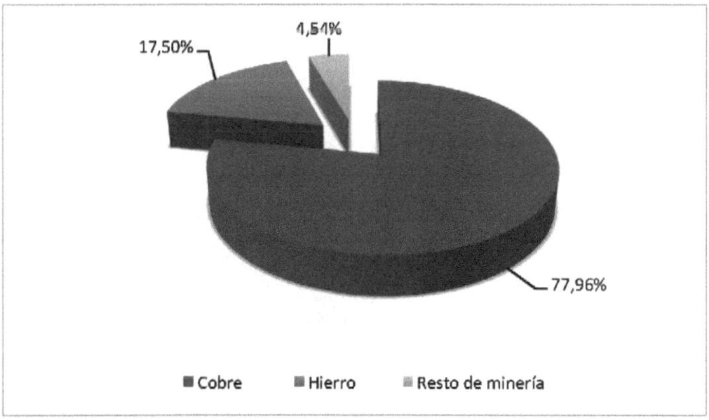

Fuente: Elaboración propia basada en la tabla 3.18.

También destacan, el sector económico dedicado a la agricultura y el de la pesca. El primero se focaliza principalemente en la uva de mesa. En cambio el segundo, en la extracción de merluza, jurel y loco. El gráfico 3.38 muestra las proporciones regionales de estas exportaciones.

Gráfico 3.38.- Porcentaje de las principales exportaciones agricolas y pesqueras de Atacama, 2008 – 2014.

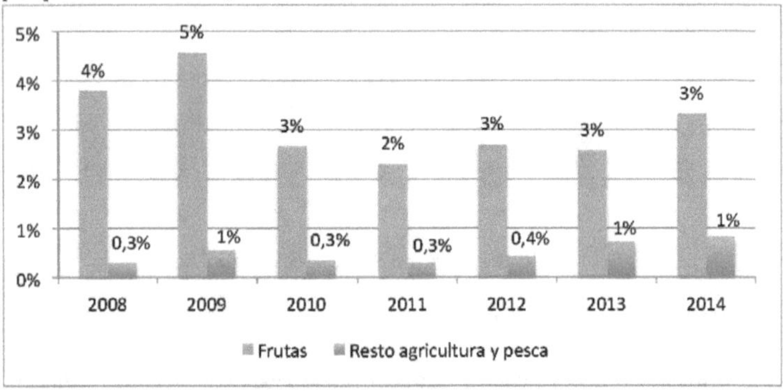

Fuente: Elaboración propia basada en la tabla 3.18.

Dentro de las exportaciones de fruta, es necesario resaltar el predominio que posee la uva de mesa. La región ha logrado posicionarse en su producción y venta. En promedio aporta un 83% al total de las exportaciones regionales en agricultura y pesca, ver gráfico 3.39.

Gráfico 3.39.- Participación promedio de la uva de mesa, en el total de las exportaciones de agricultura y pesca, 2008 - 2014.

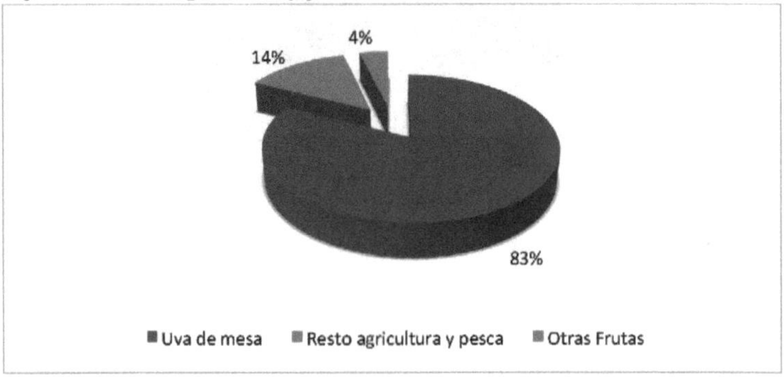

Fuente: Elaboración propia, basada en la tabla 3.18.

3.3.2.- Sector exportador a nivel país.

El mercado exportador presenta una mayor diversificación que la observada en Atacama, aún así, las componentes derivadas de los sectores mineros, agricultura y pesca, siguen siendo relevantes. La tabla 3.19 muestra los aportes que hacen los distintos sectores económicos, al sector exportador nacional.

Tabla 3.19.- Mercado exportador de Chile, 2008 - 2014.

	2008	2009	2010	2011	2012	2013	2014
ACTIVIDAD ECONÓMIA	Millones de dólares corrientes (MMUS$)						
Minería	**34.294**	**31.877**	**44.552**	**49.083**	**46.259**	**43.776**	**41.041**
Cobre	31.755	29.695	41.361	44.670	41.955	40.019	37.872
Hierro	593	534	1.183	1.610	1.339	1.378	1.131
Resto de minería	1.946	1.648	2.008	2.803	2.966	2.379	2.038
Agricultura y pesca	**4.066**	**3.668**	**4.371**	**4.969**	**5.019**	**5.656**	**5.737**
Frutas	3.457	3.015	3.691	4.173	4.165	4.628	4.751
Uva	1.291	1.197	1.355	1.462	1.431	1.569	1.504
Manzana	693	494	642	678	723	826	760
Pera	142	115	110	137	139	165	119
Resto agricultura y pesca	609	653	680	795	853	1.012	875
Resto exportaciones	**26.150**	**19.918**	**22.186**	**27.386**	**26.513**	**27.045**	**28.897**
Total de exportaciones	**64.510**	**55.463**	**71.109**	**81.438**	**77.791**	**76.477**	**75.675**

Fuente: Servivio Nacional de aduanas

Como muestra la tabla, la estructura exportadora chilena continúa privilegiando la producción y venta de materias primas. Es así como los productos provenientes de la minería, en promedio alcanzan un 57,9%. Hoy en día la exportación de productos no mineros o agricolas, alcanzan en promedio, un tibio 34,4%. Cifra no menor, pero que será necesario potenciar aún más en el futuro. A continuación el gráfico 3.40, muestra los porcentajes promedios de las principales exportaciones nacionales, en el período 2008 - 2014.

Gráfico 3.40.- Porcentaje promedio de las principales exportaciones de Chile, 2008 - 2014.

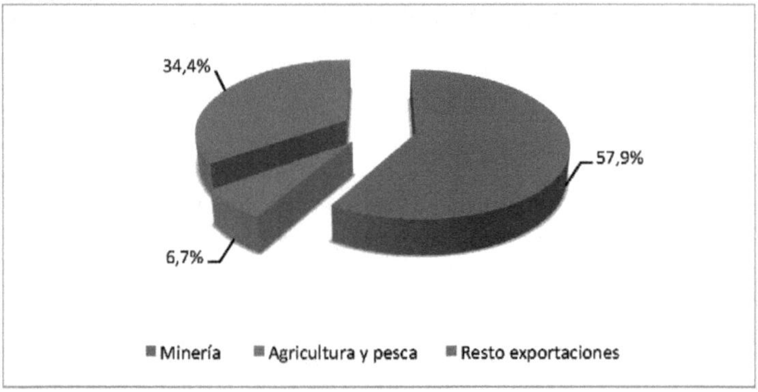

Fuente: Elaboración propia basada en la tabla 3.19.

En la componente nacional de exportaciones minera, en el período comprendido entre los años 2008 y 2014, destacan las exportaciones de cobre, alcanzando un promedio superior al 70% del total, muy por debajo le siguen, el hierro y el resto de productos mineros (Ver gráfico 3.41).

Gráfico 3.41.- Porcentaje de las principales exportaciones mineras de Chile, 2008 - 2014.

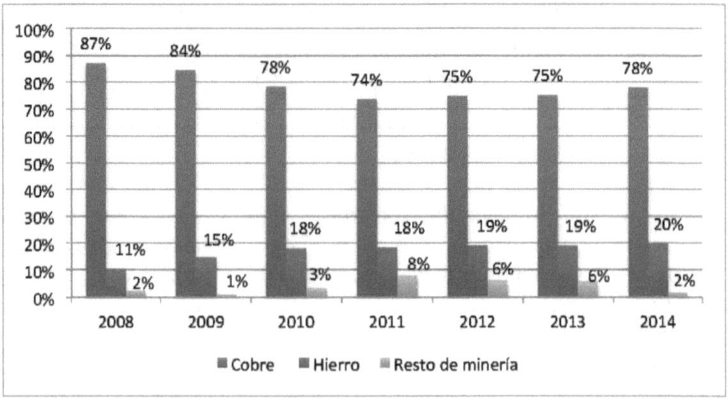

Fuente: Elaboración propia basada en la tabla 3.19.

Al destacar las exportaciones de hierro y cobre en Atacama, se hace necesario saber el índice relativo de las componentes regionales, por sobre las nacionales. La tabla 3.20 y el gráfico 3.42, muestran los respectivos cocientes.

Tabla 3.20.- Índice relativo de las componentes mineras regionales.

	2008	**2009**	**2010**	**2011**	**2012**	**2013**	**2014**
Cobre	0,940	0,906	0,844	0,808	0,825	0,822	0,844
Hierro	**6,075**	**8,743**	**6,851**	**5,624**	**6,583**	**6,075**	**7,374**
Resto de minería	0,429	0,177	0,773	1,409	0,956	1,061	0,363
Total Minería	1	1	1	1	1	1	1

Fuente: Elaboración propia, basada en las tablas 3.18 y 3.19.

Gráfico 3. 42.- Índice relativo de exportaciones regionales, 2008 - 2014.

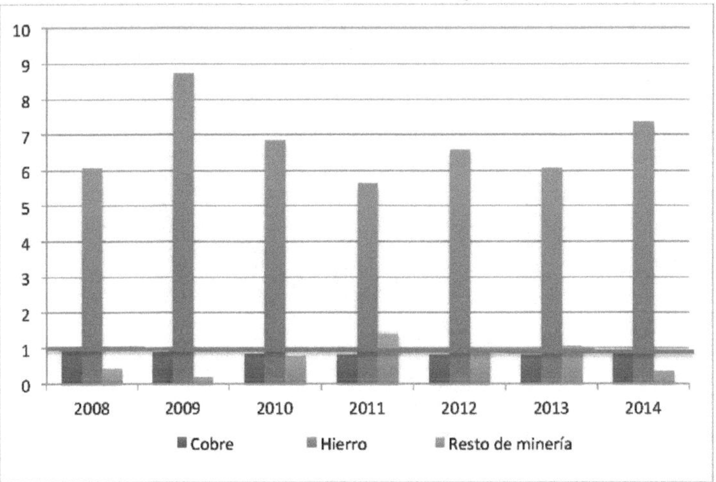

Fuente: Elaboración propia, basada en la tabla 3.20.

Al analizar los valores que adoptan los distintos cocientes, se observa que el sector minero, en la región de Atacama, posee una fuerte concentración en hierro. Las exportaciones regionales de este *commodity*, en promedio, son superiores en 6 veces a las exportaciones del país, e incluso, alcanzan en períodos valores cercanos a 9. Específicamente el hierro exportado desde Atacama, en términos relativos, es un 600% más que el hierro que exporta todo el país. Es decir, se podría estimar que casi la totalidad del hierro que Chile exporta, proviene de Atacama.

La exportación de cobre regional tampoco es despreciable, se observa que a lo largo del período estudiado, esta ha significado valores siempre cercanos a 1, lo que indica que el nivel de exportaciones de esta materia prima, es muy similar a la estructura nacional.

Por último, el resto de la minería alcanza valores menores que 1. Esto nos señala, que las exportaciones regionales del "resto de la minería" no son tan representativas en el contexto nacional.

En este escenario internacional, junto a las exportaciones mineras, también destacan la fruta y algunos productos agricolas y pesqueros. El gráfico 3.43muestra el porcentaje de éstas exportaciones, respecto al total nacional.

Gráfico 3.43.- Porcentaje de las principales exportaciones agricolas y pesqueras de Chile, 2008 - 2014.

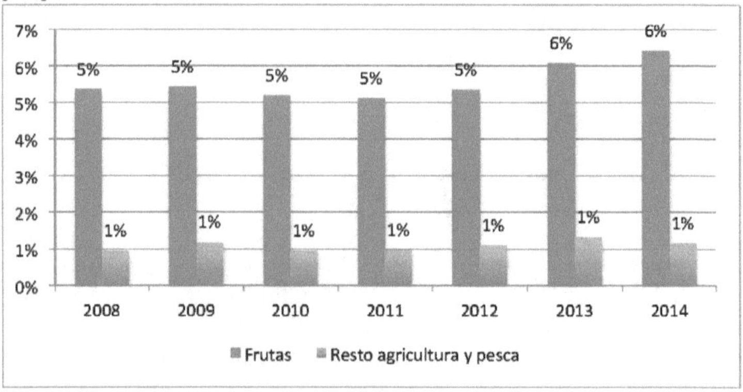

Fuente: Elaboración propia basada en la tabla 3.19.

En el sector fruticola, descuellan principalmente la uva de mesa, las manzanas y las peras. Además es necesario destacar que Chile, encabeza la lista de los principales oferentes de uva de mesa en los mercados internacionales. Ver gráfico 3.44.

Gráfico 3.44.- Volumen de uva de mesa exportada por Chile.

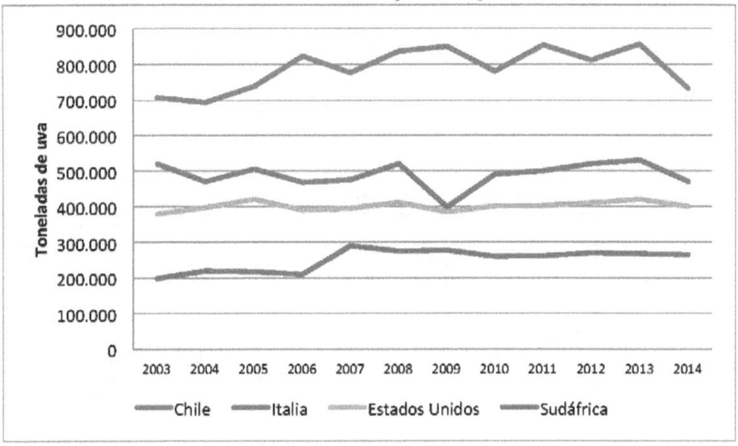

Fuente: Oficina de Estudios y Políticas Agrarias, Gobierno de Chile, 2015.

Al analizar las componentes de las exportaciones agrícolas y pesqueras, se observa que los aportes de la uva de mesa, en promedio, alcanzan un 29%. Cifra inferior a otras exportaciones de fruta, pero levemente superior al resto. (Ver gráfico 3.45).

Gráfico 3.45- Principales componentes de las exportaciones del sector Agricultura y Pesca, promedio 2008 - 2014.

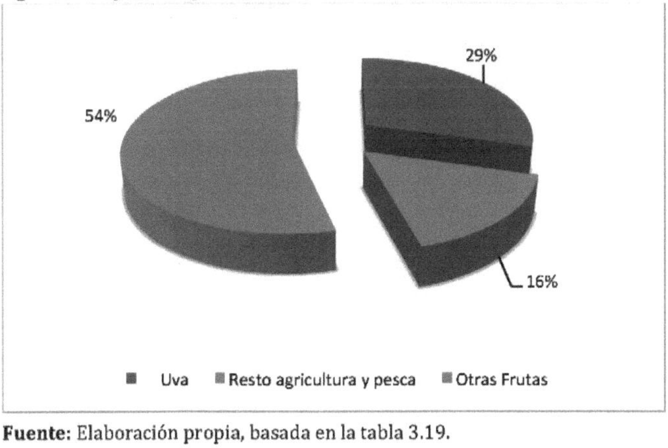

Fuente: Elaboración propia, basada en la tabla 3.19.

3.3.3.- Mercado de la uva de mesa.

Desde el año 2012, la Oficina de Estudios y Políticas Agrarias (ODEPA), perteneciente al Ministerio de Agricultura, ha ido desarrollando un desglose con los tipos de uvas exportados, tanto por Chile como por las regiones. Las tablas 3.21 y 3.22 muestran esas exportaciones.

Tabla 3.21.- Tipos de uvas de mesa, exportadas por Chile.

CHILE	**2012**		**2013**		**2014**	
VARIEDAD	**Tn**	**VALOR FOB (MUS$)**	**Tn**	**VALOR FOB (MUS$)**	**Tn**	**VALOR FOB (MUS$)**
Red Globe	229.698	386.815	252.256	412.997	239.288	412.496
Black Seedless	9.326	15.747	10.065	20.044	9.704	22.004
Crimson Seedless	164.249	292.813	176.510	309.977	153.655	305.839
Flame Seedless	110.593	185.552	98.940	204.902	90.268	183.798
Ribier	1.875	2.883	2.044	2.959	1.913	3.129
Ruby Seedless	1.803	2.740	1.623	2.458	1.098	2.114
Sugraone	48.508	77.698	48.061	90.235	30.846	73.293
Thompson Seedless	177.350	335.973	194.758	364.225	148.842	356.258
TOTAL	743.402	1.300.221	784.256	1.407.797	675.613	1.358.932

Fuente: ODEPA 2016.

Tabla 3.22.- Tipos de uva de mesa exportadas por Atacama.

ATACAMA	2012		2013		2014	
VARIEDAD	**Tn**	**VALOR FOB (MUS$)**	**Tn**	**VALOR FOB (MUS$)**	**Tn**	**VALOR FOB (MUS$)**
Red Globe	26.834	48.400	30.266	56.646	30.417	54.755
Black Seedless	2.869	5.110	2.515	5.309	2.286	5.611
Crimson Seedless	5.199	8.566	5.737	9.947	3.456	6.826
Flame Seedless	24.053	38.828	18.230	45.751	17.434	37.843
Ribier	65	116	48	84	58	94
Ruby Seedless	99	142	124	256	38	67
Sugraone	11.309	20.665	10.123	27.038	11.020	28.390
Thompson Seedless	18.270	33.845	20.544	48.127	17.588	43.509
TOTAL	88.698	155.672	87.586	193.157	82.298	177.096

Fuente: ODEPA 2016.

En la región de Atacama, las plantaciones de vid se han ido desarrollado en los valles, específicamente en Copiapó, donde a pesar de la escasez de agua, las condiciones climáticas son excelentes para la producción de la uva de mesa de excelente calidad. Una característica de la uva producida en la región, es su tiempo de cosecha, esta comienza a finales de noviembre, pudiendo extenderse hasta marzo. En cambio en la zona central, la vendimia se recolecta a principios de marzo.

Los aportes que hace Atacama al mercado de la uva, no son despreciables. En términos económicos, los tipos Red Globe y Flame Seedless son aquellos que mayor contribuyen al PIB de Atacama. En cambio, las contribuciones totales regionales al mercado exportador de la uva de mesa, se encuentran en cifras cercanas al 12%, destacando en ello, las variedades Sugraone y Black Seedles. El gráfico 3.46 muestra los aportes absolutos que hace la región, a la exportación nacional de uva de mesa, calculados en valor FOB y medidos en dólares.

Gráfico 3.46.- Aportes de la región a las exportaciones nacionales de uva de mesa, 2012 - 2014.

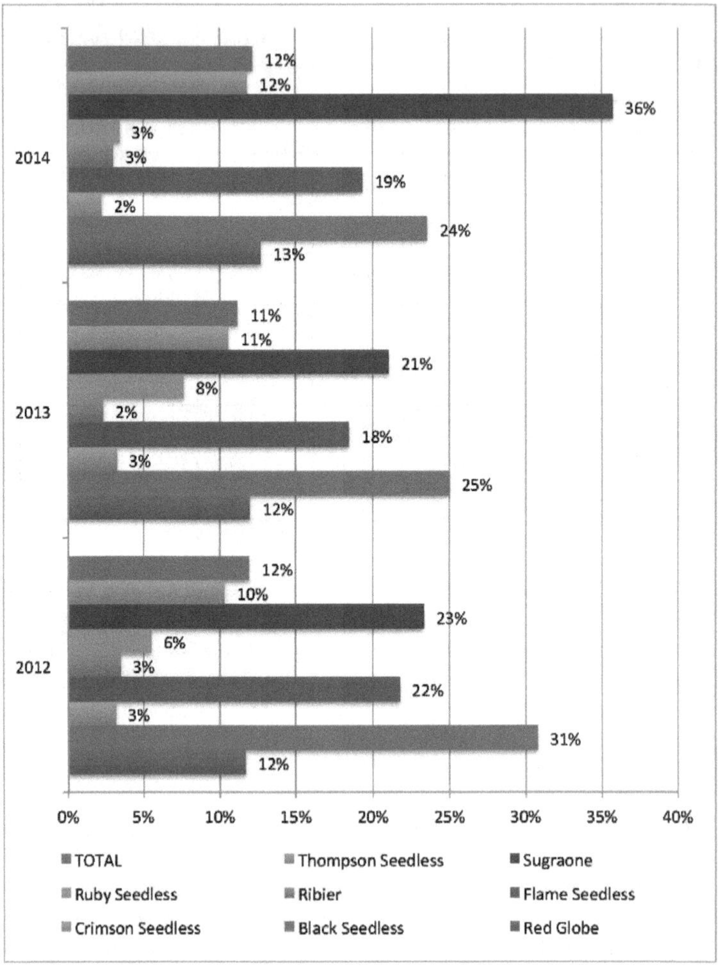

Fuente: Elaboración propia, basada en las tablas 3.21 y 3.22.

En promedio, los tipos de uva alcanzan diferentes niveles de precios entre si. El precio de cada kilogramo dependerá, entre otras variables, de las necesidades existentes en el mercado y de la cantidad de oferta. El gráfico 3.47 muestra aquellas variaciones de precio por tipo de uva, durante el período 2012 - 2014. En su calculo se ha usado el índice de Laspeyres, tomando como inicio el año 2012, y como supuesto, que los hábitos de consumo permanecen constantes.

Gráfico 3.47.- Variaciones de precio por kilogramo y tipo de uva, 2012 - 2014.

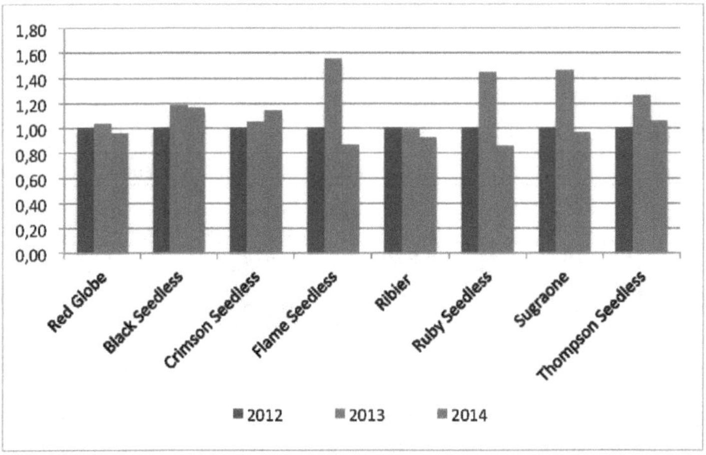

Fuente: Elaboración propia.

Al observar el gráfico, queda de manifiesto la ausencia de un patrón que pudiera establecer diferentes tendencias del precio entre un año y otro. Es decir, el nivel de ingresos que se pudieran recaudar por este tipo de exportaciones, depende de condiciones externas difíciles de manejar. Al consultar a la Asociación de Productores y Exportadores Agrícolas del Valle de Copiapó AG. (APECO) sobre el tipo de variedad preferido por los agricultores, señalan que no tienen una en especial, pero que abundan las plantaciones con tipo Flame Seedless y Red Globe. Un agricultor especifica que las uvas se injertan en parrones resistentes, por ello las vides se dan muy bien en casi cualquier clima. La diferencia entre los tipos de variedades existentes, dependeran de lo que se injerte, lo que estará fuertemente ligado al destino que se quiere dar al fruto, es decir, si es para vino, pasa, jugo o mesa. En el caso de la uva de mesa, indica que todo dependerá de la recepción del mercado en períodos anteriores y de las experiencias previas de los productores. La asociación además agrega, que casí el 100% de la uva producida en los valles se exporta hacia Estados Unidos y Europa, indican que es muy poca la que se destina a la producción vitivinicola o a satisfacer la demanda interna.

Sin embargo, al definir las distintas variedades de uva existentes en la región, es necesario cuantificar los aportes relativos de cada una de ellas. Para lo cual se calculan los respectivos índices de concentración relativo, asociado a cada tipo de uva. Su cálculo es el cociente entre los porcentajes de exportación regional versus los porcentajes de exportación nacional. La tabla 3.23 muestra los valores alcanzados en el período 2012 - 2014.

Tabla 3.23.- Índice de concentración relativo de exportación regional.

	2012	2013	2014
TIPO DE UVA			
Red Globe	0,979	0,941	0,854
Black Seedless	**2,579**	**2,521**	**2,252**
Crimson Seedless	0,265	0,260	0,258
Flame Seedless	**1,823**	**2,149**	**2,030**
Ribier	0,293	0,283	0,261
Ruby Seedless	0,462	0,541	0,689
Sugraone	**1,954**	**2,081**	**2,793**
Thompson Seedless	0,863	0,829	0,935
TOTAL	1	1	1

Fuente: Elaboración propia.

Los distintos índices relativos, indican que en la región sobresalen tres tipos de uvas: Black Seedless, Flame Seedless y Sugraone, por encima del mercado nacional. Atacama posee una mayor concentración de estas variedades, y además, un tamaño relativo mayor que el nacional. El gráfico 3.48 muestra los índices relativos por variedad de uva, entre los años 2012 y 2014.

Gráfico 3.48.- Índice relativo por variedad de uva en Atacama.

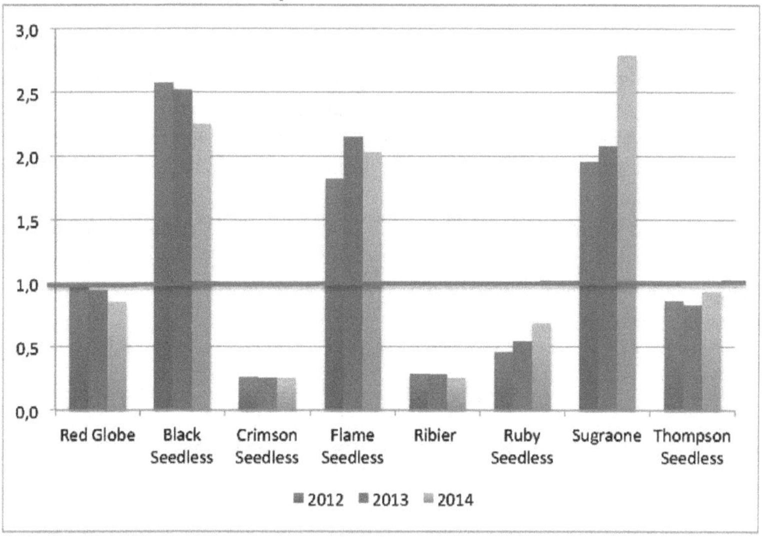

Fuente: Elaboración propia, basada en tabla 3.23.

Como se ha dicho a lo largo del capítulo, un índice relativo mayor que 1, refleja una alta concentración regional en esas variedades. Define además, una especialización de la región por sobre las otras regiones, en la producción de ese tipo de uvas. Por último, también puede afirmarse que la oferta regional, es superior a la demanda interna, y que todo ese exceso se debiera de exportar.

Las variedades que alcanzan un cociente cercano a 1, como la Red Globe y la Thompson Seedless, indica que poseen una concentración relativa acorde a la oferta del país, es decir, normal.

Finalmente, aquellas variedades que obtienen un índice menor que 1, como Crimson Seedless, Ribier y Rubie Seedless, no poseen especialización en la región, por ende, pudieran verse incapacitadas en satisfacer los requerimientos internos, y por lo tanto, aumentar las importaciones de esas variedades.

3.4.- INGRESOS REGIONALES POR EXPORTACIÓN.

Al ver los altos ingresos que entran al país, por concepto de productos exportados desde Atacama, se hace necesario saber cual sería el nivel de ingreso per cápita que tendría la región, considerando solo el nivel de exportaciones. En su calculo, se excluirán las otras componentes, y solo se considerará el total del mercado exportador regional. Este ejercicio es interesante, pues aísla el efecto redistributivo del gobierno central, pudiendo cuantificar la verdadera producción per cápita de la región. La tabla 3.24 muestra los respectivos valores, y además, a modo de comparación, se incorporan los ingresos per capitas a nivel país.

Tabla 3.24.- Ingresos per cápita regional, considerando como base sólo su mercado exportador.

Año	Producción per cápita regional (US$)	PIB per cápita Chile (US$)
2008	18.903	10.140
2009	12.063	10.030
2010	19.362	10.800
2011	24.063	12.350
2012	18.462	14.350
2013	18.935	15.270
2014	16.169	14.910

Fuente: Elaboración propia, basada en datos del Banco Mundial y tablas 3.2 y 3.18.

Al contrastar estos valores, con los reales ingresos percibidos en la región, queda de manifiesto la gran diferencia existente entre ambos. Según la producción per cápita, Atacama ostentaría un nivel de ingresos alto. Sin embargo, según la encuesta de Caracterización Socioeconómica Nacional (Casen), del Ministerio de Desarrollo Social, la región es catalogada como de estrato socioeconómico medio - bajo, pues, alrededor de un 50% de sus habitantes reciben ayuda social, por parte de las municipalidades existentes en cada comuna. La distribución de los ingresos regionales, distribuidos por provincias y comunas, se muestran en la tabla 3.25.

Tabla 3.25.- Distribución de ingresos regionales según quintil, agosto 2013.

Nombre	Primer Quintil	Segundo Quintil	Tercer Quintil	Cuarto Quintil	Quinto Quintil	total
Provincia de Chañaral	**19%**	**8%**	**5%**	**4%**	**64%**	**100%**
			Comunas			
Chañaral	11%	5%	3%	2%	25%	45%
Diego de Almagro	8%	3%	2%	3%	39%	55%
Provincia de Copiapó	**21%**	**8%**	**5%**	**3%**	**64%**	**100%**
			Comunas			
Caldera	3%	1%	0%	0%	4%	9%
Copiapó	16%	7%	4%	3%	55%	84%
Tierra Amarilla	2%	1%	0%	0%	4%	7%
Provincia de Huasco	**29%**	**9%**	**4%**	**2%**	**56%**	**100%**
			Comunas			
Alto del Carmen	2%	1%	0%	0%	4%	7%
Freirina	2%	1%	1%	0%	4%	9%
Huasco	4%	1%	1%	0%	6%	12%
Vallenar	21%	6%	3%	2%	41%	72%
Totales	**23%**	**8%**	**5%**	**3%**	**62%**	**100%**

Fuente: Adaptación de Ministerio de Desarrollo Social.

Los valores de ingresos que representa cada quintil, se exponen en la tabla 3.26.

Tabla 3.26.- Promedio de ingreso por quintil.

Quintil	Promedio de Ingreso (US$)	
	Desde	**Hasta**
1	0,00	105,57
2	105,57	176,81
3	176,81	271,93
4	271,93	496,73
5	496,73	-

Fuente: Ministerio de Desarrollo Social.

Nota: Valores actualizados a octubre 2014 y convertidos a un dólar de $680 (pesos chilenos).

El gráfico 3.49 muestra la distribución regional, respecto a los quintiles de ingresos.

Grafico 3.49.- Distribución de ingresos en Atacama, agosto 2013.

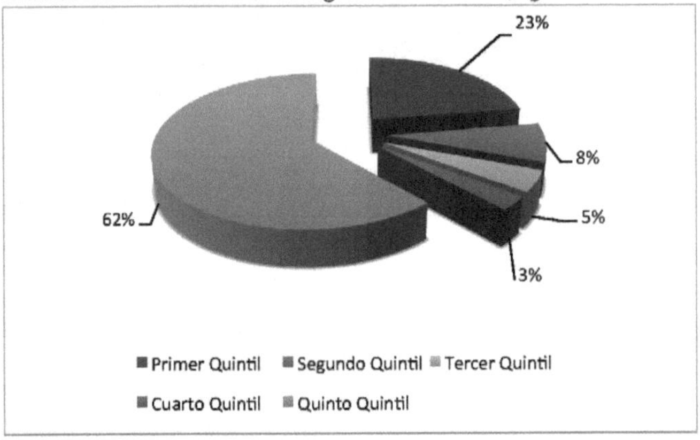

Fuente: Elaboración propia, basada en la tabla 3.25.

3.5.- SECTOR IMPORTADOR.

En la región no existe un catastro o nivel de cuenta, que indique los niveles de importación por sectores económicos o en valores totales. El ente encargado en contabilizar y clasificar las importaciones es el Banco Central de Chile, quien las centraliza sólo a nivel nacional. Pese a ello, se han querido mostrar los niveles de importación a nivel país. La tabla 3.27 y el gráfico 3.50, muestran el total de importaciones nacionales.

Tabla 3.27.- Mercado Importador de Chile, 2008 – 2015.

	2008	**2009**	**2010**	**2011**	**2012**	**2013**	**2014**
	Millones de dolares corrientes (MMUS$)						
Bienes de consumo	13.523	10.056	15.568	18.666	19.812	21.692	19.999
Durables	5.325	3.553	6.523	7.561	8.087	9.045	7.561
Semidura-bles	3.451	2.830	4.007	5.036	5.465	5.924	6.022
Otros bienes de consumo	4.747	3.673	5.038	6.069	6.260	6.723	6.415
Bienes intermedios	38.227	24.721	32.554	42.187	43.706	42.307	39.931
Productos energé ticos	15.840	8.905	11.310	16.025	16.045	15.014	13.604
Resto bienes intermedios	22.387	15.816	21.244	26.162	27.661	27.292	26.326
Bienes de capital	11.037	8.028	10.877	13.842	16.555	15.250	12.230
Total importación de bienes	62.787	42.806	59.000	74.695	80.073	79.249	72.159

Fuente: Banco Central de Chile.

Gráfico 3.50.- Importaciones nacionales en MMUS$, 2008 - 2014.

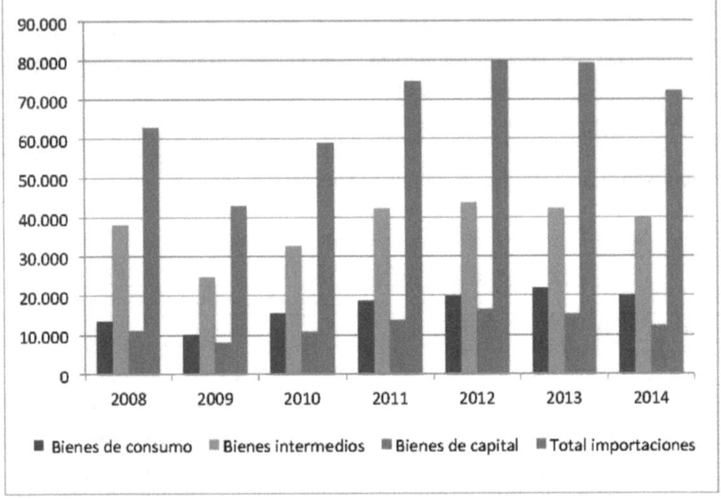

Fuente: Elaboración propia a partir de la tabla 3.27.

Al analizar el gráfico 3.50, se observa que las principales importaciones se concentran en los bienes intermedio, de consumo y de capital. El primer segmento está compuesto principalmente por hidrocarburos, como el petróleo y sus derivados. El segundo está liderado por la carne, alimentos, bebidas y alcoholes. En el tercero, y último segmento, se encuentran mayoritariamente los vehículos de carga, camiones, buses y vehículos menores. El gráfico 3.51 muestra en promedio, el porcentaje de las principales importaciones.

Gráfico 3.51.- Porcentaje promedio de las principales importaciones de Chile, 2008 - 2014.

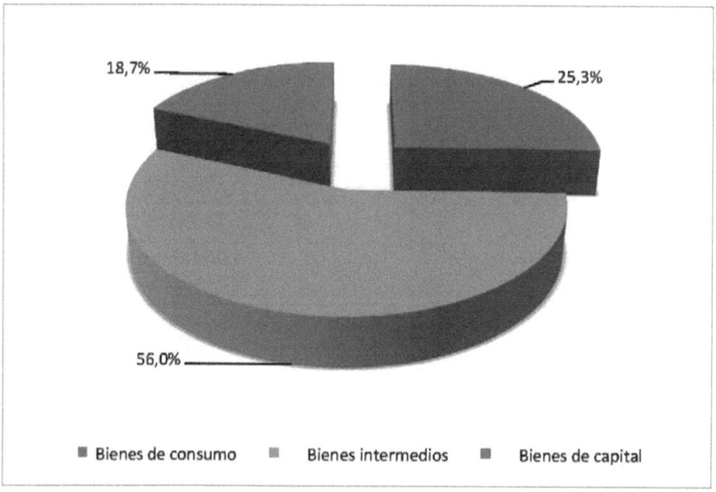

Fuente: Elaboración propia a partir de la tabla 3.27.

En el gráfico 3.51 se observa que la mayoría de las importaciones corresponden a bienes intermedios y de consumo. Los bienes de capital comprenden apenas un 18,7%. Desgraciadamente, no existe información que permita establecer una comparación, entre las importaciones regionales y las nacionales.

3.6.- CARACTERIZACIÓN DE EMPRESAS.

3.6.1.- Tamaño de empresa.

Otra variable es el tamaño de la empresa. El servicio de Impuestos Internos de Chile (SII), al clasificarlas, asigna un nivel de facturación anual a cada tamaño, tal como indica la tabla 3.28.

Tabla 3.28.- Clasificación de empresas, en base al cálculo de ventas anuales de un contribuyente.

Tamaño Empresa	Clasificación
Sin Venta:	Corresponde a contribuyentes cuya información tributaria declarada no permite determinar un monto estimado de ventas.
Micro:	0,01 UF a 2.400 UF.
Pequeña:	2.400,01 UF a 25.000 UF.
Mediana:	25.000,01 UF a 100.000 UF.
Grande:	100.000,01 UF a Más de 1.000.000 UF.

1UF = **$** 29.948,04(28 junio 2015)

Fuente: Servicio de Impuestos Internos, Chile.

Según la clasificación entregada por el Servicio de Impuestos Internos de Chile, la cantidad de empresas en Atacama ha ido creciendo. Al mismo tiempo, también han ido disminuyendo aquellas que no poseen ventas. Sin embargo, la concentración en Atacama es pequeña al compararla con los totales nacionales. A continuación, se muestra la concentración absoluta promedio de empresas, 2007 - 2014, en la región de Atacama y en Chile (Ver gráfico 3.52).

Gráfico 3.52.- Concentración absoluta promedio de empresas, 2007 - 2014, en Chile y Atacama.

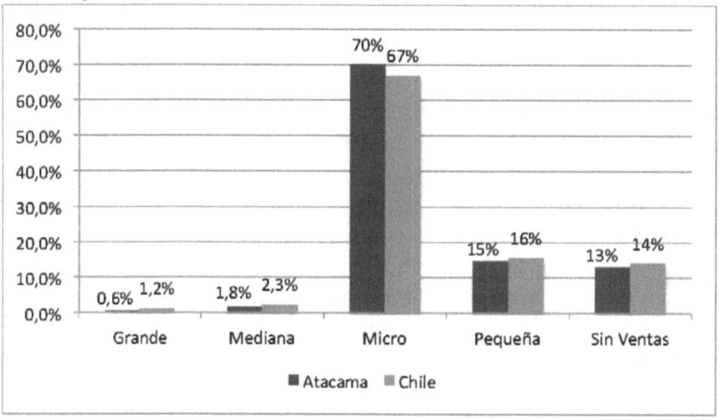

Fuente: Servicio de Impuestos Internos, Chile.

Si bien es cierto que Atacama no posee una gran cantidad de empresas, es necesario calcular el índice de concentración relativa de ellas, con respecto a los totales nacionales (Ver gráfico 3.53).

Gráfico 3.53.- Índice de concentración relativa de empresas en Atacama, promedio 2007 – 2014.

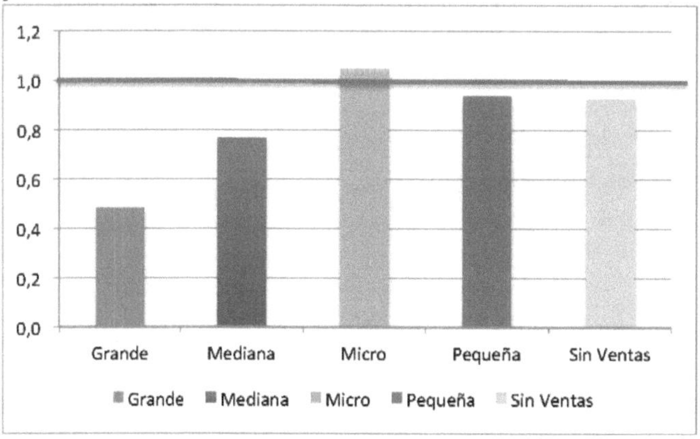

Fuente: Elaboración propia, basado en datos del S.I.I.

Al ver el gráfico 3.53, queda de manifiesto que la estructura regional y nacional, no son muy similares. En dos tipos de empresas, grande y mediana, Atacama muestra concentraciones relativas menores que el contexto nacional. Las concentraciones relativas del tipo de empresas, pequeña y sin ventas, es muy cercano a 1, pudiéndose afirmar que su estructura regional, es muy similar a la del país. Por último, sólo se destacan las micro empresas, cuya concentración es levemente superior al del conjunto nacional.

Sin perjuicio con lo que se acaba de decir, estas cifras también podrían indicar que tanto el país como la región poseen estructuras de compras por tamaños análogos. El gráfico anterior también muestra, que tanto en Atacama como en Chile, la proporción de microempresas son muy similares. Éstas surgen de un proyecto elaborado por una persona física que suele desempeñar el cargo de administrador y trabajador. Se trata de empresas con escasos recursos económicos y probablemente ningún trabajador asalariado. Este tipo de negocio vende sus productos en pequeñas cantidades en el ámbito local, sus posibilidades de expansión son, sin embargo pequeñas.

3.6.2.- Proporción de trabajadores según tamaño de la empresa.

Este indicador muestra la distribución que tienen en promedio las empresas, según su número de trabajadores en la región de Atacama y en Chile. La variable cuantifica el número de trabajadores que se encuentran activos en cada tipo de empresa, para luego expresarlo en términos relativos al total regional y nacional (Ver gráfico 3.54).

Gráfico 3.54.- Distribución promedio de trabajadores, en Atacama y Chile, 2007 - 2014.

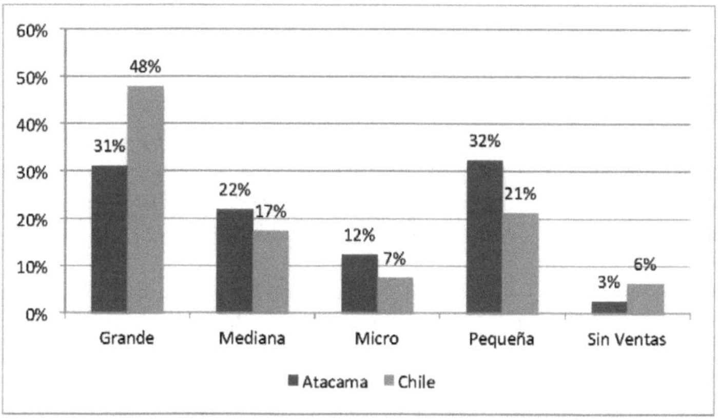

Fuente: Servicio de Impuestos Internos, Chile.

Al ver el gráfico, se observa una alta concentración de trabajadores en empresas medianas, micro y pequeñas. En cambio, la mayor concentración de trabajadores que posee el país, se da en aquellas empresas definidas como grades. Sin embargo, también es necesario conocer la concentración relativa de los trabajadores regionales, respecto los totales nacionales (Ver gráfico 3.55).

Gráfico 3.55.- Índice de concentración relativa de trabajadores por tipo de empresas en Atacama, promedio 2007 - 2014.

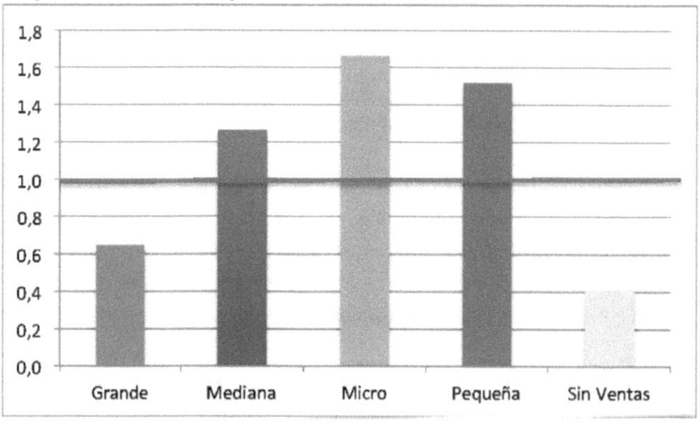

Fuente: Elaboración propia, basada en datos del S.I.I.

El gráfico muestra que del total de empresas catastradas, las que ostentan mayor concentración relativa de trabajadores, en promedio en la región, son las microempresas, las medianas y las pequeñas, a diferencia de las empresas denominadas grandes, que presentan una menor agrupación en Atacama.

La región en promedio, solo concentra el 1,54%, del total de empresas a nivel nacional. Una cifra ínfima, que también resalta el peso pequeño de la región en la economía nacional. Las distribuciones de las distintas empresas localizadas en Atacama, según tamaño, tampoco corresponden a valores muy altos, en proporción no superan el 2%, como se puede apreciar en el gráfico 3.56.

Gráfico 3.56.- Proporción regional respecto al total nacional de empresas según tamaño, 2007 - 2014.

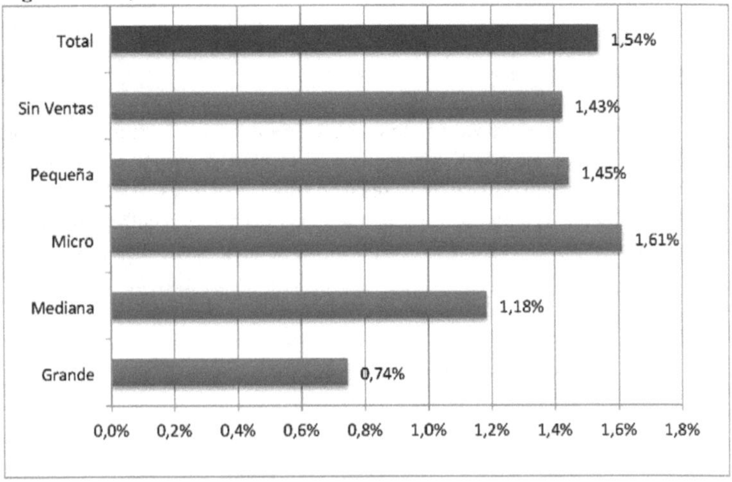

Fuente: Servicio de Impuestos Internos, Chile.

Al ver las proporciones de empresas que se encuentran presentes en la región, respecto a los totales nacionales, se puede observar que, si bien es cierto que las concentraciones son bajas, estas están en armonía con el porcentaje de habitantes que posee Atacama respecto al total nacional, pues la región solo concentra el 1% de la población del país.

Este capítulo ha intentado caracterizar económica y demográficamente, a la región de Atacama. En el se han vertido muchos datos e información que se irán utilizando a lo largo de la tesis, específicamente en el capitulo 7, donde se desarrolla el modelo económico regional. En el siguiente capítulo se destaca la importancia del crecimiento y desarrollo económico, ambos conceptos ayudaran a focalizar el presente trabajo, en el marco del desarrollo endógeno regional.

CAPÍTULO IV

APROXIMACIÓN AL CONCEPTO DE CRECIMIENTO Y DESARROLLO ECONÓMICO.

Este capítulo tiene como objetivo principal, explicar las distintas teorías de crecimiento y desarrollo económico, además de analizar los diversos niveles de relación que existen entre ellos. El desarrollo económico de una región es un tema clave, pues dependiendo de su nivel de perfeccionamiento, ésta será capaz, o no, de mantener la prosperidad y ofrecer bienestar social y económico a sus habitantes. Sin embargo, existen desigualdades en la distribución de la riqueza, las que influyen en el desarrollo económico y social de entre diferentes regiones de un mismo territorio nacional. Esto provoca teorías antagónicas sobre si el crecimiento incide en la atenuación o la acentuación de esas desigualdades, es decir, si el crecimiento desencadena en divergencia o convergencia entre los distintos indicadores de ingreso y bienestar (Mattos 2000: 16). Pese a ello, está demostrado que el crecimiento económico por si solo, no siempre conlleva un mayor desarrollo y bienestar a los habitantes. En los años ochenta, los conceptos de crecimiento y desarrollo se fueron distanciando, adquiriendo éste último una dimensión más humana, ya que se refiere a la distribución de los ingresos, a la satisfacción de las necesidades básicas y a la elevación del nivel de vida. Una visión opuesta al crecimiento, que solo se interesa por un aumento del tamaño de la economía, cosa que puede producirse sin consecuencias positivas para la ciudadanía.

Hoy en día, existen indicadores económicos y sociales que miden separadamente el crecimiento y el desarrollo de un territorio, como son el PIB per cápita y el IDH. Estos indicadores ofrecen una visión amplia y nos aproximan a la complejidad de variables que intervienen tanto en el crecimiento, como en el desarrollo de un país o región.

Existe sin embargo, una extensa gama de posiciones teóricas acerca del crecimiento económico. Desde siempre estás teorías han estado presentes en el pensamiento económico, convirtiéndose en una rama importante de éste. Además, las diversas tasas de crecimiento y de PIB per cápita que se da entre países con sociedades y recursos similares, ha llevado a explicar de manera errónea, el desarrollo económico como parte del crecimiento.

4.1.- CRECIMIENTO ECONÓMICO.

El mundo está integrado por países muy pobres y otros muy ricos. Algunos crecen con demasiada rapidez y otros, en cambio, no lo hacen. Estas evidencias han llevado a querer estudiar el crecimiento económico, y analizar cómo pequeñas variaciones, pero sostenidas, en las tasas de crecimiento entre países, genera grandes diferencias en el PIB y en el PIB per cápita. Este simple ejercicio, da lugar a numerosas interrogantes, cómo: ¿Qué factores influyen en el crecimiento económico, de un país con respecto a otro? (Jones 2000: 1-7)

Robert E. Lucas, Jr. proporcionó en 1988 una forma útil de interpretar las tasas de crecimiento en un ensayo titulado *"Onthe Mechanics of Economic Development"*. Lucas planteó que si un país crece al g% anual, éste duplicará sus ingresos per cápita, en un tiempo proporcional al cociente entre 70 y la tasa de crecimiento (g). Ver ecuación adjunta. (Jones 2000: 11).

$$PIB_{t+m} = PIB_t{}^*(1+g)^m$$

Donde:

$\mathbf{PIB_{t+m}}$= PIB en el año (t+m).
$\mathbf{PIB_t}$= PIB en el año (t).
g = Tasa de crecimiento.
m = Años
$(\mathbf{1+g})^{\mathbf{m}}$ = Tasa de interés compuesto, con un crecimiento de **g** por **m** años.

Como se busca duplicar el ingreso per cápita, la ecuación se reduce a la siguiente forma:

$$2 = (1+g)^m$$

Al aplicar logaritmo natural, para despejar m, se tiene:

$$\ln(2) = m * \ln(1+g)$$

Despejando *m*:

$$m = \frac{\ln(2)}{\ln(1+g)}$$

De esta manera, la regla práctica se establece, cuando:

$\ln(2) \approx 0,7$.
$\ln(1+g) \approx g$ (Cuando g es pequeño, ln (1+g) tiende a g).

Al multiplicar el numerador y el denominador por 100:

$$m = \frac{70}{g\%}$$

Según esta regla, si un país crece de manera constante al 2%, el tiempo necesario para duplicar su ingreso per cápita será de 35 años ($m = \frac{70}{2}$).

La idea de esta sección, es detallar los aportes y principales supuestos en el tema del crecimiento económico. Dado que el número de autores puede ser muy elevado, solo se hará referencia directa a los más destacados, en relación a sus aportaciones.

4.2.- BREVE HISTORIA DEL CRECIMIENTO ECONÓMICO.

La ciencia económica desde siempre ha estado preocupada por los temas ligados al crecimiento económico. Los primeros indicios pueden encontrarse entre algunos economistas clásicos. Adam Smith en su obra *"Investigaciones sobre la Naturaleza y Causas de la Riqueza de las Naciones"*, conocido popularmente como *"Riqueza de las Naciones"*, publicada en 1776. No expone un modelo de crecimiento económico, aunque deja claro la importancia de éste. Su libro fue esencialmente un estudio sobre el proceso de creación y acumulación de la riqueza. El crecimiento económico se plantea como la base del bienestar social, el que se potencia a través de la división y especialización del trabajo, como también de la libre competencia (Barberá & Doncel 2003: 36 - 38). Los estudios elaborados por Adam Smith, fueron la base sobre la que se desarrollaron aportaciones posteriores. Thomas Malthus, David Ricardo y John Stuart Mill, por citar solo algunos de los escritores mas representativos, mantuvieron invariable la esencia de la visión Smithiana del crecimiento económico.

Sin embargo, todo este crecimiento económico que se traducía en una mayor producción industrial, mayores volúmenes de comercio internacional y acumulación de capital productivo, no era sinónimo de bienestar social. Las condiciones de vida de los asalariados a mediados del siglo XIX era deplorable, la mayoría trabajaba sobre 14 horas y recibían pagos, que solo servían para cubrir sus necesidades vitales (Barber 1978: 112 - 113). Marx y Mill sintieron que el aparato teórico heredado, no era el adecuado para sus tareas. El crecimiento de la industria estaba socavando los supuestos de la doctrina clásica del *laissez-faire*. Además la economía vivía etapas de expansión, asociada a la incertidumbre e inestabilidad. Pero lo más importante era, que los beneficios de la expansión económica, no estaban beneficiando a todos los ciudadanos. Al obrero no se le retribuía lo justo, lo que daba paso a un capital, aún mayor, para el empleador.

Los problemas sociales se vieron agravados aún más, entre las dos guerras mundiales, en donde los sistemas económicos de la mayoría de los países industrializados, se vieron sacudidos por una crisis sin precedentes. Las altas tasas de desempleo, que azotaban Europa y América, hacían aumentar las huelgas y el descontento social, haciendo pensar a muchos que el modelo capitalista había colapsado, y que las previsiones Marxistas se estaban cumpliendo (Galindo & Malgesini 1994: 5). En medio de este ambiente, surge la figura de John Maynard Keynes, quién aporta sus más importantes contribuciones en los años 30, fecha de la Gran Depresión. Keynes plantea que el ciclo económico crecerá, cuando la inversión sea mayor, lo que influirá en más empleo. En cambio, la economía decrecerá, cuando las expectativas sean menores, lo que implicará una menor inversión y empleo. Sin embargo, se estima que los grandes aportes brindados al tema del crecimiento económico, sólo eran porque a través de éstos, se podía paliar en parte, el problema que realmente preocupaba, no solo a Keynes sino que a todos los economistas y a las personas que vivieron la Gran Depresión: El paro.

Las transmisión y ampliación de las ideas expuestas por Keynes, en algunos de sus trabajos, se manifiesta a través de los autores Poskeynesianos. Distinguiendo sus principales aportes, en crecimiento económico, en dos tipos de modelos (Lavoie 1992: 283, revisada en Galindo 2011: 49):

- **Modelos neokeynesianos,** en ellos se hace especial hincapié en la distribución de la renta entre trabajadores y capitalistas. Estos últimos son los únicos que ahorran, por lo que para potenciar el crecimiento habría que tratar de desviar la renta hacia ellos.

- **Los modelos de corte kaleckiano**, en los que se consideran aspectos relacionados con la concentración de empresas y el papel que podría desempeñar la política fiscal, entre otras, para potenciar el crecimiento.

Durante la crisis de petróleo de 1973, se empiezan a cuestionar los planteamientos de crecimiento sin limites, formulados por Keynes. En este período, aparecen las teorías asociadas a los límites de crecimiento, concentrándose principalmente en el largo plazo. Esta nueva corriente económica, fundamenta sus estudios en el Modelo de Crecimiento Neoclásico de Solow-Swan, desarrollado por Robert Solow y Trevor Swan. En él se ocupa de la tendencia potencial del crecimiento a largo plazo. Este modelo define una función de producción, la que permite obtener el único bien de la economía. Este bien se produce gracias a tres factores productivos: capital, trabajo y tecnología. El factor tecnología, es considerado constante en períodos de corto plazo y viene recogida como una función de producción neoclásica (Barberá & Doncel 2003: 57). La principal característica de esta función, son sus rendimientos constantes a escala, lo que facilita escribir el producto total, en términos per cápita. Ahora bien, los modelos neoclásicos establecen que el crecimiento económico depende, fundamentalmente, del intercambio entre trabajo y capital, manteniendo la tecnología constante. Los "saltos tecnológicos" o el progreso tecnológico, son explicados como variables exógenas y ayudan a propiciar saltos positivos en el crecimiento económico. Asimismo, los mercados se caracterizan por la existencia de competencia perfecta, a la vez que los rendimientos se consideran constantes, con excepción de los rendimientos del capital, que en este caso, son decrecientes.

La dificultad de los modelos neoclásicos, para explicar las variaciones del crecimiento económico a largo plazo, generó un descontento en la mayoría de los economistas. Este descontento llevó a que en 1986, Paul Romer, considerado el pionero con la *teoría del crecimiento endógeno* o *nueva teoría del crecimiento,* publicara su trabajo *"Increasing Returns and Long Run Growth"*. Posteriormente en 1988, aparece el artículo de Robert Lucas *"On The Mechanics of Economic Development"*, en 1990 Jones y Manuelli publican *"A Convex Model of Equilibrium Growth: Theory and Policy Implications"* y por último, Sergio Rebelo en 1991 publica *"Long-Run Policy Analysis and Long-Run Growth"*. Todos estos autores, y sus trabajos, han marcado dos de las principales líneas de investigación: capital humano y el modelo AK

Es necesario precisar que esta teoría ha facilitado la aparición de nuevos campos de investigación, capaces de explicar el crecimiento económico por partes y no necesariamente como una consecuencia del progreso tecnológico exógeno (Barberá & Doncel 2003: 116). De esta forma, comienzan a surgir nuevos modelos de crecimiento económico, focalizados principalmente en el análisis de las fuentes endógenas y en sus factores asociados. Este análisis, marca la diferencia en este enfoque teórico, pues, en esta nueva concepción, el elemento clave sobre el que gira el crecimiento, es el proceso endógeno del progreso tecnológico, lo que se reconoce como una acumulación del capital físico y del capital humano.

- **Modelo AK:** Este modelo de crecimiento endógeno, presenta una función de producción con rendimientos constantes a escala. De esta forma, el crecimiento será continuo a medida que aumente el stock de capital, siendo para ello la inversión, el principal elemento del crecimiento. La justificación de los rendimientos constantes, se obtienen al considerar el stock de capital en un sentido amplio, es decir, se considera tanto el capital físico, como el capital humano.

- **Capital humano:**La incorporación del capital humano al crecimiento, se debe principalmente a los aportes de Lucas, quién desarrolló un modelo de crecimiento endógeno, en el que introdujo el capital humano, como el nivel general de capacitación del trabajador. Es decir, un trabajador con capital h, produciría la mitad que otro con capital 2h. Además establece que los individuos asignan su tiempo a varias actividades, siendo una de ellas la formación de capital humano. En términos generales, si la economía destinara todos sus esfuerzos, en tiempo y dinero, a acumular capital humano, este crecería más rápido. Por el contrario, si el capital humano se dedicara a otra actividad, el esfuerzo realizado en su acumulación sería nulo, al igual que dicha acumulación. (Barberá & Doncel 2003: 148). En concreto, el problema económico se traducirá en maximizar la utilidad entre, la acumulación de capital físico y humano, el óptimo será la tasa de crecimiento de la economía.

- **Nuevos modelos neo Shumpeterianos de crecimiento endógeno:** En los nuevos modelos de crecimiento endógeno, se inicia una nueva línea de investigación gracias a Romer, en 1986. En ese trabajo, se desarrolló un modelo donde el progreso tecnológico era el resultado del comportamiento de agentes aumentadores de beneficios, que realizaban inversión en I+D, motivados por incentivos de mercado. El modelo de Romer, fue el inicio de una nueva línea de investigación, dentro de la literatura de crecimiento endógeno, en 1990. Su modelo, al igual que el de Grossman y Helpman (1991), consideran que la inversión en empresas investigadoras, tienen algún poder de monopolio, como consecuencia del derecho de patente(Barberá & Doncel 2003: 160). Estos modelos, suelen también denominarse neo-Shumpeterianos, como consecuencia de la incorporación de muchas ideas del economista Joseph Alois Schumpeter.

Aunque es cierto que los aportes de Keynes dominaron el pensamiento económico por algunas décadas, éstos no fueron capaces de brindar una solución a la crisis industrial desatada por el encarecimiento del petróleo en 1973. Es así como en los años siguientes, el gasto público no lograba solucionar los problemas de desempleo, y por el contrario, aumentaba éste y la inflación. En medio de la crisis, se alza el prestigio de la escuela monetarista al encontrar los instrumentos de estabilización: mayor control en el gasto público, independencia del Banco Central, aumento de incentivos que ayuden la inversión privada, eliminación de los controles de mercado gubernamentales y, por el contrario, incorporar la regulación de mercado. Es así como el Monetarismo, se convierte en una nueva corriente económica, reemplazando a los keynesianos y liderando entre los años 1972 y 1990.

Pese a lo anterior, las teorías de Keynes no estaban del todo olvidadas, ya que en 1982, unos jóvenes economistas del Massachusetts Institute of Technology (MIT), incorporaron las teorías monetaria y de mercado a la teoría keynesiana (Baca 2004: 26). Los principales exponentes de esta nueva corriente económica son: George Mankiw, David Romer y Edmund Phelps. Los Neokeynesianos nacen en un período en que el Monetarismo estaba en declinación. Sus teorías son de crecimiento avanzado, en medio de una población de alta educación. Prestan atención al cambio tecnológico y a las teorías microeconómicas.

Los aportes teóricos provienen del modelo de crecimiento de Romer, donde reconocen los mismos cuatro factores productivos: tecnología, capital, trabajo y capital humano. Los que se ocupan en tres sectores productivos diferentes: sector de investigación, sector de capital y sector de bienes intermedios. Este modelo define una tasa de crecimiento de equilibrio, el que depende de la cantidad de capital humano distribuido entre las actividades de investigación y producción, y a su vez, de la asignación entregada al producto final, entre consumo e inversión.

4.3.- BREVE HISTORIA DEL DESARROLLO ECONÓMICO.

Como hemos visto con anterioridad, distintos economistas han focalizados sus estudios, en definir nuevas y mejores teorías de crecimiento económico. Esto muestra el gran interés que ha existido, y que aún persiste en el tema. Sin embargo, el énfasis en el crecimiento, durante muchos años no era otra cosa que el supuesto infundado, de poder resolver todos los problemas sociales asociados a la pobreza y a la falta de trabajo. No obstante, los gobiernos y críticos sociales, pronto se fueron dando cuenta que el crecimiento por si solo no bastaba, ya que se entendía como la simple acumulación de trabajo y capital. Es así, como los modelos de crecimiento en sus análisis, no consideraban los instrumentos necesarios para promover y medir el desarrollo económico, dejando fuera los siguientes aspectos:

1. Mayor equidad en la distribución de la renta.

2. Factores institucionales y políticos, que no entendieran al desarrollo como transferencias tecnológicas y de recursos económicos.

3. Políticas enfocadas en capacitar a la población, de manera que sean capaces de transitar actividades económicas primarias, hacia otras actividades más productivas.

Es así como en los años cuarenta, después de la Segunda Guerra Mundial, se produce un cambio sustancial en el pensamiento social. Una manifestación de ese cambio, fue la preocupación por todas aquellas sociedades denominadas: Economías Subdesarrolladas o Países del Tercer Mundo. En esa época, se produce la "gran transformación", denominada así por Karl Polanyi (1944), que se caracteriza en economía, por el paso del pensamiento neoclásico a la heterodoxia keynesiana y poskeynesiana (Bustelo 1998: 103). En ese período, existía una pérdida de fe en el libre mercado, impulsados por una mayor conciencia de los desastres de la Gran Depresión y de la Segunda Guerra Mundial. Éstos hechos habían cambiado el pensamiento social, manifestando un mayor interés por las economías subdesarrolladas.

En 1951, las Naciones Unidas emiten un informe sobre los países subdesarrollados. Éstos presentaban una estructura productiva y económica, más rígida y menos flexible que en los desarrollados. Este estructuralismo, como señalará Gabriel Palma en 1987, y que luego sería especificado por la CEPAL, destaca las siguientes características de los países subdesarrollados (Bustelo 1998: 116):

1. La heterogeneidad, donde coexisten el sector moderno, compuesto por actividades de exportación y manufactureras, y el sector tradicional, formado por la artesanía y la agricultura de subsistencia.

2. La especialización; exportaban pocos productos primarios y la obtención de estos, eran en segmentos productivos con escasos efectos de arrastre de la economía nacional.

Este período también se caracteriza por el rechazo a la mono economía, o tendencia a aceptar una única teoría económica como válida. Es por ello, que las teorías y enfoques de desarrollo económico se dividen en dos corrientes: el ortodoxo, que forma parte de la corriente principal (*mainstream*) de la economía, y el heterodoxo o radical, que se caracteriza por sus críticas al primero y por situarse fuera del planteamiento convencional.

4.3.1.- Principales ideas y teorías ortodoxas del desarrollo económico.

En 1955, año en que Arthur Lewis publica la primera gran obra sobre desarrollo, *"La Teoría del Desarrollo Económico"*, no existía una gran diferencia entre desarrollo y crecimiento económico. Pese a ello, el objetivo del libro, era acrecentar la renta y la producción per cápita, como respuesta a las altas tasas de natalidad existentes. Los medios usados para alcanzar un mayor ingreso per cápita, eran en términos generales: el fomento a la acumulación de capital y más específicamente a la industrialización, la protección del mercado interior y la intervención del Estado (Bustelo 1998: 122 - 128). En definitiva, la aplicación de manera concertada del capital, dentro del sector industrial, exigía la intervención estatal. De esta manera, se podría distribuir convenientemente la inversión entre todos los sectores de bienes de consumo, o concentrarla en un número reducido de sectores industriales que generen arrastre en los otros sectores, para así simplemente, superar el círculo vicioso de la pobreza.

A finales de los años cincuenta, se registra una importante recuperación del pensamiento neoclásico, con autores como; P.T. Bauer, H.G. Johnson, G. Haberler. La vuelta al neoclasicismo se explica, porque la mayoría de las teorías de desarrollo planteadas no tuvieron el éxito esperado. El subdesarrollo no se reducía a la rapidez prevista, es más, se mantenía y amplificaba a causa de la explosión demográfica. El Estado era insuficiente en el fomento del desarrollo, carecía de capacidad técnica de gestión y generaba un enorme aparato burocrático. Paralelo a ello, el querer acelerar los trámites o convencer a funcionarios, generaba corrupción. Además, el intervencionismo estatal en el comercio internacional, suponía pérdidas en los niveles de eficacia, dejando fuera el principio de ventaja comparativa, no pudiendo las economías subdesarrolladas, beneficiarse de los contactos comerciales de países desarrollados. Por último, la industrialización también fue objeto de crítica, ya que esta suponía desatender la agricultura, siendo para muchos, la base del desarrollo económico en los países de bajos ingresos.

La década de los sesenta, se caracteriza por la aparición de una corriente conservadora de pensamiento, sobre el cambio político y social en los países subdesarrollados. **La Teoría de la Modernización**, fue creada por un numeroso grupo de sociólogos y politólogos estadounidenses, apoyados fuertemente por el gobierno norteamericano. Estos autores aplicaron el análisis estructural-funcional de T. Parsons, al estudio del cambio social en los países subdesarrollados. Para ellos, el progreso era la sustitución de la organización social tradicional por la modernidad, cambio influido por las relaciones de carácter político entre transformación social y desarrollo económico (Bustelo 1998: 139). El desarrollo, deja de concebirse como un medio para alcanzar determinados fines sociales y políticos, y empieza a entenderse como un simple proceso. El fracaso norteamericano en Vietnam y la revolución cubana, son hitos que impulsan a abandonar la modernización como un instrumento de promoción del desarrollo económico y pluralismo político. En cambio, sirve para impulsar el desarrollo social, aún siendo muchas veces opuesto al desarrollo económico y partidario del orden político autoritario. La revitalización del análisis neoclásico, coincide con una tendencia de pensamiento político y social, que insistía en medir el desarrollo económico con las tasas de crecimiento y en valorar el progreso político en términos de creación y conservación de instituciones eficaces, en el sentido de garantes del orden.

La década de 1970 se caracteriza por una reorientación desde los estudios de desarrollo económico, hacia la economía social. Una de las primeras preocupaciones sociales en este período, tiene relación directa con el empleo. El análisis para mejorar los bajos salarios de los trabajadores, controlar las horas trabajadas, regular el trabajo de la mujer y el de los subempleados, fueron la preocupación de distintos organismos gubernamentales y no gubernamentales. La creación de empleo exigía medidas adicionales, entre ellas, una mejor redistribución de la renta hacia los sectores menos favorecidos, con objeto de reducir la importación de bienes de consumo de lujo y aumentar la demanda interna por bienes intensivos en trabajo. En este período, donde la falta de equidad en los ingresos era común en los países del Tercer Mundo, la distribución equitativa de los ingresos, empezaron a ser el centro de atención. El crecimiento económico no suponía la disminución de la desigualdad. Según estudios del Centro de Investigación sobre Desarrollo, del Banco Mundial, en colaboración con el IDS, de Sussex, publicó en 1974 la obra fundamental de ese período: H.B. Chenery et. al., *"Redistribution with growth"*. En este estudio, se señalaba que el crecimiento era condición necesaria para erradicar la pobreza, pero a la vez, reforzaba la tendencia hacia una distribución de la renta más desigual, especialmente si el punto de partida era una situación de carencia extrema de equidad.

En los años ochenta, surge nuevamente el pensamiento neoclásico entre los economistas del desarrollo. Autores como A.O. Krueger, I.M.D. Little, J.N. Bhagwatti, critican duramente la intervención gubernamental y las estrategias de industrialización, en cambio defienden la liberalización económica, tanto interna como externa, de los países del Tercer Mundo. El resurgimiento de esta corriente, se explica por una serie de estudios, que destacaban el análisis crítico hacia las políticas de comercio exterior, y las denuncias de intervención estatal en las economías de los países tercer mundistas. Era necesario que esos países iniciaran una liberalización comercial, capaz de promover sus ventajas comparativas, pudiendo así alcanzar un crecimiento equilibrado.

Los estudios también realizaban un análisis crítico, a algunas políticas macroeconómicas en los países del Tercer Mundo. Es así como existía una distorsión en las tasas de interés cobradas, su valor dependía del sector económico. En aquellos sectores definidos como prioritarios, las tasas de interés eran muy baja, e incluso negativas, lo que reprimía a los otros sectores.

A principios de los años noventa, se produce un nuevo giro en los estudios ortodoxos sobre el desarrollo económico. Este cambio, aunque menos radical que el producido en la década anterior, se produce básicamente por dos causas. La primera, se relaciona con los mediocres resultados alcanzados en renta per cápita real, en muchos países en que fueron aplicadas. La segunda, se debe a las fuertes críticas dirigidas al enfoque neoclásico radical, que prohibía la intervención del Estado, pero ejemplos como Corea del Sur y Taiwán, mostraban que podría ser un factor de desarrollo.

Este período reconsidera la actuación del Estado, se admite explícitamente la intervención de éste, pero focalizada a encaminar, sustentar y apoyar las actividades comerciales. No es aceptable una intervención destinada a sustituir o a suplantar el mercado. El enfoque descansa sobre las siguientes ideas (Bustelo 1998: 174).

- El Estado debe abstenerse de llevar a cabo actividades de producción y distribución directas, se ha de permitir al mercado funcionar. Tampoco es aconsejable proteger el mercado, salvo cuando la protección arroje beneficios secundarios en el mercado interno.

- Sólo cuando el mercado no posea el desarrollo suficiente, o su funcionamiento resulte inadecuado o próximo al fracaso, se considerará legítima la intervención estatal.

- La intervención estatal deberá hacerse con cautela y en armonía con el mercado, para así evitar distorsiones en los precios, y estar sujeta a una eliminación rápida si tuviera efectos no deseados.

4.3.2.- Principales teorías heterodoxas de desarrollo económico.

En 1949 el argentino, Raúl Prebisch, publica "*El desarrollo económico de América Latina y sus principales problemas*", centrando las bases del **Análisis Centro - Periferia**, tal enfoque descansaba en tres ideas principales (Bustelo 1998: 189 - 193):

1. Las estructuras productivas de los países centrales y de las economías periféricas son fundamentalmente distintas. El centro se distingue por la homogeneidad y la diversificación. La periférica posee una estructura heterogénea y especializada.

2. Ambas estructuras se encuentran relacionadas, a través de la división internacional del trabajo. Por lo que desarrollo y subdesarrollo, se encuentran conectados entre sí, además, ambos llevan a cabo funciones distintas y complementarias.

3. Esas relaciones, entre centro y periferia, son asimétricas. Reproducen la disparidad entre sus estructuras productivas, reforzando el subdesarrollo de la periferia y aumentando la distancia respecto del centro. Para la CEPAL, el libre comercio, no corrige las desigualdades internacionales, sino que las aumenta.

El rechazo a las pretensiones de beneficio mutuo, entre el centro y la periferia, es el aspecto central del estructuralismo latinoamericano. En consecuencia, la CEPAL hizo una notable contribución a la industrialización latinoamericana, especialmente pronunciada en Argentina, Chile y el sur de Brasil. El gran objetivo era promover la fabricación interna de bienes industriales de consumo, de manera que la composición de las importaciones se alterase a favor de los bienes de capital. También se planteaba la necesidad de producir bienes industrializados que sustituyan sus importaciones. Por último, como el proceso de industrialización debía ser sostenido, se planteaba la intervención del Estado para dirigir el proceso.

Entre los años sesenta y setenta aparece el **Enfoque de la Dependencia**. El concepto de dependencia surge en América Latina, como resultado de discusiones entre desarrollo y subdesarrollo. La dependencia es una situación en la cual, un cierto grupo de países tienen su economía condicionada por el desarrollo y expansión de otra economía a la cual se está sometida. La relación de interdependencia entre dos o más economías, y entre estas y el comercio mundial, asume la forma de dependencia cuando algunos países, los dominantes, pueden expandirse y auto impulsarse, en tanto que otros países, los dependientes, solo lo pueden hacer como reflejo de esa expansión, que puede actuar positiva y/o negativamente sobre su desarrollo inmediato (dos Santos 2011: 361).

Las bases de la Teoría de la Dependencia, surgen a finales de 1950, como resultado de una publicación en 1957 de *"The political economy of growth"*, del economista estadounidense Paul A. Baran. La disciplina defiende básicamente tres ideas principales (Bustelo 1998: 203 - 204):

1. El subdesarrollo no es una fase previa al desarrollo, sino un producto histórico del colonialismo e imperialismo.

2. La dependencia es el rasgo distintivo de los países capitalistas subdesarrollados, tal situación es un freno al desarrollo, este enfoque rechazaba lo que Hirschman (1980) llamó la pretensión del beneficio mutuo.

3. El capitalismo, lejos de ser un sistema progresivo, se había convertido en un obstáculo para el progreso del Tercer Mundo.

Esta corriente alcanzó la popularidad entre los años sesenta y setenta, principalmente por la CEPAL, que impuso un cambio de paradigma especialmente en América Latina. Aglutina diversos autores, parte de ellos provienen del marxismo, otros en cambio, aportan elementos de la teoría económica keynesiana. A partir del enfoque económico de Keynes, la teoría está compuesta por 4 puntos fundamentales (Reyes 2001: 3)

1. Desarrollar una considerable demanda interna efectiva en términos de mercados nacionales.

2. Reconocer que el sector industrial es importante para alcanzar mejores niveles de desarrollo nacional, especialmente porque este sector genera mayor valor agregado a los productos, en comparación

al sector agrícola.

3. Incrementar los ingresos de los trabajadores como medio para generar mayor demanda agregada dentro de las condiciones del mercado nacional.

4. Promover un papel gubernamental más efectivo para reforzar las condiciones de desarrollo nacional y aumentar los estándares de vida del país.

A finales de los años sesenta, el enfoque de la dependencia había perdido toda influencia intelectual. En esa época existía una insatisfacción de una gran parte de los economistas heterodoxos, respecto a la escuela de la dependencia, por la incapacidad de renovarse, de percibir y explicar la industrialización acelerada de algunos países del tercer mundo, especialmente los de Asia oriental. Existía también una crisis dentro de los estados socialistas, que incluyó la división chino - soviética. Así mismo, el capitalismo estadounidense también estaba en crisis, se agravó con la guerra de Vietnam. En este ambiente, se crearon las condiciones para el surgimiento de la **Teoría de los Sistemas Mundiales**. Esta escuela se originó en el área de la sociología, pero su impacto se extendió a la antropología, la historia, las ciencias políticas, y la planificación urbana. Sin embargo, para muchos el enfoque de los sistemas mundiales, es considerado una prolongación a la teoría de la dependencia. Los principales supuestos de esta teoría establecen que (Reyes 2001: 5):

1. Hay un fuerte nexo entre las ciencias sociales, especialmente entre la sociología y las disciplinas económicas y políticas. Esta escuela reconoce que generalmente se le da una mayor atención al desarrollo individual de cada una de estas disciplinas que a la interacción entre ellas.

2. En vez de dirigir el análisis a cada una de las variables, es necesario estudiar la realidad de los sistemas sociales.

3. Es recomendable reconocer el nuevo carácter del sistema capitalista. Por ejemplo, desde la perspectiva de la economía política el enfoque se basa en las condiciones del sistema capitalista durante la revolución industrial en el Reino Unido. Se tuvo una evidencia concreta para apoyar la libre competencia, patrones más productivos

dentro del sector industrial, y de amplios grupos de poblaciones que eran mano de obra de las fábricas recién establecidas.

Diversas reacciones de la economía marxista, ante las insuficiencias del enfoque de la dependencia, dieron lugar a una propuesta más renovada: **El Enfoque de la Regulación**. Este enfoque tiene una filiación fundamentalmente marxista, en el sentido de que comparten la concepción holística, dialéctica y materialista del marxismo, eso si, expurgada de los antiguos dogmas estalinistas (Bustelo 1998: 227 - 230). El análisis de la escuela de regulación, se basa en los siguientes conceptos: régimen de acumulación, modelo de organización del trabajo y modo de regulación.

1. Régimen de acumulación: Corresponde al modo de transformación conjunta y compatible de las normas de producción, de distribución y uso.

2. Modelo de organización del trabajo: Este régimen, necesariamente descansa sobre un paradigma tecnológico, que es el conjunto de los principios generales de organización y uso de las técnicas.

3. Modo de regulación: Se entiende como el conjunto de normas implícitas o explícitas, de mecanismos de compensación o de dispositivos de información, que ajustan permanentemente las expectativas y comportamientos individuales, a la lógica del conjunto del régimen de acumulación.

Este enfoque presenta ciertas ventajas e inconvenientes. Las ventajas pueden resumirse en dos; la primera, es que la acumulación del capital, no se autorregula, por lo que es necesario un marco institucional. La segunda, es el intento de completar la dimensión internacional de la obra de Marx. Las desventajas pueden ser, poca predisposición a aceptar aportaciones desde otras corrientes, un análisis demasiado simplista, no consideran ajustes vía oferta y por último, no se ha desarrollado de manera suficiente la dimensión internacional.

A finales de los años ochenta y principio de los noventa, se produce una revitalización del estructuralismo de la CEPAL. Este enfóquese potencia con aportes de la macroeconomía estructuralista, que gracias a las herramientas matemáticas, se hacen más rigurosos los estudios de las políticas de desarrollo. Además reconoce la diversidad y deficiencias estructurales existentes entre los países del Tercer Mundo. En cuanto al neo estructuralismo latinoamericano, es una corriente que recupera, con algunas modificaciones, el pensamiento de la CEPAL. Su origen se encuentra en el rechazo de las políticas ortodoxas de estabilización, y en los ajustes aplicados en los años ochenta a América Latina. Esta corriente sugiere lo siguiente (Bustelo 1998: 244 - 248).

1. Cautelar de manera extrema, las medidas que se adoptan al alcanzar objetivos deseables, como: estabilidad macroeconómica y la reforma estructural.

2. Tomar conciencia sobre los inconvenientes de aplicar medidas generalizadas entre los países del Tercer Mundo. No teniendo claridad en su oportunidad, por ejemplo, liberalización externa, privatizaciones a empresas estatales, desregulación financiera, flexibilización del mercado del trabajo, entre otras.

3. La necesidad de recuperar al estado, como protagonista esencial en el proceso del desarrollo. A través de inversión estatal en capital humano y físico, e inversión selectiva en fomento, destinado a sectores industriales prioritarios.

A finales de la década de los noventa, como consecuencia del mecanismo global, presente en la mayor integración de las transacciones económicas, aparece la **Teoría de la Globalización**. Si bien es cierto, posee una cierta similitud con el enfoque de los sistemas mundiales, esta teoría se caracteriza fundamentalmente por centrarse en aspectos culturales, económicos, y de comunicación a escala mundial. Esta escuela expone que los principales elementos modernos para interpretar los procesos de desarrollo son los vínculos culturales entre países, además de los vínculos económicos, financieros y políticos. En esta comunicación cultural, uno de los factores más importantes es la creciente flexibilidad de la tecnología para conectar a la gente alrededor del mundo. Los principales supuestos que se extraen de la teoría de la globalización se resumen en tres puntos fundamentales.

1. Los factores culturales son los aspectos determinantes de las sociedades.

2. Bajo las condiciones mundiales actuales no es importante utilizar a las naciones-estados como unidad de análisis, ya que la

comunicación global y los vínculos internacionales están haciendo a esta categoría menos útil.

3. A medida de que haya una mayor estandarización de los avances tecnológicos una mayor cantidad de sectores sociales podrán conectarse con otros grupos alrededor del mundo. Esta situación incluye a los grupos dominantes y no dominantes de cada país.

4.4.- TEORÍAS ALTERNATIVAS DE DESARROLLO ECONÓMICO.

Durante los setenta, la noción de desarrollo se centra en la satisfacción de las necesidades básicas del hombre. Lo que marca el surgimiento de un enfoque radicalmente distinto a todos los anteriores. La formulación más uniforme de los años setenta sobre este nuevo concepto de desarrollo es el llamado relatorio de Uppsala sobre el *"otro desarrollo"*, el *"desarrollo alternativo"* o el *"another development"*, publicado por The Dag Hammarskjöld Foundation en 1977, bajo el titulo de *"El Otro Desarrollo"*. El desarrollo alternativo se fundamenta en satisfacer las necesidades humanas, en toda su expresión. Empezando por las necesidades básicas e incluyendo las de expresión, creatividad e igualdad. Además, debe permitir comprender y dominar su propio destino.

Esta nueva concepción del desarrollo, es consecuencia del fracaso de las teorías de modernización y de la dependencia estructuralista y neo marxista. Este nuevo enfoque dará pie al surgimiento de la cooperación al desarrollo, a través de movimientos solidarios y de organizaciones no gubernamentales, que ven, de esta forma, la posibilidad de jugar un papel significativo en el desarrollo. Los elementos definidos en el desarrollo alternativo, según el relatorio de Uppsala son (Hidalgo 1998: 193):

a) **Desarrollo igualitario**, corresponde a satisfacer las necesidades humanas básicas, tanto materiales como no materiales.

b) **Desarrollo endógeno**, es un desarrollo que arranca del corazón de cada sociedad, siendo ésta la que define sus valores y visión de futuro.

c) **Desarrollo autónomo**, se traduce en la confianza de cada sociedad en su propia fortaleza y en sus recursos, en términos de la energía de sus miembros y de su medio natural y cultural.

d) **Desarrollo ecológico**, corresponde a la utilización racional de los recursos de la biosfera con plena conciencia del potencial de los ecosistemas locales y de los límites externos, globales y locales, impuestos a las generaciones presentes y futuras.

e) **Desarrollo con transformación estructural**, es la creación de las condiciones necesarias para la autogestión y la participación en la toma de decisiones de todos los afectados por ella, tanto de las comunidades rurales como urbanas de todo el mundo, sin las cuales el éxito de este desarrollo no podría alcanzarse.

4.4.1.- Enfoque de la satisfacción de las necesidades básicas.

Este enfoque se desarrollo durante los años setenta, en el destacan los trabajos de la Dag Hammarskjöld Foundation y de la OIT. Más tarde sería el Banco Mundial quien tomase el protagonismo, destacando en ello las contribuciones de Streeten, quién en 1981 publica, *"Lo primero es lo primero: Satisfacer las necesidades humanas básicas de los países en desarrollo".* Este enfoque recoge las necesidades básicas y las experiencias de la institución en esa área.

Mahbubul Haq, colaborador de Streeten, sostiene que la única forma de eliminar la pobreza absoluta, es aumentando la productividad de los pobres, pero antes, es necesario que ellos tengan primero sus necesidades básicas resueltas. Es así como esta visión, se convierte en una reacción pragmática al problema de la pobreza mundial. La estrategia de desarrollo, está guiada por la meta de satisfacer todas las necesidades básicas del segmento más pobre de la población, haciendo los ingresos más igualitarios. En ello, la propuesta es la utilización intensiva de la mano de obra, generar más puestos de trabajo y al mismo tiempo, más ingresos para el sector más pobre.

4.4.2.- Enfoque de desarrollo endógeno.

Esta teoría de desarrollo económico, se viene expandiendo desde mediados de los años setenta y durante los ochenta. Ha tenido una gran influencia en el *desarrollo económico regional*, concepto que se verá en los capítulos siguientes, y en el cual se fundamenta gran parte de este trabajo, por consiguiente, se ha querido presentar este enfoque con mayor detalle.

La teoría del desarrollo endógeno, viene extendiéndose desde principio de los años ochenta. Surge de la confluencia de dos líneas de investigación: una, que es consecuencia del intento de encontrar una noción de desarrollo que permitiera actuar para lograr el desarrollo de localidades y territorios retrasados y otra, de carácter empírico, que aparece como consecuencia del análisis de los procesos de desarrollo industrial endógeno en localidades y regiones del sur de Europa, que han puesto en evidencia que la interacción de las redes de actores locales generan la reducción de los costes de producción y las economías de escala de las empresas, lo que impulsa el crecimiento económico (Vázquez 2007: 186). Esta teoría nace de manera paralela a la de crecimiento endógeno. En esa época el crecimiento estaba tomando un nuevo impulso, y las teorías existentes intentaban entender el concepto de productividad, como una consecuencia de la acumulación positiva del capital. Es decir, el funcionamiento del capital no solo podía generar rendimientos decrecientes, sino que por el contrario, al ir agregando ciertos factores productivos, éstos podían generar rendimientos crecientes. Así es como en este período se produce un vuelco importante hacia la I+D, retomando las teorías de Shumpeter. Las nuevas teorías de crecimiento endógeno, como se vio en la sección de crecimiento, toman esas ideas y las vuelcan en el modelo de largo plazo. Es así como el capital humano se transforma en un factor de producción estratégico, este factor bien utilizado puede generar rendimientos crecientes. Además genera mejoras en la industria y en la economía, como consecuencia de la difusión de las innovaciones.

El concepto clave en el enfoque del desarrollo endógeno, es el territorio, éste deja de ser el soporte físico de las relaciones funcionales y sociales que se dan en torno a las actividades económicas, para convertirse en el entramado de todo tipo de intereses que afectan a la comunidad territorial (Hidalgo 1998: 199). Corresponde a un proceso territorial, en el que la capacidad emprendedora e innovadora constituye el mecanismo impulsor de los procesos de transformación de la economía y de la sociedad (Vázquez 2007: 203). El potencial del desarrollo endógeno se basa en todos los factores que pueden contribuir al desarrollo regional, (Wadley 1988: 99). Wadley los clasifica de la siguiente manera:

- Recursos materiales propios y recursos que ofrece el entorno.
- Infraestructuras de transporte y de comunicaciones.
- Estructuras urbanas, así como el capital físico y el capital humano.

Los recursos que determinan el desarrollo regional son aquellos que tienen un eminente carácter de "capital" y "público", además no dependen de la acción de los mercados privados. Cabe señalar que, desde la aparición de la teoría de los bienes públicos, es necesario distinguir entre estas dos propiedades: producto y recursos. El carácter público de un bien implica la no rivalidad y la no exclusividad, dos propiedades que originan fallos de mercado. Los dos tipos básicos de fallos de mercado son: el sub consumo y el suministro ineficiente.

Al utilizar el término de infraestructura, para designar la parte del capital global de una economía que posee eminentemente el carácter de público, se verá que, en el momento de definir el potencial de crecimiento económico que puede adquirir una región, la infraestructura es determinante en el desarrollo (Biehl 1988: 294). Si una región se encuentra bien equipada en cuanto a infraestructura se refiere, tendrá ventajas comparativas frente a otra que no lo esté. Lo anterior redundará en un PIB regional mayor. En consecuencia, la productividad, el empleo y la renta serán funciones crecientes del equipamiento de la infraestructura regional (Biehl 1988: 296). Sin embargo, la infraestructura regional también posee características que la hacen pública, pero con un uso privado. Es necesario, además, identificar otros recursos con características de públicos, que puedan ser significativos en el momento de señalar el potencial de crecimiento al que puede aspirar una región. Con la intención de ejemplificar aún más las cualidades de lo público, supongamos que ésta se pueda dividir en cuatro características (Biehl 1988: 297):

1. **Indivisibilidad:** Significa que tiene una gran capacidad de ser utilizado con distintas intensidades. Pero para obtener una sola unidad de servicio se precisa haber creado antes esa capacidad.

2. **Insustituibilidad:** Significa que si no se dispone de un recurso concreto, o este ya está plenamente explotado, no es posible reemplazarlo a bajo costo por otro. No cabe recurrir a un factor de producción privado.

3. **Inmovilidad:** Se refiere al costo de movilizar un recurso. Mientras más inmóvil es el recurso en la región, mayores serán sus ventajas respecto a otras regiones que carezcan de él.

4. **Polivalencia:** Es un recurso que puede ser insumo en un gran número de procesos de producción.

Éstas son características que presenta la infraestructura, según Biehl, se puede caracterizar cada recurso con arreglo a esas cuatro propiedades. Un carácter público integral significa que las cuatro propiedades se dan al cien por cien. Un menor grado de carácter público, puede deberse a una menor intensidad de una sola de esas características, o de dos o más de esas características. Un recurso privado, corresponderá a propiedades totalmente opuestas, es decir, es totalmente divisible, sustituible, móvil y monovalente. También se hacen presentes en la situación, en la aglomeración y estructura de los asentamientos y en la estructura sectorial. Si alguna de las características de lo público se encuentra en lo privado, significa que el bien privado es de bajo coste y los riesgos de inversión son mínimos, por lo que las decisiones de mercado serán eficientes, siempre que existan los adecuados derechos de la propiedad.

Biehl, en su escrito "*Las infraestructuras y el desarrollo regional*", profundiza aún más las diferencias entre lo público y privado, e identifica como recursos adicionales que determinan el potencial de desarrollo regional la: situación, la aglomeración y estructura de los asentamientos y por último, la estructura sectorial.

- La situación denota la cercanía o alejamiento relativo de la región a los principales centros de actividad económica, a escala continental o mundial.

- La aglomeración y estructura de los asentamientos refleja la concentración espacial de la población, de los productores y de los consumidores en el interior de la región.

- La estructura sectorial, por una parte, indica la relación entre las dimensiones relativas de los sectores agrícolas, industrial y de servicios y, por otra parte, el nivel de desarrollo, medido en renta per cápita.

Otros factores que definen el potencial de desarrollo endógeno de una región son: el grado de diversidad que tiene el mercado del trabajo y la existencia de mano de obra cualificada, la capacidad de los sistemas sociales para asimilar mutaciones tecnológicas y estructurales, la densidad y diversidad de las redes de información y de comunicación. En definitiva, el análisis potencial del crecimiento endógeno asigna mucha importancia al dinamismo de las empresas, resaltando a los empresarios con capacidad de iniciativa y con información para la toma de decisiones.

El término endógeno, es utilizado con frecuencia en la interpretación de los procesos de desarrollo económico y social, que existen entre países y regiones, como consecuencia de la integración y transformación económica, política y cultural que sufre el territorio. Bossier (2003) sintetiza algunos rasgos del proceso endógeno, que llamó "endogeneidad". Este concepto se adecua a las distintas visiones que tiene el territorio en el desarrollo. Ésta puede entenderse como la capacidad del territorio para ahorrar e invertir los beneficios económicos generados por sus actividades productivas, en el mismo territorio y promover el desarrollo equilibrado de la economía. Además se refiere a la capacidad del territorio para estimular e impulsar el progreso tecnológico del tejido productivo, a través del sistema territorial de innovación. Endogeneidad también se entiende como la capacidad de las ciudades y regiones para adoptar su propia estrategia de desarrollo y llevar a cabo las acciones necesarias para alcanzar los objetivos que la sociedad se ha marcado, asociado al proceso de descentralización. Por último Bossier sostiene que todo ello es posible cuando se tiene una cultura de identidad territorial que permite potenciar la competitividad de las empresas y de la economía local estimulando los activos intangibles como son las marcas, derechos de propiedad, la denominación de origen y la calidad organizativa (Vázquez 2005: 28).

El análisis de endogeneidad puede incluir diferentes visiones, pero todas deben compartir una misma lógica teórica y un mismo enfoque de la política de desarrollo. Es una aproximación territorial al desarrollo, que hace referencia a los procesos de crecimiento y acumulación de capital de una localidad o un territorio, que tiene cultura e instituciones que le son propias y en las que se basan las decisiones de ahorro e inversión (Vázquez 2007: 184).

La teoría del desarrollo endógeno analiza los mecanismos que están detrás de la acumulación de capital, lo que Nelson (1999) denomina: las fuentes inmediatas del crecimiento. Vázquez Barquero (2005) lo define como la "caja negra" del desarrollo económico, y tiene que ver con la organización de la producción, la difusión de las innovaciones, la dinámica urbana y el desarrollo de las instituciones.

➢ Organización de la producción

Una de las fuerzas centrales del proceso de desarrollo económico, tiene que ver con la acumulación de capital, en ello, la organización del sistema productivo es un eje central. Para ello, lo importante es poder analizar los mecanismos a través de los cuales las empresas se relacionan, así surge la idea de red, que otorga una imagen perfecta de la relación, entre empresas y empresarios. Las investigaciones realizadas sobre la capacidad emprendedora y el funcionamiento de los sistemas productivos locales, por un lado, y sobre la organización de la producción y los mercados, por otro, han dado al concepto de red un gran valor analítico, ya que han podido identificar que las redes de empresas permiten explicar fenómenos tales como, la dinámica de los sistemas productivos y por lo tanto el desarrollo de los territorios (Vázquez 2005: 47). Las redes de las empresas pueden tomar muchas formas diferentes, desde los contactos personales de los empresarios, hasta alianzas estratégicas o *clusters*. Una red, independientemente del tipo, cuando actúan eficientemente, siempre ejercerán un efecto positivo en el desarrollo de la economía. En el siglo XXI, existe un reconocimiento generalizado, en el sentido de que las redes constituyen uno de los factores estratégicos del desarrollo de los países y territorios, como también de las empresas (Catells 2000, Shapiro y Varian 1999, Saxenian 1994: Revisado en Vázquez 2005: 48).

El desarrollo industrial, en el interior de un territorio, muestra que lo importante, es poder definir el modelo de organización de la producción que posee la empresa, sin importar su tamaño, y analizar los efectos sobre la productividad y la competencia en el sector económico. Los sistemas de producción flexibles permiten a las empresas reducir costes y responder estratégicamente a los desafíos que plantea el aumento de la competencia en el interior de los mercados, como consecuencia de la integración económica. Es así como la mayoría de las empresas han ido adoptando modelos de organización más planos, de carácter matricial, o más complejos sobre la base de equipos liderados, pero sobre todo, más flexibles. Esto ha permitido a las empresas utilizar nuevas estrategias funcionales, que han ayudado a establecer relaciones más eficientes internas, como también entre ellas, entre sus proveedores, clientes y con su territorio.

➢ Difusión de las innovaciones

La innovación es una de las fuerzas alrededor de las que se articulan todos los procesos de desarrollo económico, por lo que constituye uno de los factores determinantes del cambio económico y del bienestar social (Vázquez 2005: 71). El progreso tecnológico es una condición necesaria para el desarrollo económico de los países, las regiones y las ciudades. Éste se produce como consecuencia del aumento de capital. Todo proceso de crecimiento económico o cambio estructural, se produce como consecuencia de alguna innovación introducida al sistema productivo. Aunque es cierto que esta decisión económica dependerá de la empresa que esté liderando el proceso innovador, no menos cierto es que, los efectos económicos de la innovación, dependerán de cómo se difunden en el tejido productivo y de las estrategias tecnológicas que la empresa pueda imponer, ya sea para mejorar o mantener su posición competitiva y los resultados de su actividad. Así pues, desde la perspectiva del desarrollo competitivo de las economías, las innovaciones de todo tipo y las nuevas tecnologías, no surgen fuera del sistema económico, sino que son endógenas al sistema productivo, a la economía y a la propia sociedad, como reconoce el informe de la OCDE (1992) sobre tecnología y economía (Vázquez 2005: 71). Las innovaciones tecnológicas que tienen éxito, generan círculos virtuosos en sus empresas y en su entorno industrial. Estas comienzan con una mayor inversión en bienes de producción, lo que favorece la contratación de un recurso humano más cualificado, todo esto genera aumentos en la productividad de la empresa y, en consecuencia, un aumento económico hacia los trabajadores. La empresa innovadora tenderá a crecer y aumentar su participación en el mercado, obligando a las empresas que compiten en el mismo campo, a imitarlas y adoptar las nuevas tecnologías ya probadas. De esta manera, el proceso de selección provoca mecanismos de difusión y de crecimiento del sector productivo. La difusión de las innovaciones no es un fenómeno automático, sino que está condicionado por el funcionamiento interno de las empresas y por las relaciones que las empresas tienen en su entorno (Vázquez 2005: 82). Por ello, las iniciativas que impulsan la difusión de las innovaciones se han convertido en uno de los ejes de la nueva política de desarrollo.

Por último, la adopción de innovaciones, permite a las empresas innovar en productos nuevos, ampliando su gama. También permiten mejorar sus sistemas productivos, haciéndolos económicamente más eficiente. Las innovaciones tecnológicas, mejoran los conocimientos de toda la industria, beneficiando a otras empresas y a los clientes. En definitiva, la difusión de innovaciones estimulan el crecimiento sostenido de la productividad y mejora la competitividad de las empresas y economías locales.

➢ **Dinámica urbana.**

Las ciudades, como parte de la dinámica urbana de un país, son el espacio de excelencia para el desarrollo endógeno. Los factores que hacen de las ciudades espacios de crecimiento económico, son los mismos que influyen en los procesos de desarrollo endógeno. De esta manera, propician la proximidad entre las empresas y los actores, favorecen la diversidad en la producción, fomentan la interacción y creación de redes, crean espacios de encuentro y estimulan los procesos de innovación. Por esta razón, la ciudad es, y ha sido siempre, el espacio central de los cambios del sistema económico y productivo y de la reorganización del sistema institucional. De ahí que, el crecimiento de la renta, el cambio estructural y los procesos de innovación estén asociados con el desarrollo urbano (Vázquez 2005: 95).

En la actualidad el desarrollo urbano está condicionado por dos tendencias contradictorias. Por una parte, la creciente difusión de las actividades productivas, tanto industriales como de servicios, ha ayudado a convertir ciudades más competitivas e innovadoras, en lugares preferidos de localización para actividades modernas. Por otra parte, la tendencia a la concentración y centralización espacial de las funciones estratégicas de gestión y control de los servicios especializados, confieren a un número limitado de grandes ciudades, un cierto liderazgo en la evolución de la economía global (Vázquez 2005: 101).

Para que las ciudades desarrollen un papel estratégico en los procesos de desarrollo, es necesario invertir de manera adecuada en ellas, pero también, se deben estimular los procesos de desarrollo urbano, combinando acciones a corto plazo con medidas de largo plazo. Por último, el desarrollo sostenible de las ciudades y regiones urbanas, como indica la OCDE (1994) (Vázquez 2005: 115), requiere hacerlas más atractivas y competitivas, por lo que junto a las políticas de desarrollo, es conveniente lanzar campañas de marketing, que influyan en las percepciones que tienen los propios habitantes de la ciudad y posibles inversores. Es recomendable implementar iniciativas destinadas a revitalizar los centros urbanos, mejorar la planificación integrada del transporte público y fomentar las infraestructuras para las nuevas tecnologías de comunicación. De esta manera, las externalidades que generan, permitirán la aparición de rendimientos crecientes, potenciando los sistemas diversificados de producción y la dinámica económica.

➢ **Desarrollo de las instituciones.**

Los procesos de desarrollo económico, no se producen en el vacío, sino que tienen profundas raíces institucionales y culturales, como sostienen Lewis y North. Estos procesos se llevan a cabo en el interior de las instituciones, concepto que define Vázquez Barquero (2005), como el conjunto de normas y acuerdos que se dan entre actores, las organizaciones y los pueblos para regular sus relaciones económicas, sociales y políticas. No son solo normas o reglas formales, sino también, son todas aquellas políticas informales, como pautas de conductas, códigos o convenciones. North también establece las diferencias entre, instituciones y organizaciones u organismos, indicando que los organismos proporcionan una estructura a la interacción de los individuos. Entre los organismos, se diferencian los de carácter público, los de carácter económico, las organizaciones sociales y los órganos educativos. Señala además que existe una fuerte interacción entre las instituciones y los organismos, considerando que éstos son los agentes del cambio institucional.

Lewis manifiesta que entre el crecimiento económico y las instituciones, existe una relación mutua que causa la transformación progresiva de las instituciones, a medida que la economía de los países, regiones y ciudades, continúa avanzando por el sendero del crecimiento. El desarrollo económico consistirá en un proceso de crecimiento y cambio estructural, en el que actores económicos, sociales y las organizaciones en general, tomarán decisiones de inversión, intercambio de bienes y servicios, además, realizarán acuerdos y contratos (Vázquez 2005: 118 - 120). North (1990) sostiene que los costes en negociación, transacción e intercambio entre las organizaciones de todo tipo de una economía, son un buen indicador del nivel de desarrollo. Es así como el desarrollo de las instituciones, permitirá al territorio un mayor desarrollo económico, favoreciendo el reducir los costes de transacción y producción, aumentar la confianza entre los actores económicos, estimular la capacidad empresarial, fortalecer las redes y cooperación entre los actores y estimular los mecanismos de aprendizaje y de interacción.

Al ser capaces de conceptualizar una región o ciudad, como organización emprendedora, es plausible aplicar las diversas fórmulas que ya se han aplicado en el sector privado. La gestión estratégica y la planificación, son buenas herramientas para mejorar la posición competitiva de la empresa, ciudad o región, por parte de los actores y organizaciones del territorio.

- **La sinergia de las fuerzas de desarrollo.**

Para que las fuerzas de desarrollo, puedan causar efectos positivos sobre la acumulación del capital y el desarrollo económico, éstas deben ejercer distintos procesos relacionados entre sí, ejerciendo efectos los unos sobre los otros. La sostenibilidad del desarrollo, dependerá del sentido y la cuantía de los efectos que produce la interacción entre las distintas fuerzas (Vázquez 2005: 145). La teoría del desarrollo endógeno, considera a las fuerzas y a los mecanismos que condicionan el comportamiento de la productividad de los factores y a la acumulación del capital, como elementos condicionantes del proceso de transformación y del desarrollo económico. Las economías se desarrollan y crecen, cuando todas las fuerzas que gobiernan los procesos de crecimiento económico actúan de manera conjunta, creando sinergias entre ellas. También refuerzan los efectos sobre la productividad y el rendimiento de los factores productivos. Vázquez Barquero (2005), llama a este efecto multiplicador, como factor de sinergia H. Éste factor de eficiencia, está asociado a la coordinación y gestión, que se produce como consecuencia de las economías conjuntas que generan todos los mecanismos determinantes de la acumulación del capital, a medida que el proceso de crecimiento y cambio estructural tiene lugar.

La política del desarrollo endógeno, cumple una función relevante en los procesos de desarrollo económico, pues actúa como catalizador de los mecanismos de interacción a través de iniciativas locales. Las nuevas políticas de desarrollo, proponen mejorar el funcionamiento de cada una de las fuerzas determinantes de la acumulación de capital y conocimiento. Un objetivo central de la nueva política, es apoyar el proceso continuo de mejora de la capacidad empresarial y organizativa del territorio. La siguiente figura muestra la interacción de las fuerzas de desarrollo, al interior de la caja negra, y su interacción con la nueva política de desarrollo.

Figura 4.1.- Caja negra del desarrollo endógeno.

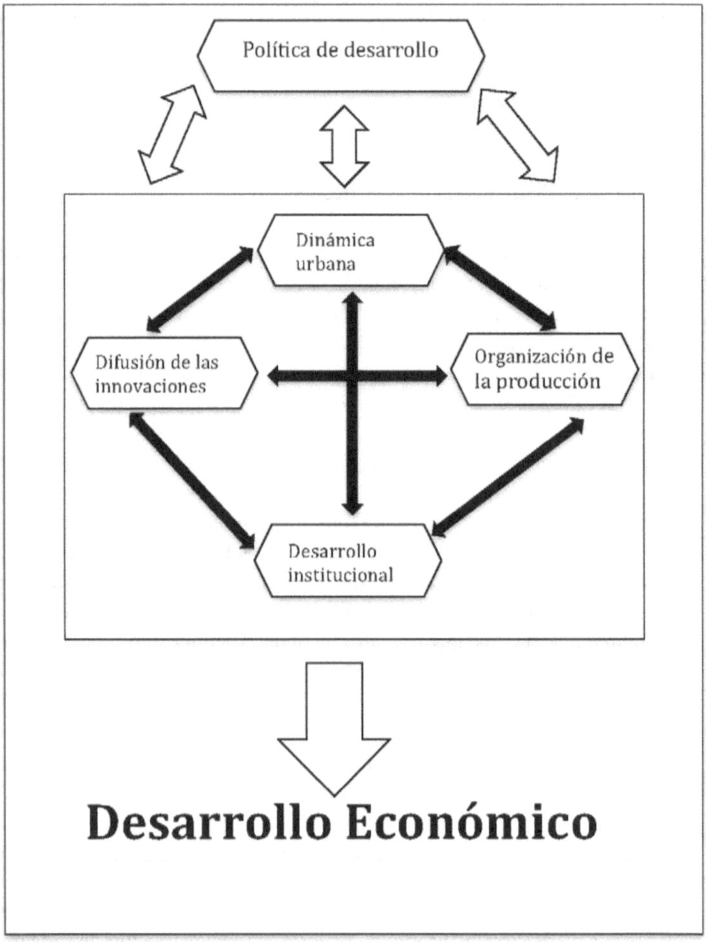

Fuente: Adaptado de Vázquez 2005: 154.

Todas las fuerzas de crecimiento, concentradas en el interior de la caja negra del desarrollo, están relacionadas entre sí y a su vez, con la política de desarrollo. Las fuerzas interactúan unas con otras, de manera que los impulsos generados por la inversión, puedan transformarse en rendimientos crecientes, cuando exista un factor de sinergia H. También es probable, que una de estas fuerzas actúe de manera ineficiente y ejerza algún efecto perturbador en el impacto de las inversiones, debilitando todo el proceso de desarrollo y crecimiento económico.

Un rasgo presente, en los procesos de desarrollo endógeno, es la capacidad de autogobierno que posee el proceso de transformación de la estructura económica local. El desarrollo, para ser autosuficiente, debe estar basado en las fuerzas locales y en su capacidad para controlar ciertas variables fundamentales. Cobran especial importancia; el uso de recursos locales, la capacidad para controlar localmente el proceso de acumulación, la capacidad para innovar y la capacidad para desarrollar interdependencias productivas, tanto intra como intersectoriales, a nivel local (Garofoli 1992: 6). La nueva interpretación del desarrollo económico está basada en la premisa de que los factores principales del desarrollo sean inmóviles, muy parecidos a la infraestructura física.

Todas las regiones disponen de recursos económicos, humanos, institucionales y culturales que constituyen las potencialidades de su desarrollo endógeno (Vazquez 1986: 105). La inicialización en el proceso de desarrollo económico se da con la ruptura del sistema productivo tradicional, para dar paso a un proceso de industrialización endógena, que requerirá en todo momento una actitud activa y creativa de los líderes locales, lo que permitirá superar los obstáculos que el proyecto pueda presentar. El autor Vazquez Barquero destaca dos dimensiones en el proceso de industrialización;

1. Dimensión económica: Es la capacidad que demuestran las empresas endógenas para organizar los factores productivos con niveles de productividad suficientes para ser competitivas en los mercados.

2. Dimensión socio-cultural: Manifiesta que los valores e instituciones locales sirven de base al proceso de desarrollo y se fortalecen en el ejercicio de la propia estrategia.

Garofoli, en su obra "*Modelos locales de desarrollo*", se preocupa de analizar la dimensión económica del desarrollo regional, y establece las siguientes características estructurales en los sistemas productivos locales (Garofoli 1984: 159 - 160):

- Elevada división del trabajo; genera una interdependencia productiva entre los distintos sectores económicos.

- Especialización productiva; estimula la acumulación de conocimientos específicos, facilitando la introducción de nuevas tecnologías y el aumento de la autonomía económica de las empresas.

- Múltiples sujetos económicos locales; conduce a la adopción de comportamientos denominados prueba y error, con una elevada probabilidad de hallar soluciones adecuadas a los problemas del sistema productivo.

- Progresiva formación de un eficiente sistema informativo; garantiza una rápida y amplia circulación de las informaciones relativas a los mercados de productos, a las alternativas tecnológicas y, definitivamente, a todo aquello que contribuya a convertir los conocimientos de cada sujeto aislado en un patrimonio común del área.

- Capacitación profesional de los trabajadores en el área; es una actualización de conocimientos relativos al ciclo productivo y a las técnicas de producción.

- Posibilidad de relacionarse cara a cara entre los diferentes sujetos; favorece la transmisión en "cascada" del sistema local de empresas, de las mejores tecnologías organizativas, aumentando en su conjunto la eficiencia del sistema local.

Cuando el sistema productivo local alcanza niveles elevados de desarrollo, de división del trabajo y de integración productiva, entonces, se hace cada vez más intensa la especialización del sector sobre la base de los bienes producidos (Garofoli 1984: 160). En opinión de Vazquez Barquero, la dimensión socio-cultural también es considerada como un elemento importante. Este autor, en sus estudios, describe como el desarrollo endógeno se ha potenciado tan sólo en aquellas áreas en las que donde han ido apareciendo, históricamente, importantes elementos socio-culturales que han reforzado el proceso de desarrollo, principalmente en los momentos de transformación y cambio del sistema industrial local (Vazquez: 1986: 106). Si bien es cierto que la literatura existente sobre la dimensión socio–cultural no es tan extensa como los trabajos desarrollados para la dimensión económica, Vazquez Barquero cita los siguientes elementos socio-culturales, que ayudan a fortalecer la estrategia de negocios:

- Una fuerte y profunda identidad local y un orgullo de la propia cultura y tradición.
- Considerar a la capacidad empresarial y de iniciativa como valor positivo para la colectividad.
- Existencia de estructuras familiares con notables vínculos intergeneracionales, que hacen de la familia una unidad de renta y producción.
- Existencia de una organización social, en la que se haya desarrollado suficientemente el intercambio comercial y la monetarización de las relaciones económicas.
- La existencia de un sistema urbano, articulado en los núcleos base del área donde el sistema industrial se articula.

En definitiva, el desarrollo endógeno, para ser exitoso en una región, necesita no solo de las relaciones económicas entre sus estructuras productivas, sino que también requiere de valores sociales y culturales, los que servirán de base para el proceso de desarrollo.

4.4.3.- Enfoque de desarrollo autónomo.

Durante la década de los setenta, el desarrollo autónomo fue la estrategia dirigida a promover un tipo especial de desarrollo. Este tipo de desarrollo, se esgrimió por varios países sudamericanos en busca de sus continuas reivindicaciones. Se basaba en la ruptura de los lazos con el sistema de división del trabajo. Este concepto fue ganando importancia a lo largo del debate sobre el Nuevo Orden Económico Internacional, y comenzó a aparecer en distintos documentos. Uno de los principales exponentes es Johan Galtung, quién resume las principales hipótesis sobre los efectos positivos del desarrollo autónomo (Hidalgo 1998: 203):

La dirección de la producción hacia la satisfacción de las necesidades básicas.

a) El afianzamiento de la participación popular.

b) La mejor utilización de los factores locales.

c) La estimulación de la creatividad.

d) Mayor compatibilidad del desarrollo con las condiciones locales.

e) Mayor diversificación del desarrollo.

f) Menor alienación.

g) Fácil consecución del equilibrio ecológico.

h) Internalización de las externalidades o su cesión a vecinos del mismo nivel de desarrollo.

i) Solidaridad con otras localidades del mismo nivel de desarrollo.

j) La capacidad de soportar la manipulación generada por el aumento de la dependencia comercial.

k) El aumento de la capacidad de defensa militar de los países.

l) Establecimiento de las relaciones igualitarias entre los hoy centro y periferia.

4.4.4.- Enfoque del eco desarrollo.

El aspecto ecológico es otra dimensión presente en las teorías alternativas de desarrollo. En la conferencia de Estocolmo de 1972, sobre el medio ambiente, ya se usaba el término de eco desarrollo. Durante los ochenta, se fue derivando hacia el concepto de desarrollo sostenible, sin embargo, al ser una teoría que compatibiliza el crecimiento con el medio ambiente, es difícil ver la erradicación de la pobreza. Para ello es necesario referirse a un desarrollo sin crecimiento de los flujos entre la naturaleza y el subsistema económico, pero con control demográfico y redistribución de la riqueza. Herman Daily, se refiere a la sostenibilidad en los cuatro siguientes principios (Hidalgo 1998: 209):

a) Limitar el tamaño de la población a un nivel, que sin ser el óptimo, esté dentro de la sustentación del ecosistema. Una vez alcanzado el nivel, se decidirá un nivel superior de la población y un nivel de consumo diferente por habitante.

b) El progreso tecnológico debe preocuparse en aumentar la eficiencia entre, el sistema económico y el ecosistema.

c) Explotar los recursos renovables, considerando que las tasas de extracción no excedan las de regeneración, y que las emisiones de desecho no excedan la capacidad asimiladora del ecosistema.

d) Las tasas de explotación de los recursos no renovables, deberían ser iguales a las tasas de creación de recursos sustitutos renovables.

4.4.5.- Enfoque de transformación estructural.

Esta teoría se basa en tres informes internacionales: Tinbergen, Brandt y Nyerere. El primero de ellos se publicó en 1977, como un informe del club de Roma, bajo el título de *"Reestructuración del Orden Internacional"*, y coordinado por el premio nobel de economía Jan Tinbergen. En dicho informe se aboga por la necesidad de realizar un cambio estructural en el orden mundial, como respuesta a las crecientes desigualdades entre los países desarrollados y los subdesarrollados. El informe plantea como principal objetivo, la satisfacción de las necesidades básicas de la población mundial, por medio de la ayuda al desarrollo. Para financiar la ejecución de los programas, propone la redistribución de la renta a nivel mundial, de manera que los países más avanzados, sean los que más contribuyan en el financiamiento. Este informe se enmarca dentro del pensamiento socialdemócrata de corte escandinavo de los años setenta.

El informe Brandt, se publicó bajo el título *"Diálogo Norte - Sur"*, en 1980. El objetivo de este informe, es el establecimiento de un orden mundial que erradique la pobreza por medio del suministro a la población desfavorecida, de medios de subsistencia y mínimas garantías de acceso al trabajo, a la culturales y la libertad política y derechos democráticos. Desde el punto de vista económico, supone un intento de trasladar la economía keynesiana a nivel mundial. La creación de mecanismos de redistribución de la renta, permitiría una distribución más equitativa, con la consiguiente elevación de la propensión media al consumo a nivel mundial. Ello aumentaría la demanda global sin tensiones inflacionarias, ya que se equilibrarían entre el consumo y la producción (Hidalgo 1998: 216).

El informe Nyerere se publicó en 1990, bajo el título *"El desafío para el Sur"*. La particularidad de este informe, es haber sido elaborado por y para los países del hemisferio sur, principalmente africanos. Este informe parte de la concepción de que es necesario un mundo realmente interdependiente, que permita la igualdad de oportunidades, en el que países con toda su diversidad trabajen juntos para alcanzar metas comunes, en donde la paz y la dignidad sean patrimonio de todas las personas y pueblos, que los adelantos científicos redunden en beneficios para todos. Dado que esta necesidad de cambio es más urgente para los países del sur, han de ser éstos quienes tomen la iniciativa para que la visión del mundo se convierta en realidad (Hidalgo 1998: 217).

4.4.6.- Enfoque del desarrollo humano.

En 1990 el Programa de las Naciones Unidas para el Desarrollo (PNUD) publicó su primer informe sobre el desarrollo humano. Donde se marca el inicio de una etapa, en la estrategia de desarrollo de las Naciones Unidas. Fue elaborado por diversos autores de prestigio internacional y dirigidos por el paquistaní Mahbubul Haq. El informe de la PNUD se fundamenta en un documento elaborado por la UNICEF en 1987, en donde se plantean alternativas que recomiendan la estabilización económica, a través del ajuste ortodoxo, preconizado por el Fondo Monetario Internacional. Y el ajuste estructural, orientado hacia el crecimiento y defendido por el Banco Mundial. Ese ajuste debía garantizar la protección de los grupos vulnerables, es decir, que toda la población vea cubiertas sus necesidades básicas de nutrición, salud y educación (Hidalgo 1998: 221 - 223).

Según la PNUD, el objetivo central del desarrollo humano es el ser humano. Además, el proceso de desarrollo puede ser infinito, pues, al ir ampliando las oportunidades del ser humano, éstas, a través del tiempo, pueden ir mutando a otras necesidades. Sin embargo, las tres oportunidades más esenciales son: disfrutar de una vida prolongada y saludable, adquirir conocimientos y tener acceso a los recursos necesarios para poder lograr un nivel de vida decente. Al no poseer esas oportunidades, cualquier otro beneficio sería inaccesible. El desarrollo humano, también considera otras dimensiones tales como: libertad política, económica y social, la posibilidad de ser creativo y productivo, respetarse a si mismo y disfrutar de la garantía de los derechos humanos. El desarrollo humano, no solo considera la satisfacción de las necesidades básicas, sino que compagina la producción y distribución de bienes de consumo con la expansión y uso de las capacidades humanas, incluyendo además un proceso dinámico de participación social. Estos principios hacen que el enfoque del desarrollo humano, pueda ser válido tanto para países desarrollados, como países subdesarrollados.

4.5.- RELACIÓN ENTRE CRECIMIENTO Y DESARROLLO ECONÓMICO.

Desde el momento que las ideas de desarrollo económico se convirtieron en una rama de la economía, a mediados del siglo XX, han mantenido una relación poco grata con las teorías de crecimiento económico. Ambos conceptos, crecimiento y desarrollo, se fueron distanciando. Éste último tomó una dimensión más humana, ya que se refiere a la distribución de los ingresos, a la satisfacción de las necesidades básicas y a la elevación del nivel de vida (Galindo & Malgesini 1994: 9), una visión opuesta al crecimiento, que solo significa un aumento del tamaño de la economía, el que puede producirse sin consecuencias sociales positivas para la ciudadanía.

Los economistas dedicados al crecimiento, han criticado de manera continua la falta de herramientas matemáticas en el diseño de las teorías de desarrollo, aduciendo que se asemejan a teorías sociológicas de carácter revolucionario, pero carentes de toda consistencia analítica. Por otro lado, las teorías de desarrollo han criticado las propuestas formuladas por los economistas dedicados al crecimiento, por ser éstas demasiado simples y alejadas de la realidad. Estas discusiones han traído como consecuencia, una escasa comunicación entre ambas ramas de la economía. En la actualidad, las diferencias existentes se han ido diluyendo. Los economistas dedicados al desarrollo han logrado valorar la importancia de integrar supuestos a los modelos económicos, y poder así someterlos a la evidencia empírica, confrontando sus aportaciones, con los aportes de la teoría del crecimiento económico. Por su parte, los economistas dedicados al crecimiento, han buscado explicaciones más complejas que las aportadas por el desarrollo matemático, siendo los modelos sociales fundamentales en sus análisis y contribuciones. Aún así, es necesario destacar que entre ambas ramas de la economía, existen muchos puntos en común y de mutua relación, pero con matices diferentes, lo que ayuda a fortalecer ambas teorías.

Uno de los puntos en común, tiene relación con la acumulación de capital. Como se ha visto, el intento de correlacionar positivamente las diferentes riquezas que poseen las naciones, con el bienestar de la población, viene desde los orígenes de la economía. Las primeras teorías de crecimiento económico, fundamentaban sus teorías de largo plazo en el ahorro, y cuánto de éste se destinaría a aumentar el capital a través de la inversión. Las teorías de desarrollo comparten la lógica de acumulación del capital, como una pieza clave. Sin embargo, destacan que invertir solo en capital destinado a edificaciones y maquinarias, como medidas de desarrollo, no son suficientes. Para ello se apoyan en los criterios de ayuda, desarrollados después de la Segunda Guerra Mundial, hacia los países tercermundistas y en vías de desarrollo, donde las políticas iban destinadas principalmente a infraestructuras, sin embargo, los resultados nunca fueron los esperados.

Se puede observar además, que las teorías de desarrollo económico nacen, para dar respuesta a las posibles causas que influyen en los distintos niveles de riqueza existentes, ya sea en países desarrollados o subdesarrollados. Una de las principales críticas hechas por la mayoría de los países latinoamericanos, van en contra de los modelos de crecimiento, ya que según ellos, estaban pensados para naciones desarrolladas (Torres & Labarca 2009: 465). Su aplicación generaba enormes asimetrías en el bienestar de los pueblos, además de una dependencia hacia las economías predominantes. La CEPAL, en su informe de "Globalización y Desarrollo" del 2002, argumenta que las principales diferencias existentes entre países desarrollados y subdesarrollados, radica en que estos últimos, destacan por la alta concentración que poseen en progreso técnico.

La ley de rendimientos decrecientes, desarrolladas en la época de Adam Smith, también refuerza la idea de que el capital por si solo hace imposible que una economía se desarrolle. Esa ley es aplicable a casi todos los factores productivos, e impide un crecimiento a largo plazo, como consecuencia del aumento desproporcionado de un solo factor, en este caso el capital. Por estas razones se puede concluir que el aumento del capital es necesario para el desarrollo, pero en ningún caso sería concluyente.

No obstante a lo anterior, las teorías de crecimiento endógeno, sostienen que la inversión en I+D, es un factor clave en el crecimiento económico y, a su vez, la formación en capital humano por medio de la educación, ayuda a promover su desarrollo, y lo convierte en un factor con rendimientos crecientes. En este sentido, mientras mayor sea la formación del capital humano, mejor será la I+D desarrollado, favoreciendo con ello el crecimiento económico y mejorando las condiciones de vida de la población, es decir, desarrollo y crecimiento económico se funden en un circulo virtuoso. Este es el modelo de crecimiento adoptado por muchos países recientemente industrializados. La economía consigue mejores ingresos, y los salarios poseen una distribución mas igualitaria. Además, este proceso ayuda a crear un vínculo más cercano entre, crecimiento económico y desarrollo humano

Desde el punto de vista del desarrollo endógeno, los flujos de capital entregados solo para suplir déficit financieros, no son relevantes y tampoco constituyen factores de desarrollo. En esta teoría, el ahorro local tiene un papel estratégico en la inversión y utilización de recursos, destinados a formar el potencial del desarrollo económico existentes en el territorio. Es así como el ahorro externo, posee un papel secundario en los procesos de desarrollo endógeno, pues lo importante son los procesos anclados al territorio, la capacidad de emprendimiento y la inversión local son factores decisivos, pues sin ellos, el crecimiento de largo plazo, pronto alcanzaría su estado de equilibrio. Por consiguiente, las ayudas económicas externas no tienen sentido, si la economía interna del país o región, no es capaz de desarrollarse, y además existe una ausencia de empresas locales.

Como se ha visto, los objetivos básicos del desarrollo y del crecimiento económico, comparten fines comunes. No obstante, poseen pequeñas diferencias en cuanto a las oportunidades del desarrollo humano. Si bien es cierto que las teorías del desarrollo económico, consideran la necesidad de mejorar integralmente las condiciones de vida de la población. También es cierto, que en el caso que se cumplan esos requerimientos, indirectamente se contribuye al crecimiento económico de esa población. Es decir, tanto la visión de mercado, como la visión social, presentes en la teoría de crecimiento y desarrollo respectivamente, no son dos opciones independientes, sino por el contrario, están estrechamente relacionadas. En definitiva, cualquier mejora en el desarrollo humano, significa una forma de asegurar el crecimiento económico de la sociedad, pues la ayuda a ser más fuerte, participativa y duradera, mejorando con ello, las expectativas del crecimiento económico.

CAPÍTULO V

POSTULADOS Y MODELOS SOBRE LA ECONOMÍA REGIONAL.

Como se vio en el capitulo IV, la teoría de desarrollo endógeno basa sus fundamentos en el territorio, pues lo considera un elemento esencial para el crecimiento económico y social. Por esta razón, este capítulo analizará los diferentes postulados existentes sobre la economía regional. No se pretende, sin embargo, abordar todos los aspectos que conforman esta rama de la economía. Sólo se estudiarán algunas teorías relevantes, para luego correlacionar ambos enfoques.

La economía regional, en su afán por estudiar las distintas teorías de desarrollo y crecimiento regional, intenta explicar porque algunas regiones han sido capaces de disminuir sus brechas salariales mientras, en otras, estas brechas han seguido aumentando. Aunque no se ha llegado a una versión ecléctica, la ciencia regional ha continuado generando numerosos estudios empíricos y, también, nuevos y más sofisticados enfoques metodológicos para la medición de las desigualdades regionales (Capello 2006: 172). Esta ciencia, también ha comenzado a estudiar y a ser partícipe de temas sobre competitividad de una región, la convergencia y/o la divergencia existente entre ellas. Hoy en día, las nuevas teorías de crecimiento y desarrollo regional, estudian las condiciones locales que permiten al sistema económico alcanzar altos niveles de competitividad y, de manera más crucial, mantener estos niveles a lo largo del tiempo.

5.1.- TEORÍAS DE CRECIMIENTO ECONÓMICO REGIONAL.

Las teorías de crecimiento regional, son teorías agregadas que se diferencian de los enfoques macroeconómicos tradicionales, por el interés especial que dedican a estudiar las características que posee un territorio.

Así es como éstas teorías, vierten sus estudios y preocupaciones en aquellos factores productivos que bien utilizados generan riqueza, como son el trabajo, el capital y la tecnología. Tienen como supuesto la existencia de una capacidad productiva ociosa y de un factor de mano de obra siempre dispuesto al trabajo, por lo que el crecimiento dependerá de la intensidad de uso que se haga de la mano de obra dependiendo de la tecnología (Capello 2006: 178).A continuación se describen algunas teorías de crecimiento regional, éstas han sido seleccionadas de acuerdo a su empleo e importancia.

5.1.1. - Teoría de la localización.

El núcleo teórico de la economía regional, como también, la gran cantidad de aportes que ha brindado, se relacionan con la cantidad de métodos y modelos que ayudan al análisis espacial, siendo la teoría de localización la que constituye su núcleo teórico. La teoría de localización, investiga las decisiones de emplazamientos que poseen empresas y hogares. Es decir, en qué punto de una región se debería situar una fábrica o un núcleo habitacional, con el propósito de satisfacer sus necesidades de oferta y demanda de bienes, en un tiempo prudente y a bajo costo. Su análisis busca minimizar los costos de transporte asociados a las distancias medias entre los mercados de materias primas, los mercados de consumo y la localización que posee cada empresa. Todo esto, con el propósito de maximizar sus beneficios (Richardson 1978: 43-44). Esta teoría ha planteado modelos que permiten maximizar la explotación del suelo, así mismo, ha brindado herramientas que facilitan entender la distribución geográfica de empresas de un mismo rubro. También ha permitido analizar las distancias que existen entre los centros de distribución y de ventas. Por lo que esta teoría es considerada como la base de la *economía urbana*. Sus aportes, se han traducido en mejoras al trabajo de Von Thünen - Alonso-Muth. Al disponer de un suelo más "barato". Por un lado, el coste de producción se reduce, pero por otro lado, esto mismo provoca un aumento indirecto de los costes de transporte. Así, el problema de localización, puede entregar una cantidad diferente de posibles ubicaciones óptimas, cada una asociada a un costo total. Es lo que se conoce como la "paradoja de Muth" (Capello 2006: 173).

Las condiciones del equilibrio espacial exigen que los flujos del comercio interregional se compensen en la totalidad del sistema, y que las diferencias de precio entre los distintos mercados, después de que el comercio haya tenido lugar, sean iguales o menores a los costos unitarios de transporte entre los mercados (Richardson 1978: 29). Este problema ha sido analizado por numerosos economistas, desde que lo planteó Cournot en el año 1830. De entre la gran variedad de soluciones planteadas, la más sencilla se basa en el problema de transporte de Hirtchcock - Koopmans - Dantzig. Versa sobre un modelo de programación lineal, en que una función objetivo minimiza todos los costos de transporte asociados. Friedrich Weber, en 1928, afirmó que la localización óptima es aquella donde se minimizan los costos de transporte. En algunos casos, el punto con el costo mínimo de transporte, *CMT,* se encontrará cerca de los mercados de materias primas, en otros estará cerca de los mercados de los consumidores. Ahora bien, si existen *m* fuentes de materias primas y *c* mercados, el punto *CMT* se obtendrá minimizando la sumatoria de todos los costos de transporte, es decir (Richardson 1978: 30-45);

$$Min\,CMT = \sum_{i=1}^{m}(t_i * r_i * q_i) + \sum_{j=1}^{c}(t_j * r_j * q_j)$$

donde;

$t_i =$
$Costo\ unitario\ de\ transporte, desde\ fuentes\ de\ materias\ primas\ a\ CMT.$
$r_i = Distancia\ entre\ las\ fuentes\ de\ materias\ primas, i, al\ lugar\ CMT.$
$q_i = Cantidad\ de\ i\ transportada\ desde\ su\ fuente\ a\ CMT.$
$t_j = Costo\ unitario\ de\ transporte, desde\ \ CMT\ hasta\ los\ consumidores, c.$
$r_j = Distancia\ entre\ los\ mercados\ de\ los\ consumidores, hasta\ CMT.$
$q_j = Cantidad\ de\ i\ transportada\ desde\ CMT, hacia\ los\ consumidores, c.$

5.1.2.- Teoría de la base exportadora.

Una de las teorías más fértiles es la que focaliza su atención en la base exportadora. Se trata de un enfoque ampliamente aceptado porque aporta una gran cantidad de herramientas útiles para el diseño de estrategias y políticas de desarrollo regional (Rosales & López 2008: 167). La argumentación básica de este enfoque de desarrollo regional fue presentada por Douglass Cecil North y puede resumirse así: una región ofrece un mercado demasiado pequeño, pero es capaz de sostener, al menos en las fases iníciales, un ritmo de desarrollo dinámico y persistente. De aquí que las actividades económicas originales, con una producción altamente exportable, constituyan el motor del desarrollo regional. La expansión dinámica de tales actividades de exportación, amplía el mercado regional y crea condiciones de soporte económico, favoreciendo el surgimiento de nuevas actividades de producción en bienes y servicios para el mercado local y regional. La base de exportación de una región la conforman la actividad exportadora, que puede ser agrícola, minera, forestal, industrial o terciaria. El tipo de actividad que sirve de base de exportación y el ritmo del desarrollo determinan la estructura. El modelo de base exportadora otorga un marco muy flexible para el análisis, ya que permite su aplicación a una región o a una ciudad. También puede aplicarse para cambios en la actividad económica a corto plazo y para el análisis del crecimiento a largo plazo (Richardson 1978: 67).

La teoría de la base exportadora que impulsa el desarrollo de una región, y por ende de un país, plantea que el impulso al desarrollo proviene del exterior, y de la capacidad interna para reaccionar a él. La lógica en los argumentos, despertó el interés de muchos gobiernos para desarrollar una cesta exportable de *commodities*, —algodón, trigo, pieles, tomate, petróleo—, y diseñar para ello, distintas estrategias que ayudarán a producir estos bienes en áreas determinadas, con el propósito de facilitar el proceso de producción y, posteriormente, movilizarlos hacia los lugares de exportación.

De esta manera, la economía regional se organiza en torno a un conjunto de empresas ligadas a la exportación, a las que se denominó básicas. Y a otras, correlacionadas tanto a ellas como al mercado interno, llamadas domésticas. Así en el producto interno bruto regional, influirían éstas dos grandes estructuras de producción.

Sin embargo, los modelos de la base exportadora se encuentran frecuentemente con críticas, las más recurrentes aquellas que señalan que ignoran las restricciones de capacidad, y otras características, por el lado de la oferta. Son modelos puros de demanda y, por lo mismo, en las aplicaciones de corto plazo, el modelo supone de manera implícita la existencia de recursos ociosos y de exceso de capacidad. A largo plazo las restricciones a la capacidad pueden resultar un obstáculo importante para elevar la tasa de crecimiento. Otra objeción al modelo, es que reduce la visión a un sistema de dos regiones: la zona que se estudia y el "resto del mundo" (Richardson 1978: 70).

5.1.3.- Teoría de la causación acumulativa.

Esta teoría considera el crecimiento regional como un proceso desequilibrado, y prevé que el mayor desarrollo de una región, no impulsa a las regiones colindantes, sino por el contrario, las lleva a un empobrecimiento relativo. Plantea además, el crecimiento como algo heterogéneo. Defiende que no existe una tendencia natural hacia la estabilización del sistema económico y social en su conjunto, porque el sistema nunca se mueve, necesariamente hacia un punto de equilibrio, o incluso, hacia una posición susceptible de ser designada como referencia, esto se encuentra al margen de la trayectoria real de la economía. A pesar de lo que se acostumbra a pensar en relación a los movimientos económicos, vistos en la simplicidad racional de causa y efecto, normalmente un cambio positivo no sólo da lugar a compensaciones sino que estimula a su vez otros cambios que lo mueven, aún más allá de la dirección original. Esta causación que se refuerza, hace que un proceso social tienda a convertirse en acumulativo y que a menudo adquiera un ritmo acelerado (Myrdal 1957: 25). De este modo, la expansión de un territorio conduce a un alejamiento de otros, Gunnar Myrdal dice "*La idea principal que quiero transmitir es que normalmente el juego de las fuerzas de mercado tiende a aumentar, más bien que a disminuir, las desigualdades entre las regiones*". Es decir, la existencia de movimientos de mano de obra, capitales, bienes y servicios, desde una región a otra, ayuda a aumentar la tendencia entre las desigualdades regionales. La migración y los movimientos de capital, son los medios a través de los cuales evoluciona el proceso acumulativo de desarrollo en forma ascendente en las regiones beneficiadas y de manera más lenta e incluso negativa en las desfavorecidas. Generalmente, si los resultados son positivos para unas regiones, lo serán menos para otras (Myrdal 1957: 39).

Geográficamente el crecimiento económico también es desequilibrado. Para que una economía nacional pueda elevar sus niveles de ingresos debe desarrollar uno o varios centros regionales de empuje económico. Así una vez que el crecimiento emerge con ímpetu de una parte del territorio nacional, se movilizan fuerzas que actúan sobre las partes restantes, (Hirschman 1958: 184-187). Como se verá a continuación, existe cierta similitud entre los planteamientos de Myrdal y Hirschman, ya que ambos reconocen la existencia de factores que impulsan o retrasan el crecimiento económico. Sin embargo también existen diferencias significativas entre ambos planteamientos. En primer lugar, Myrdal no reconoce el surgimiento de disparidades de crecimiento y de diferencias en el desarrollo que se da entre regiones y entre países. Algo inevitable, para el desarrollo de regiones y países. En segundo lugar, el mecanismo de la causalidad acumulativa, desarrollada por éste mismo autor en 1957, advierte que los crecimientos regionales son procesos desequilibrados que pronostican mayor desarrollo inicial en una región, y no necesariamente un mejoramiento en las vecinas. De hecho, esto termina siendo un factor de disparidad relativa entre ellas, porque cuando una región atrae para sí las inversiones y los recursos más productivos contribuye a una mayor polarización geográfica. Esto explica la tendencia a la divergencia en rentas por habitante entre regiones. Finalmente, Hirschman considera que los efectos de polarización son mucho más débiles entre naciones que entre regiones del mismo país. No obstante, ambos están de acuerdo en la importancia de las fuerzas políticas para efectuar un restablecimiento de las relaciones entre regiones y entre naciones (Hirschman 1958: 187-188 nota 6).

Kaldor en 1970, propone una variante a la hipótesis de causación acumulativa de Myrdal. Sostiene que el principio, no es ni más ni menos, que la existencia de rendimientos crecientes a escala, pero en su sentido más amplio, es decir, incluyendo las economías externas y de aglomeración, en la industria manufacturera. Cita con acierto a la **ley de Verdoorn** (Richardson 1977: 33):Cuando una economía libre, establece el comercio entre regiones rurales e industriales, los principios de ventajas comparativas y los mecanismos clásicos de ajustes, no dan resultado. Los rendimientos crecientes favorecerán a las regiones ricas y restringirán el desarrollo de las regiones pobres, como consecuencia de esto, las regiones ricas alcanzaran un monopolio en la producción industrial, no así en la agricultura, donde la competencia será casi perfecta, en definitiva, los movimientos comerciales favorecerán a las regiones ricas.

Además Kaldor utiliza el concepto de la base de exportación, para afirmar que la producción y exportación de una región, depende de dos factores. Uno exógeno, la demanda externa. Otro endógeno, la eficiencia del salario de los trabajadores, en comparación con el salario de otras regiones. Según Kaldor, la eficiencia relativa de los salarios, determinará si la participación de la región está en aumento o en disminución. Si el índice de eficiencia es bajo, el índice de crecimiento del *output* de la región será alto y si el índice de eficiencia es alto, el índice del crecimiento bajo. Asimismo, los salarios dependerían de dos elementos básicos: su valor nominal y su índice de productividad.

El valor del salario nominal entre regiones de un mismo país, serán muy similares, casi constante, no así los índices de productividad, pues, aquellas regiones con rendimientos crecientes, tendrán un índice de productividad mayor y un salario real más bajo. Estas regiones, consideradas de crecimiento rápido, adquieren mayores ventajas acumulativas que aquellas con índices de productividad más bajo. Esto se conoce como la **acumulación circular del proceso de crecimiento regional**, según el modelo, el incremento en los índices de crecimiento, induce a una productividad más alta, la cual reduce los salarios reales, que a su vez determinan un índice de crecimiento más elevado y así sucesivamente. El sistema tenderá a equilibrarse, cuando los incrementos en exportaciones y en producto sean cada vez menores (De la Roza 2006: 111 - 112).

5.2.- TEORÍAS DE DESARROLLO ECONÓMICO REGIONAL.

Las teorías de desarrollo regional, adoptan un enfoque micro territorial y micro comportamental, esto les permite una comprensión profunda de las fuentes de las externalidades territoriales. Al igual que las teorías de desarrollo económico, su finalidad no es explicar la tasa de crecimiento agregado de la renta y el empleo, sino identificar aquellos elementos tangibles e intangibles del proceso de crecimiento. Estas teorías permiten el análisis del desarrollo regional como un desarrollo generativo (Capello 2006: 172). Dentro de ellas se ha escogido presentar a continuación el enfoque, economía de aglomeraciones, cuya importancia se orienta en los rendimientos crecientes, ya que éstos forman la base en la creación de clústeres industriales. Los clústeres creados por zonas industriales, son por definición, el lugar donde tienen cabida los procesos de aprendizaje acumulativo, generando ventajas territoriales y dando paso a enfoques neo shumpeterianos de desarrollo (Capello 2006: 177)

5.2.1.- Economía de aglomeraciones.

Los costos de transporte no son los únicos en influir en la localización de las empresas. Alfred Weber reconoció que la localización y la agrupación de la mano de obra en un único punto, en vez de estar dispersa de manera regular, puede traer beneficios económicos a las empresas. La economía de aglomeración implica que la concentración de dos o más empresas puede reportar beneficios que lleguen a compensar los costos suplementarios de transporte (Furió 1996: 57). En caso de que éstas quisieran localizarse en un solo punto, la calidad de los recursos humanos aportarían beneficios que compensarían, incluso, los aumentos en los costos de transporte (Furió 1996: 56).La importancia de la mano de obra depende dela cantidad, el costo y su capacitación. El dilema *cantidad-costo*, se resuelve a favor de la primera variable, asumiendo que los niveles de salario no pueden permanecer constantes en el tiempo, por lo que es imposible considerar una localización permanente. Weber enfatiza que, para dos o más empresas, lo que resultaría realmente beneficioso seria agruparse en un mismo lugar, ya que la economía de aglomeración compensaría el incremento de los costos de transporte.

Tomemos como ejemplo tres empresas; A, B y C, cada una localizada en su punto de costos mínimos de transporte, *CMT*. En un primer momento, la localización de cada una de las empresas está definida por su isodapana crítica, es decir, por la línea que une los puntos con iguales coste de transporte totales. Una localización alternativa de las tres empresas dará lugar a economías de aglomeración. Que ésta aglomeración sea deseable, dependerá de la intersección de las isodapanas críticas de esa localización (Richardson 1978: 46). Ver figura 5.1

Figura 5.1.-Isodapanas críticas y aglomeración.

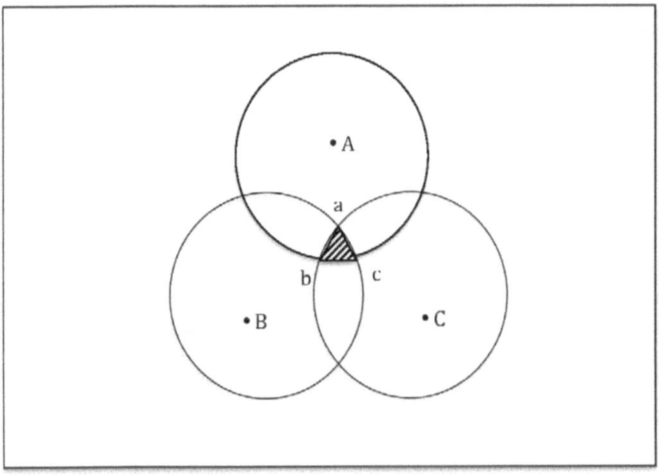

Fuente: Richardson 1978: 47.

La economía de aglomeración es eficaz dentro del área sombreada, triangulo abc, donde se encuentran las isodapanas críticas, siempre que la totalidad del producto pueda ser producida en ese lugar. Sin embargo, como la producción es más barata en cualquier punto perteneciente al área sombreada, que en las tres localidades iniciales, el problema radica en como determinar el lugar preciso en el que se producirá la aglomeración (Richardson 1978: 46). Si las decisiones con respecto a la localización se van tomando secuencialmente, y a su vez, cada cambio en la localización tiene un coste, la aglomeración tendrá lugar en el punto donde se localice la primera empresa. Si en este ejemplo, la primera empresa en localizarse es A, ésta escogerá una ubicación cercana a *a*, ciertamente dentro del círculo que delimita su isodapana crítica, ya que es ahí donde los costes de transportes son mínimos. Las otras empresas, B y C, deberán de seguir a la primera, si desean evitar una localización dispersa. Ahora, si todas las firmas se instalan simultáneamente, tanto A, como B y C, desearán estar en el área sombreada, pero cercanas a *a, b y c*, respectivamente. Weber preferiría una solución determinística, según la cual la aglomeración se presentará dentro del área sombreada, en el lugar en que los costos totales de transporte sean mínimos para todas las empresas. Pero como dicen Isard y Smith, 1967, la aglomeración simultánea requiere cooperación, pues todas las empresas deberán elegir la misma localización para que existan las economías de aglomeración (Richardson 1978: 46 - 47).

En definitiva, las economías de aglomeración derivan en que un grupo de empresas utilizan de manera colectiva las infraestructuras de transporte, comunicación y de servicios urbanos. Además se benefician de un recurso humano concentrado y no disperso. Por consiguiente, estas variables inciden de manera directa en la cadena del valor que posee cada empresa, ya que reducen los costes, facilitan la circulación del capital y ayudan a la diversificación del mercado del trabajo. Otra externalidad positiva de las aglomeraciones, es el intercambio de información, al aumentar la probabilidad de multiplicar los contactos entre las empresas, lo que ayuda a acrecentar la adopción de nuevas innovaciones. Las muchas ventajas que se pueden obtener de las aglomeraciones, se contrarrestan con los costos asociados a la congestión y contaminación, como resultado de los núcleos empresariales, y que se denominan: **deseconomías de aglomeración.**

Si bien es cierto que muchas actividades económicas se concentran geográficamente, y que la mayoría de las personas en países desarrollados y en vías de desarrollo, viven en grandes áreas metropolitanas densamente pobladas. También existen grupos de personas que no habitan en grandes urbes, y empresas que no se concentran en los centros industriales. Estas fuerzas que tienden a promover la concentración geográfica, y aquellas que tienden a oponerse, se denominan: fuerzas centrifuga y fuerzas centrípeta (Krugman 1998: 3). Las que pueden resumirse en la tabla 5.1:

Tabla 5.1.- Fuerzas que afectan a la concentración geográfica.

FUERZAS CENTRÍPETAS	FUERZAS CENTRÍFUGAS
Efectos del tamaño del mercado (vínculos).	Factores inmóviles.
Concentración de los mercados de trabajo.	Rentas de la tierra.
Economías externas puras.	Deseconomías externas puras.

Fuente: Krugman 1998: 3.

Las fuerzas que aparecen en la parte izquierda de la tabla, corresponden a las tres fuentes marshallianas clásicas de economías externas. Ellas propician que el mercado local, cree tantos *encadenamientos hacia atrás* como *encadenamientos hacia delante* (Krugman 1998: 3).Es decir, apoyan la producción local de bienes intermedios, reduciendo los costos de producción de las empresa. La concentración industrial es compatible con un mercado local del trabajo que posee habilidades especializadas, por lo que a los empleados les resultará más fácil encontrar empleadores, y éstos a su vez, trabajadores. Por último, la concentración local de la actividad económica, puede crear economías externas, a través de los efectos secundarios de la información.

Las fuerzas centrífugas, en cambio, son menos estándar. En ella los factores inmóviles de tierras y recursos naturales, como sus rentas asociadas, incentivan a las desconcentración geográfica (Krugman 1998: 4).Las altas concentraciones de las actividades económicas, generan una mayor demanda de tierras locales, elevando sus rentas y proporcionando así un desincentivo para su posterior concentración. Además, las concentraciones de actividad industrial pueden generar deseconomías, tales como la congestión y contaminación. Al momento de definir una localización óptima, se recomienda revisar cada fuerza de manera independiente, e investigar la tensión que genera, ya sea desde el lado de la fuerza centrípeta o la centrífuga. Así, las economías y deseconomías externas puras, se pondrán a favor de las fuerzas que son más susceptibles de análisis.

5.3.- COMPETITIVIDAD TERRITORIAL.

La competitividad de los territorios, en una economía globalizada es un tema clave pero, a pesar de su amplia utilización, no hay consenso sobre su significado, forma de medición y principales determinantes. Durante las últimas dos décadas se ha usado el término de ventaja comparativa, basada en los factores de producción tradicionales, para explicar la competitividad. Sin embargo no resulta suficiente para entender los patrones del comercio existentes en los territorios. Es así como ha surgido un nuevo paradigma, basado en la ventaja competitiva. Este paradigma asume que los países y regiones pueden construir y mejorar todas sus ventajas competitivas (Aranguren et al. 2012: 31).

5.3.1.- Competitividad, como un incremento en la productividad de los factores productivos.

La competitividad de las regiones es un tema clave y complejo. Por norma general, el concepto de ventaja comparativa se ha usado para indicar aquella situación en la que un país o región posee cualidades o competencias que la distinguen de otros territorios y que le permiten despuntar a través de la especialización. Según la teoría de la ventaja comparativa, el comercio refleja aquellas diferencias existentes en los factores nacionales disponibles, ya sea en el factor tierra y recursos naturales, el factor capital o el factor trabajo. Para obtener una ventaja comparativa, las naciones deberán especializarse en aquellos factores que posean en abundancia. Sin embargo, hay que tener en cuenta que las ventajas comparativas, basadas en los factores productivos tradicionales, no son suficientes para entender los patrones del comercio. En efecto, por un lado, esta teoría asume que los factores se mantienen estáticos a medida que avanza el tiempo, no considerando transformaciones ni su desgaste natural y, por otro lado, considera que siempre existen economías de escalas decrecientes y disposición tecnológica equivalente entre los países a comparar. La ventaja comparativa basada en los factores de producción tradicionales, no resulta suficiente para entender los patrones del comercio y ha surgido un nuevo paradigma basado en la ventaja competitiva (Aranguren et al. 2012: 31).

Michael Porter considera que la competitividad empresarial se refleja en la rentabilidad económica, la que necesariamente deberá de ser muy superior a la media de su sector. Sin embargo, cuando se mide la competitividad de una región, no se realiza midiendo la rentabilidad de sus empresas sino que ésta se hace a través del PIB per cápita, expresado en Paridad del Poder de Compra, PPC, el cual, en última instancia, depende de su productividad (OECD, 1992). Es decir, la competitividad empresarial y la competitividad territorial se miden de manera diferente. Sin embargo, podría darse el caso de un territorio con un alto ingreso per cápita, pero, que la rentabilidad de sus empresas sea baja y viceversa. De hecho, esto explica la diferencia en las transferencias de flujos de inversión directa entre países más avanzados económicamente, como Alemania, hacia aquellos países menos desarrollados o en vías de desarrollo como Polonia o China (Aranguren et al. 2012: 32). Eso si a largo plazo, solo es sostenible un alto nivel de renta per cápita, siempre que las empresas posean una alta productividad, pues el territorio será competitivo, cuando sus empresas también sean competitivas, aunque, es mejor hablar de territorios y empresas productivas. Es decir, una alta productividad, favorecerá una mayor rentabilidad económica. Las ventajas que pueda poseer una empresa por la alta productividad, se debe a que sus trabajadores son más productivos, y en consecuencia sus salarios serán más altos que la de aquellos trabajadores cuyas empresas posean baja productividad. Una empresa de alta productividad no siempre reflejará una alta rentabilidad económica porque, necesariamente, contará con un personal más cualificado que, por su parte, demandará un salario superior a la media. Michael Porter explica el desempeño económico de un territorio, medido por el PIB per cápita o por la productividad, mediante estos tres factores:

1. Dotación de Recursos.
2. Factores Macro.
3. Factores Micro.

Porter plantea que existen una serie de factores que pertenecen a la región, llamados factores de dotación, y que define como heredados. Estos factores corresponden a los recursos naturales, a la localización y al tamaño propio de la región. Si se aprovechan bien, pueden fácilmente favorecer el bienestar social y económico de un país o región. Sin embargo, también aconseja responsabilizarse de todos los factores existentes, y no solamente de aquellos que fueron "heredados". Si la atención se centra solamente en estos factores favorables, existe la posibilidad de contraer la llamada "*enfermedad holandesa*" (Aranguren et al. 2012: 32).

Figura 5.2.- Factores heredados de dotación.

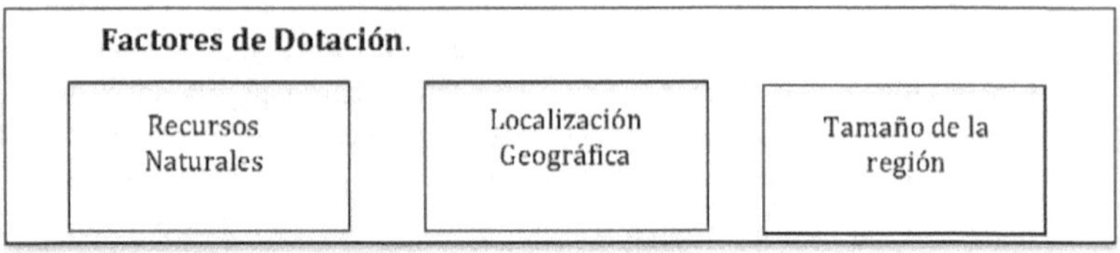

Fuente: Aranguren et al. 2012: 33.

En segundo lugar, existen un conjunto de factores macro divididos en infraestructura social e instituciones políticas, y en políticas macroeconómicas. Los primeros se preocupan de las políticas de salud y de educación y, los segundos, del manejo de las políticas macroeconómicas como la estabilidad de precios, tipos de cambios, déficit y deuda pública. Estos factores son muy importantes en el momento de explicar la competitividad en los países menos desarrollados. Sin embargo, en los países desarrollados estos factores no son tan notables como los factores micro, pues son incapaces de explicar las grandes diferencias que suelen existir entre el PIB per cápita de dos regiones de un mismo país que comparten una buena cantidad de factores macroeconómicos (Aranguren et al. 2012: 33)

Figura 5.3.- Factores de carácter macro.

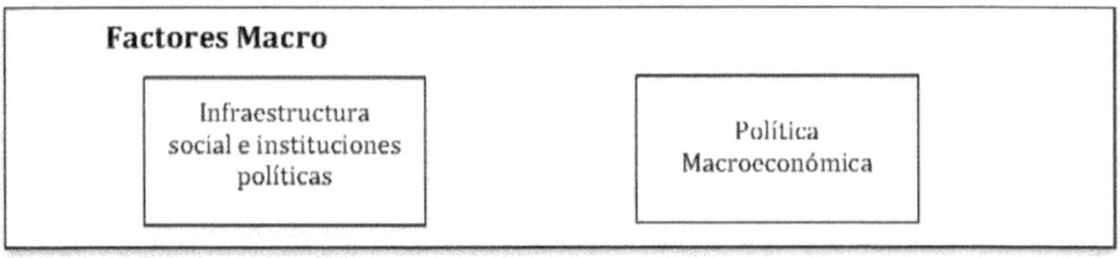

Fuente: Aranguren et al. 2012: 33.

Por último, existen factores de carácter micro, los diferenciaremos según los siguientes tres ámbitos de competencia (Aranguren et al. 2012: 34);

1. Ámbito interno de las empresas: tiene que ver con el nivel de sofisticación de sus operaciones y estrategias.

2. Ámbito del entorno especifico donde se desenvuelven las empresas: se relaciona con la existencia de clústeres o de entornos particulares,

que ofrecen economías externas a las empresas que desarrollan determinadas actividades económicas en un territorio.

3. Ámbito del micro entorno proporciona una ventaja, por igual, a todas las empresas ubicadas en un mismo sector, por ejemplo, una carretera de uso compartido.

Figura 5.4.- Factores de carácter micro.

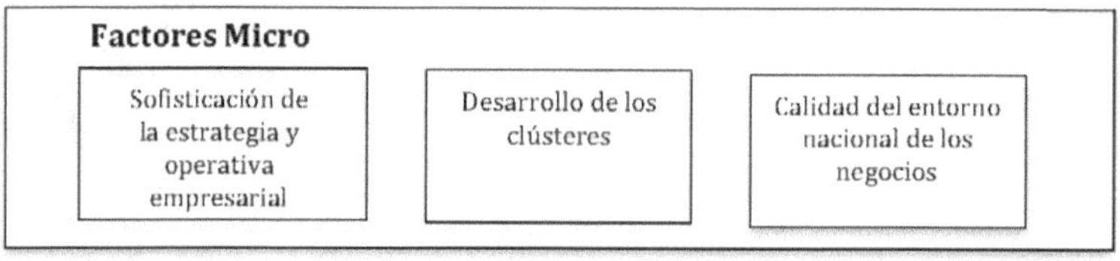

Fuente: Aranguren et al. 2012: 33.

5.3.2.- Diamante de la competitividad.

Para el análisis del entorno micro, tanto especifico como general, Michael Porter, ha desarrollado un esquema analítico. Este esquema es el Diamante de la Competitividad, ver figura 5.5.

Figura 5.5.- Diamante de la Competitividad de Porter.

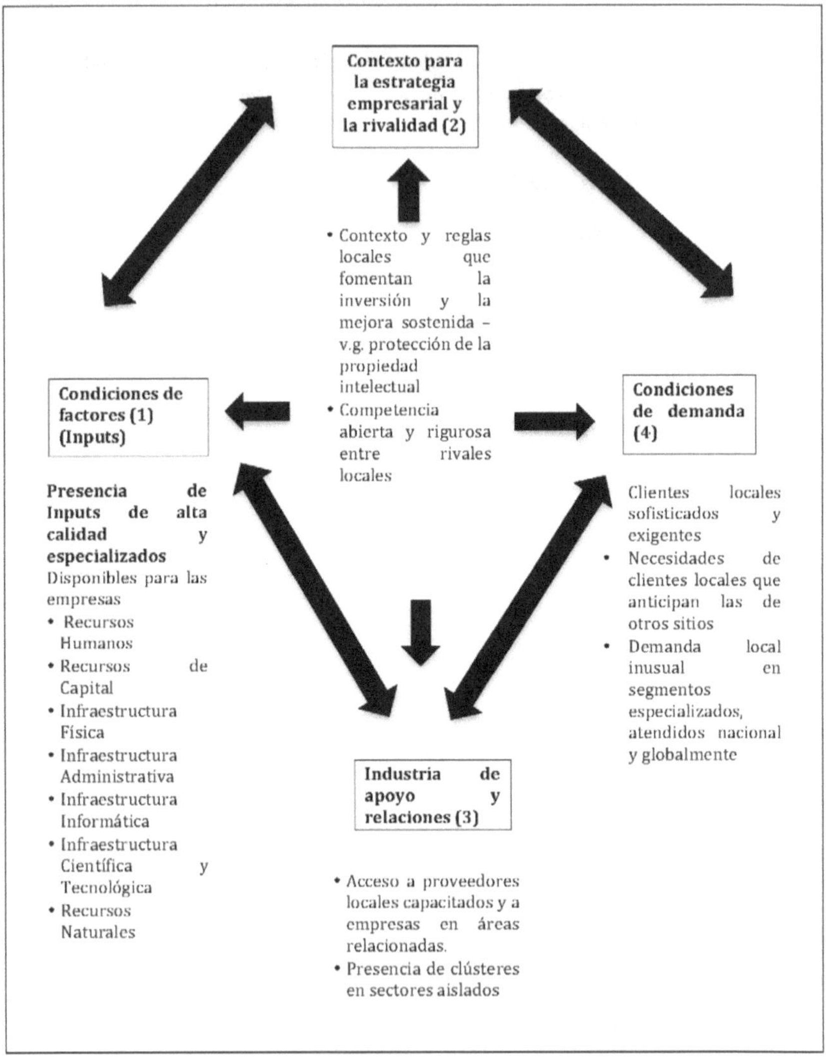

Fuente: Adaptado de Porter 1990: 225.

El Diamante de la Competitividad consiste en un esquema ordenado donde aparecen todos los factores micro que afectan a la competitividad y que, por ende, influyen en el desempeño económico. Este diamante está compuesto por cuatro grandes conjuntos de factores. En el primer conjunto (1), se sitúan los factores o inputs destacados por la Teoría del Comercio Internacional tradicional, cuya presencia es necesaria para la actividad económica empresarial, éstos son: disponibilidad de la mano de obra cualificada, financiación, infraestructuras físicas, informativas y tecnológicas. En segundo lugar (2), se encuentran los factores que constituyen el contexto para la estrategia y la rivalidad de las empresas. Es decir, se tiene por un lado factores tales como: la existencia o no de una competencia real entre las empresas; la apertura hacia el exterior; como afectan al grado de rivalidad, el grado de desarrollo de las empresas públicas. Por otro lado se tiene: incentivos y reglas, como reducciones fiscales a la I+D; regulación de la propiedad intelectual; estándares medioambientales rigurosos, que favorecen las estrategias avanzadas por parte de las empresas. En este segundo vértice, se recoge el efecto beneficioso de la competencia, como también la existencia de incentivos adecuados en materia fiscal y regulación laboral. En el tercer vértice (3) la competitividad se ve favorecida por la existencia de industrias relacionadas y de apoyo. Éstas permiten el acceso local a proveedores y prestadores de servicios competentes y cualificados, así como clústeres que, por las externalidades que generan, mejoran la competitividad de las empresas en ellas insertas. En el cuarto vértice (4), se incluye la existencia de una demanda local sofisticada y exigente, que logra anticiparse a la de otros lugares. Esta condición permite una actualización continua de los productos, ya que través de los sistemas de innovación se consigue alargar o actualizar la vida útil del producto. La importancia de cada vértice, con respecto al resto, dependerá del nivel de desarrollo que tiene el territorio. Este desarrollo se fragmenta en tres grandes estadios, por lo que un territorio debe transitar necesariamente para lograr ser competitivo (Porter 1990: 220 - 230):

- **Primer estadio:** Se parte de una economía basada en los factores de producción tradicionales, como son la mano de obra y los recursos naturales, *commodities*. En el futuro, estos factores serán los encargados de aportar las ventajas competitivas para su desarrollo. Los países que se sitúan en este estadio suelen poseer fortalezas en el primer vértice del diamante.

- **Segundo estadio:** La segunda etapa corresponde a una economía basada en la inversión. Su ventaja competitiva consistirá en la capacidad de producir productos y servicios estándares, y de calidad, usando métodos eficientes y a bajos costos, pues al ser una economía no desarrollada, los salarios aún son bajos. Se destaca el desarrollo de la industria y de clústeres, aunque con ciertas carencias. El vértice de la demanda, también presenta déficits. Los países, en este estadio, han conseguido mejorar el segundo vértice y, parcialmente, el tercero.

- **Tercer estadio:** se basa su ventaja competitiva en la capacidad de producir productos innovadores y servicios tecnológicos de calidad. Los países que se encuentran en este estadio no se pueden permitir debilidades en ningún vértice del diamante y, en general, poseen un diamante más complejo, denso y rico que el de los países que operan en los estadios anteriores.

Que un territorio avance a un estadio superior no implica necesariamente que todos los actores de esa economía-país avancen al mismo ritmo. En la transición, existirán empresas que pertenecerán al estadio de la eficiencia y otras que estarán muy cerca de la innovación. Es decir, el tránsito de la economía de un estadio a otro no representa la desaparición de elementos que caracterizaron el estadio anterior, sino la preponderancia de elementos básicos del nuevo estadio sobre el antiguo.

5.3.3.- Competitividad e innovación regional.

Pese a que la literatura ha ido distinguiendo diferencias entre la competitividad regional y la empresarial, la primera aún mantiene la noción de que a pesar que existan empresas competitivas y no competitivas en cada región, siempre existirán una serie de características comunes, que afectarán la competitividad de todas las empresas. Es así como las teorías más progresistas, señalan las siguientes tipologías comunes entre las empresas (Aranguren et al. 2012: 37)

1. Diferencian entre el conocimiento tácito y el codificado. Las innovaciones poseen también un importante contenido de conocimiento tácito, el que tiene al menos cuatro implicaciones. Primero, una implicación geográfica para la estructura industrial, dado que la transferencia de conocimiento tácito, se realiza mediante encuentros cara a cara entre las personas. Segundo, la confianza es un

elemento clave para el desarrollo del conocimiento. Tercero, el factor humano como un papel crucial, dado el alto contenido de conocimiento tácito en los procesos de innovación. Cuarto, el conocimiento no se limita a actividades específicas, sino que se puede crear a través de un proceso de aprendizaje entre todos los agentes del sistema.

2. Reconocen la innovación como clave del crecimiento económico, considerando un proceso de aprendizaje complejo e interactivo, mediante el que las empresas y otros agentes obtienen nuevos conocimientos de otras organizaciones o instituciones. La innovación no es solo tecnología, sino que es multidimensional.

Ambos enfoques relacionan directamente la competitividad con la innovación. También han ido evolucionando hacia características que los transforman en más sistémicos. El Instituto Alemán de Desarrollo, se ha centrado en la competitividad desde una perspectiva sistémica (Aranguren et al. 2012: 39). Siendo una de sus principales contribuciones, la de incorporar el nivel meta. Éste nivel facilita la incorporación de la estrategia en el análisis de competitividad. La figura 5.6 muestra la estructura de la competitividad sistémica.

Figura 5.6.- Estructura sistémica de la competitividad.

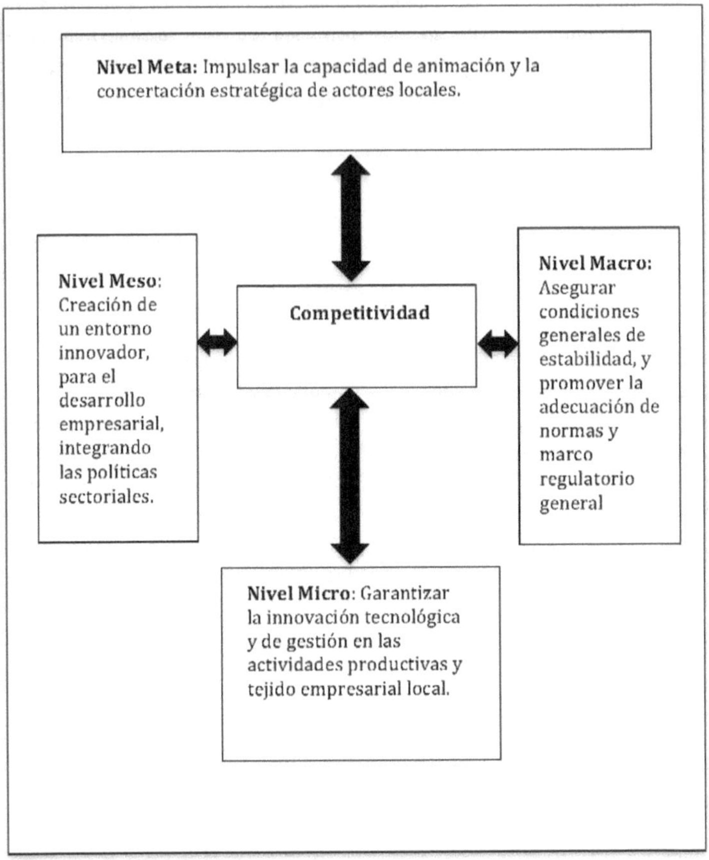

Fuente: Adaptación de Alburqueque 2011, revisado en Aranguren et al. 2012: 39.

Según éste enfoque, el **nivel meta** destaca la necesidad de contar con una visión de mediano y largo alcance, para las estrategias de desarrollo territorial. A su vez, éstas deben ser concertadas entre diferentes actores, para lo cual se requiere generar condiciones de consensos en el territorio. El **nivel macro** ayuda a la competitividad de las empresas. El **nivel meso** estructurado es donde el estado y los actores sociales desarrollan políticas de apoyo específicas, fomentan la formación de estructuras y articulan los procesos de aprendizaje con la participación de diferentes actores.

Finalmente un **nivel micro**, compuesto por un gran número de empresas que buscan la eficiencia, calidad, flexibilidad de respuesta y rapidez de reacción, estando muchas de ellas articuladas en redes de colaboración mutua.

Además este enfoque plantea que la competitividad es el resultado de una acción sistémica, la que se despliega desde los niveles: micro, meso, macro y meta. El término sistémico, considera los siguientes aspectos (Aranguren et al. 2012: 40):

1. Para construir ventajas competitivas dinámicas en el territorio, es necesario la interrelación entre las empresas y el soporte institucional.

2. Al ser el territorio que soporta la competitividad de multinivel, este se ve afectado por las políticas e interrelaciones de las diferentes unidades territoriales.

3. El Estado tiene un rol importante en la construcción de la competitividad.

Se puede observar que desde esta perspectiva, el elemento clave para la competitividad, es la innovación. En el entorno actual, los factores productivos tradicionales (disposición de recursos naturales, mano de obra y capital) no ofrecen ventajas competitivas duraderas. Por lo que el conocimiento y la innovación, hoy en día son factores claves (Aranguren et al. 2012: 38). La innovación es un elemento clave del crecimiento y desarrollo económico, es un proceso de aprendizaje que actúa directamente en la competitividad, siendo su principal objetivo, el mejorar los procesos productivos y de gestión (Porter 1990: 78). Se entiende que la innovación está orientada al desarrollo de mecanismos que permiten la creación, expansión y uso de todo tipo de conocimientos y en consecuencia genera aprendizajes colectivos. Es un proceso integrado, en el que participan todas las áreas de la empresa, y en red, pues, interactúan clientes, proveedores y otras instituciones. En consecuencia, la innovación es un proceso técnico-social, además de un proceso de aprendizaje interactivo entre las empresas y su entorno.

Si bien es cierto que el término innovación ha ido evolucionando y actualmente no se cuestiona la repercusión que pueda tener en la productividad ni en la competitividad, como tampoco en el PIB ni en las fuentes que lo generan. Hoy en día la discusión se ha centrado en cómo institucionalizar su proceso, ya que los puntos de partida entre regiones son disímiles y asimétricos. En ese sentido, son varias las aproximaciones surgidas en torno a la innovación, por ejemplo: agrupamientos económicos, distritos tecnológicos, redes de innovadores, innovation mileux o sistemas de innovación regional. (Rosales & López 2008: 171). En la actualidad todos los modelos de innovación son concebidos como modelos interactivos o sistémicos, no lineales, entendiendo que la innovación está orientada al desarrollo de mecanismos que permiten la creación, expansión y uso de todo tipo de conocimientos y que, en consecuencia, logran generar un aprendizaje colectivo. En este modelo, el recurso *conocimiento* es el más importante, el *aprendizaje* es el proceso clave y la *cooperación* es una estrategia relevante para proveer la innovación (Aranguren et al. 2012: 40 - 41). Al analizar y entender el modelo de innovación, desde una perspectiva sistémica, es necesario comprender que las empresas no innovan de manera aislada, sino que lo hacen como consecuencia de la interacción que existe entre ellas y de la coexistencia con otras organizaciones. En la evolución de los modelos de innovación, hacia una perspectiva sistémica, el conocimiento tácito va adquiriendo especial relevancia, y requiere de un cambio en la definición y explicación de la ventaja competitiva regional. Esta ventaja es entendida como una productividad "*hard*", para ir captando otras dimensiones socio-económicas regionales más "*soft*", tales como las habilidades de la fuerza de trabajo, la extensión, la profundidad y la orientación de las redes sociales en el marco institucional, la amplitud y calidad de los activos culturales y la presencia de una clase creativa e innovadora. Todos estos elementos crean externalidades regionales que inciden en la competitividad regional (Aranguren et al. 2012: 41 - 42). A nivel regional, la innovación ha ejercido una gran influencia en las políticas regionales, dando lugar al término Sistemas de Innovación Regional (SIR). Los antecedentes del SIR son los trabajos de Lunvall, que empiezan por reconocer que todas las partes, aspectos y componentes de la estructura institucional de un país influyen en su desempeño económico (Caloghirou, Constantelou y Vonortas 2006, 29; Organización para la Cooperación y el Desarrollo Económico, OECD 1997;Howells 1999, Revisado en Rosales & López 2008: 172). La connotación regional es para aceptar a la innovación como un proceso localizado geográficamente, producto de la concentración y proximidad de factores, que toman en cuenta sus características institucionales cuantitativas y cualitativas. Si bien existen muchas definiciones de región, el SIR hace referencia a un territorio con una unidad de gobierno, y que posee administración y autonomía. El nacimiento de los SIR obedece a preocupaciones de naturaleza múltiple, la fundamental es la competitividad regional en general. Un SIR debe garantizar el desarrollo y fortalecimiento de los fundamentos de la economía regional y del entorno, para que las distorsiones del mercado, como por ejemplo una alta tasa de desempleo o altas tasas de migración, no obstruyan el progreso económico. En definitiva los SIR son sistemas abiertos y con una amplia movilidad de factores dentro de los subsistemas que los conforman. El flujo principal entre ellos es el conocimiento y las innovaciones tecnológicas.

Como se ha visto, la economía regional se ha ido tornando cada vez más compleja. En su afán de explicar las diferencias salariales entre regiones, se ha adentrado a estudiar la competitividad existente entre ellas. En base a ello, cada región tendrá como meta alcanzar altos niveles de competitividad, en ese afán, se es necesario ir generando diferentes estrategias que ayuden alcanzar esos objetivos. En consecuencia, el siguiente capítulo está dedicado al concepto de estrategia.

CAPÍTULO VI

ESTRATEGIA TERRITORIAL.

El termino estrategia se relaciona con el campo militar, surge en los tiempos remotos de las culturas griega y china. Sin embargo no es, hasta el siglo XX donde el término estrategia entra fuertemente en la práctica y en el análisis empresarial. En 1962, Albert Chandler fue el primer académico que se interesó por la estrategia de forma sistémica (Aranguren et al. 2012: 56). Estrategia es una de esas palabras que se definen de una manera pero que, a menudo, se usan de otra (Mintzberg 1994: 23). Por lo tanto, al formular ¿Qué es la estrategia?, surgirán dos posibles respuestas:

1. Es un plan, una dirección, una guía de cursos de acción para futuro, o un camino para llegar desde aquí hacia allá, etc. Seguramente que muchas personas responderían con su propia definición al término.

2. Es un patrón, es decir, la consistencia que debe tener el comportamiento en el tiempo. Por ejemplo, correspondería al patrón de una empresa que ha comercializado desde siempre los productos más caros en su industria, persiguiendo lo que comúnmente se llama una estrategia de alto nivel; o al talante de un individuo que utiliza maniobras de alto riesgo, aceptando los puestos de trabajo más desafiantes.

Ambas definiciones son igualmente válidas, sin embargo cabe señalar que las organizaciones, al desarrollar sus planes de futuro, deben modificar constantemente sus patrones antiguos. Es decir, una buena estrategia siempre se encuentra dispuesta al cambio. (Mintzberg, 1994: 24).

6.1.- ESTRATEGIA COMPETITIVA.

En el ámbito empresarial, la estrategia competitiva consiste en crear una metodología capaz de otorgar, a una empresa, las herramientas y las fórmulas necesarias para poder competir en el mercado y alcanzar las políticas o metas que se proponga (Porter 1980: 34). La estrategia debe entenderse como una idea unificadora capaz de articular acción y objetivo (Aranguren et al. 2012: 55). La empresa debe buscar una posición totalmente diferente a la de sus competidores, y ser capaz de elegir entre las diferentes opciones para crear una posición única y valiosa, con un conjunto de actividades totalmente diferenciadoras (Porter 1980: 77).

Para formular la estrategia competitiva de una empresa, generalmente, es necesario examinar los cuatro factores que determinan los límites de lo que la compañía podrá lograr. Estos factores se dividen en externos e internos para la empresa. Los factores externos corresponden a:

1. Oportunidades y riesgos de la industria.
2. Expectativas sociales generales.

Los factores internos serán:

1. Fortalezas y debilidades de la empresa.
2. Valores personales de los principales ejecutivos.

Sus puntos fuertes y débiles representan el perfil de activos y las habilidades en relación con la competencia. Los valores personales se relacionan con las necesidades de los principales ejecutivos y empleados, encargados de implantar la estrategia escogida. Los puntos fuertes y débiles, combinados con los valores, determinan los límites internos de la estrategia competitiva que una empresa puede adoptar exitosamente. La figura 6.1 muestra lo descrito.

Figura 6.1.- Contexto dentro del cual se formula la estrategia competitiva.

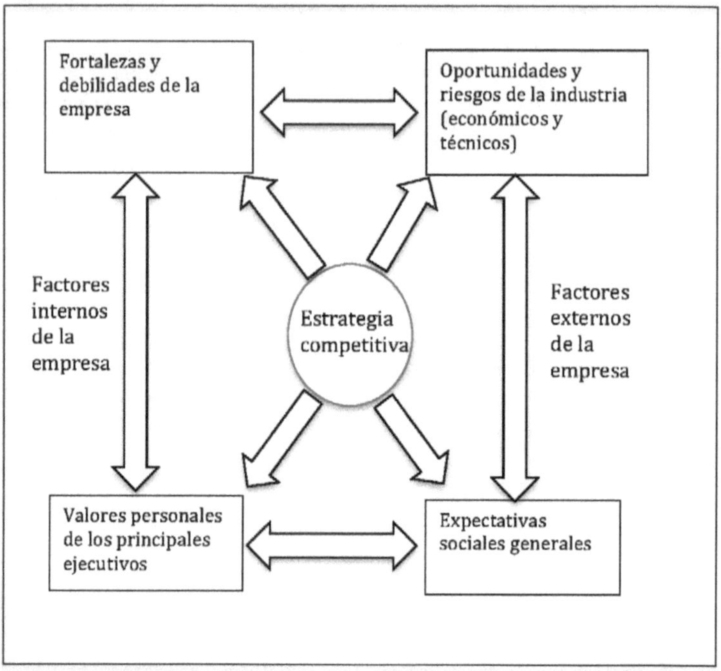

Fuente: Porter 1980: 36

Es necesario analizar estos cuatro factores para formular una estrategia realista, y capaz de alcanzar las metas y políticas propuestas. La efectividad de una estrategia competitiva se determina probando la compatibilidad de las metas y políticas propuestas (Porter 1980: 36).

6.2- ESTRATEGIA COMPETITIVA TERRITORIAL.

Las estrategias que nacen para entregar ventajas únicas y sostenibles a una empresa, son diametralmente opuestas a aquellas que nacen para el desarrollo de una región o territorio. Los objetivos de las estrategias territoriales se concretan generalmente en términos de competitividad económica, pero también de sostenibilidad social y medioambiental. En cuanto al objeto, las estrategias deben elegir en qué actividades destacará el territorio, qué activos específicos se ofrecerán para conseguir que las empresas se localicen en él, cuáles serán los factores: objetivo y principales que llevarán a cabo estas actividades, cuál será el papel o la conexión de la región, en relación a otros territorios y agentes externos, y qué articulación interna presentará el territorio. La estrategia territorial también debe definir los procesos de gobernalización, la participación de los actores y sus respectivos liderazgos. En particular, es importante no confundir la estrategia (o articulación de los objetivos de una variedad de actores públicos y privados) con las políticas públicas (o medios del gobierno para apoyar estas estrategias). Además, como una estrategia ha de ser fruto de procesos continuos de aprendizaje en los que la tradicional división entre diseño, implementación y evaluación pierde sentido, la implementación y la evaluación deben estar contempladas desde el inicio (Orkestra 2015: 153). La estrategia territorial, se diferenciará de la estrategia empresarial, en los siguientes tres planos (Aranguren et al., 2012: 56 - 58):

1. En los objetivos, el **¿para qué?**. El objetivo de las estrategias empresariales es maximizar el valor y la rentabilidad económica de la empresa; en cambio, a nivel territorial siempre se busca mejorar el bienestar de la población, tanto a nivel económico como social y medioambiental.

2. Es la pregunta básica para definir el posicionamiento estratégico y las bases que los sustentan, **¿el qué?**. La empresa responde a esta pregunta simplemente decidiendo el tipo de productos que fabricará y cuál será su espacio de mercado. La región, en cambio, debe elegir el tipo de actividades con las que desea destacar los activos que ofrecerá a las empresas para que elijan su territorio, los factores objetivos y los factores principales en que descansaran las actividades, su rol, la articulación interna, las conexiones con otros territorios y agentes externos.

3. En su proceso de formación, se responderán las preguntas: **¿cómo/ para quién?**. En esta etapa de formación, empresarialmente, la estrategia puede nacer desde cualquier nivel, por ejemplo desde el rango directivo (top - down) pero siempre suponiendo un componente coercitivo. En cambio, el proceso de formación de la estrategia regional siempre exige que sea participativo, pues ningún actor posee los conocimientos, la autoridad o los recursos necesarios para imponer o llevar adelante la estrategia territorial de manera unilateral.

La figura 6.2 muestra los elementos de la estrategia territorial.

Figura 6.2.- Elementos de la estrategia territorial.

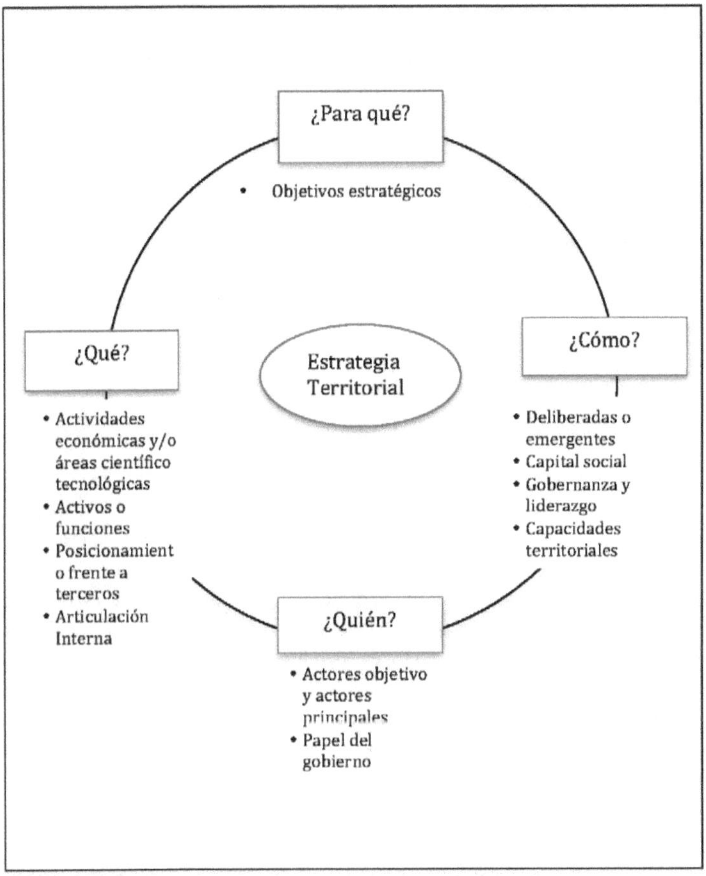

Fuente: Aranguren et al. 2012: 57

6.3.- EL "QUÉ", EN LA ESTRATEGIA TERRITORIAL.

Al establecer un rango de valor por el territorio, es necesario tener claro cuáles serán los contenidos por los que apostar. Éstos, por ejemplo, se podrían centrar en las siguientes actividades (Aranguren et al. 2012: 59):

- Conjunto de actividades económicas o áreas científicas y tecnológicas.
- Definir grupos de activos o funciones específicas, para que el atractivo del territorio descanse en esas actividades.
- Por el tipo de actores que serán objetivos de la estrategia o en que estará basada.
- Conexiones y posicionamiento de la región, respecto al exterior.
- Articulación interna del territorio.

Por apostar se entiende a una priorización de las necesidades del territorio, distinguiendo a su vez, las orientadas a una misión de las funcionales y temáticas. Los territorios suelen atravesar tres grandes estadios competitivos y, en cada uno de ellos, deben establecerse las estrategias territoriales. En el primer estadio, el nivel de desarrollo territorial es bajo y la competencia surge en los factores productivos tradicionales: recursos naturales y humanos, principalmente. En este estadio, las estrategias competitivas descansan en el bajo costo. El segundo estadio es considerado como un desarrollo intermedio, en este caso la competencia se basa en la inversión y en la eficiencia. El tercer estadio corresponde a un territorio desarrollado, y la competencia se fundamenta en la innovación (Porter 1990: 734 - 735).

La OECD también caracteriza a los territorios. En el informe Políticas Regionales e Innovación del 2011, relaciona a los territorios que persiguen estrategias de *catching up* con los que compiten por factores productivos tradicionales y, a los que persiguen el apoyo a la transformación socioeconómica con los que compiten en el estadio de la eficiencia y la inversión por último, aquellos a los que se les recomienda la construcción sobre las ventajas científico - tecnológicas con los que compiten en el estadio de la innovación (Aranguren et al. 2012: 61).

Al especializarse un territorio, por definición, tendrá dos aspectos opuestos: uno positivo, que señala las áreas de un país o un sector con una posición más fuerte en relación al resto, y uno negativo, que indica cuales son las áreas de debilidad relativa. En consecuencia, la especialización de tecnología en su sentido positivo implica intrínsecamente una concentración de capacidades en algunas áreas de conocimiento; y a la inversa, en su sentido negativo, implica capacidades débiles en otras áreas en comparación con el polo de referencia. El propio concepto de especialización demuestra que no es concebible que un país pueda lograr posiciones de especialización en todo el amplio espectro de tecnologías (Giannitsis & Kager 2009: 4):

Los diferentes tipos de especialización no pueden ser sólo de carácter analítico, es necesario plantear dos preguntas:

- ¿En qué tipo de conocimientos tecnológicos existen políticas de especialización para centrarse?

- ¿En qué medida estos diferentes niveles requieren políticas diferenciadas y de qué tipo?

La especialización adquiere importancia económica, especialmente cuando el nuevo conocimiento se traduce en la creación de valor y se asocia a las siguientes condiciones (Giannitsis & Kager 2009: 4 - 5):

- Refuerza y acumula la capacidad tecnológica, con efectos positivos sobre el rendimiento económico y/o social.

- Conduce a la creación de nuevas estructuras productivas y ventajas competitivas.

- Tiene potencial para movilizar el conocimiento científico, generar procesos dinámicos de transformación productiva y nuevas ventajas competitivas.

El enfoque que interrelaciona la especialización tecnológica y la creación de ventajas competitivas implica que no basta con examinar sólo el carácter innovador del conocimiento, lo que importa es la forma en que los nuevos conocimientos y el cambio técnico se integran y asimilan a los procesos productivos y a su resultados (Giannitsis & Kager 2009: 5).

6.3.1.- Identificar el tipo de familia de estrategia.

En el momento de definir la estrategia, es necesario identificar el estado de desarrollo en que se encuentra la región, para así poder definir el tipo de desafío al que se enfrentará el territorio. Tanto la OECD, 2011, como Michael Porter, han definido tres tipos de familias de estrategias que afrontan las regiones. Son las siguientes (Navarro et al. 2012: 30):

1. Catching-up
2. Apoyo a la transformación socio-económica y
3. Construcción sobre las existentes ventajas científico-tecnológicas

De esta manera, una vez identificado el nivel de desarrollo que tiene la región y agrupado por el tipo de estadio al cual pertenece, según la caracterización de Michael Porter (revisada en el capítulo 5) se deberá asociar una estrategia. De esta manera, los territorios que se encuentran en el primer estadio, y que compiten por factores tradicionales de producción, usarán las estrategias de tipo catching-up. En cambio, aquellas regiones que compiten en el campo de la eficiencia y de la inversión perseguirán estrategias de apoyo a la transformación socio-económica. Por último, las regiones que compiten en el área de la innovación usarán estrategias construidas sobre bases científicas y tecnológicas.

6.3.2.- Actividades por las que un territorio apuesta.

Cuando un territorio elige o apuesta por el tipo de actividades en que descansará la estrategia, el primer desafío a resolver consistirá en elegir entre(Frenken et al. 2007: 687):

1. Explotar las economías de localización, impulsando la especialización sectorial.

2. Explotar las economías de urbanización, impulsando la diversificación.

3. Explotar las economías de la variedad relacionada.

El primero contempla impulsar la especialización sectorial, favoreciendo con ello el desarrollo de la mano de obra, de proveedores, de infraestructuras, la aparición de instituciones especializadas, así como la innovación y el aprendizaje. El segundo apunta a la diversidad de actividades y conocimientos, lo que favorece mediante la combinación y los procesos de fertilización cruzada, tenga lugar el proceso de innovación. Por último, el tercer apartado, apunta por una mayor diversidad, pero compartiendo una mínima base de conocimientos que posibiliten los procesos de combinación y fertilización cruzada.

Durante décadas, ha existido un debate entre qué alternativas tienen una mejor retribución en términos de crecimiento económico, empleo y productividad. Hasta hace poco las dos primeras presentaban mejores resultados pero, hoy en día, la inclinación es hacia la tercera, es decir, las economías de variedad relacionada (Frenken et al. 2007: 687). Sin embargo, no existen trabajos empíricos capaces de demostrar la mejor opción. Además, el imparable desarrollo de las redes de producción, asociadas al proceso productivo, hacen que cada vez resulte más difícil plantear o aspirar a que las actividades que se escojan correspondan a sectores o clústeres completos. Todo lo contrario, pues suelen ser actividades que con frecuencia están relacionadas gracias a que comparten un conjunto de habilidades o de conocimientos. A esto se le suma el dilema estratégico que enfrentan los territorios a la hora de elegir el tipo de sectores o actividades, ya que toda profundización o especialización en aquello que se tiene ventaja sufre el riesgo de quedar bloqueado o enganchado a determinadas tecnologías y sectores, sin capacidad de reacción ante cambios de la demanda o de la tecnología. Generalmente, las estrategias de especialización están más ligadas a la *profundización*, en cambio, las estrategias de diversificación se relacionan con la adaptación a los cambios y a la reinvención de si mismos. Sin embargo, en el corto plazo, los argumentos para preservar la diversidad pueden pesar más que las ventajas de las economías de escala. En la variedad institucional se encuentran ventajas evolucionistas, pero también existe el peligro de quedar atrapado demasiado temprano en una tecnología estandarizada. Por ejemplo, un monocultivo tecnológico puede ser más peligroso que un monocultivo ecológico, pues la capacidad instalada y recursos empleados, serán más difícil de desechar. Cuando la tecnología es madura y muestra claras ventajas y economías de escala, si no se posee flexibilidad tecnológica, también se puede quedar atrapado. Es importante mantener la flexibilidad y alimentar fuentes alternativas, radicalmente nuevas, de tecnología y organización del trabajo.

En resumen, la estrategia territorial de desarrollo o de competitividad se concretará en la apuesta que el territorio efectúa por unos clústeres y sectores. En cambio, la estrategia de innovación lo hará por apostar a unas áreas científico-tecnológicas y de conocimiento. Dentro de estas apuestas se han distinguido dos tipos de prioridades, las orientadas a una misión y las temáticas (Aranguren et al. 2012: 63). Al establecer estrategias, orientadas a una misión, se persigue el desarrollo de sectores o actividades económicas consideradas estratégicas para el país, como defensa, agricultura, salud y energía, entre otras. Sin embargo, estas estrategias son fuertemente criticadas. Se considera que, en ellas, las responsabilidades pertenecen solo a los gobiernos, y que no se aprovecha el método de asignación de recursos impulsado por el mercado y el emprendimiento. En cuanto a las prioridades temáticas, se observan diferentes comportamientos dependiendo del ámbito al que se refiere la fijación de la prioridad. Pudiendo ser de carácter científico, tecnológico o de actividades económicas nacientes, de modo que, por ejemplo, algunos territorios se muestran reticentes en la fijación de prioridades en actividades económicas, para evitar estrategias de *selección ganadora*. Esto no ocurre con la fijación de prioridades científicas o tecnológicas, con las que sí se muestran resueltos (Aranguren et al. 2012: 65).

Las estrategias basadas en prioridades temáticas normalmente han sido ligadas a estrategias de *selección ganadora*, lo que se entiende como la existencia de sectores mejores que otros. En consecuencia, las estrategias territoriales deben perseguir e impulsar su desarrollo. Esta discusión se plantea en distintos planos, que se analizan a continuación (Aranguren et al. 2012: 65-66);

- El primer plano se relaciona con la existencia o no de actividades que presentan tendencias más favorables. El atractivo de un sector o de un clúster variará de un lugar a otro, y ocurrirá lo mismo con la estructura y con el diamante de competitividad.

- Un segundo plano clasifica los rasgos y tendencias más favorables que presentan las actividades económicas. Por ejemplo, en "*Technology and Sophistication: a Tale of Two Indexes de Minondo*", 2008, se critica a la OCDE por su adicionado nivel de agregación. En cambio, desarrolla una ordenación de todos los productos de exportación en función de su nivel de sofisticación, basándose en la idea de que los productos más sofisticados serán exportados por aquellos países que posean una mayor renta per cápita.

No obstante, siempre existirán actividades económicas que, internacionalmente y en relación a otras, presenten rasgos mucho más favorables. Independientemente de las condiciones particulares y del contexto existente en un territorio, estas actividades deberán ser perseguidas por las políticas de desarrollo y constituir *una selección ganadora* (Aranguren et al. 2012: 66). Una variante a la *selección ganadora* es la *situación ganadora*, es decir, que se basen en actividades ya exitosas del territorio y que la apuesta se concentre en acentuar la especialización derivada del juego de las fuerzas de mercado (Giannitsis & Kager 2009: 26). Otra variante a la *selección ganadora* es la *focalización ganadora*, aquí se propone que las políticas apalanquen los procesos aparecidos de modo natural en el mercado y que cumplan una serie de condiciones. Hoy en día el ritmo de cambio es muy rápido y complejo. Sin las intervenciones, el proceso acumulativo a que darían lugar las fuerzas de mercado sería demasiado pequeño y tardío (Avnimelech & Teubal 2008: 2).

En el momento de seleccionar el tipo de actividad o el área a desarrollar en un territorio, se deben tener presentes el tipo de activos y de funciones que se aspiran a desenvolver para tener éxito. Por ejemplo, una apuesta por biociencia implicaría capacidades totalmente diferentes a una apuesta por metalurgia (Aranguren et al. 2012: 67). El primer dilema que condiciona la estrategia se relaciona con la competitividad y la innovación. Durante mucho tiempo se ha considerado a los factores productivos tradicionales como la base de la competitividad, llamados activos tangibles o "*hard*". Hoy en día, en cambio, son los activos intangibles o "*soft*" los que constituyen la base de la competitividad. Esto influye en el proceso de innovación, pues limita el tipo de activos que contempla la estrategia. Un segundo dilema, que se han planteado tradicionalmente las estrategias territoriales, aparece en el tipo de activos en los que el territorio debe centrarse, detallado a continuación (Aranguren et al. 2012: 67-68):

a) Activos que constituyen el corazón del negocio, "*core*".

b) Activos con una fortaleza única.

c) Activos que permiten el equilibrio entre competitividad e innovación.

En cuanto a los procesos de creación de conocimiento e innovación, está claro que han cambiado, se han vuelto más complejos, diversos y solidarios en los últimos años. Existe una mayor variedad de fuentes de conocimiento en ser utilizado por organizaciones y empresas, también existe mayor colaboración y división del trabajo entre los actores (individuos, empresas y otras organizaciones). Sin embargo, el argumento binario, de si el conocimiento se encuentra codificado o de forma tácita, sigue existiendo. Por lo tanto, existe la necesidad de ir más allá de esta simple dicotomía. En la economía de la innovación, se plantea que un buen resultado se logra únicamente cuando se combinan actividades innovadoras basadas en la ciencia y en la experiencia, es decir, modelos de conocimiento que combinan lo analítico, lo sintético y lo simbólico de las bases del conocimiento (Asheim 2012: 997).

No obstante, el hecho de que los territorios no permitan grandes debilidades en los determinantes de su competitividad e innovación, y que las estrategias más exitosas sean las mixtas, no significa que los territorios deban tratar de ser buenos en todo ni que su estrategia deba consistir solo en reducir las debilidades, sino que la estrategia debe ser capaz también de combinar activos y funciones en el territorio, con el propósito de generar una apuesta de valor.

Por último, el territorio tiene que posicionarse tanto hacia fuera como hacia dentro. Con el posicionamiento hacia fuera hacemos referencia a qué tipo de combinación de factores externos e internos aspira, tanto en términos de conocimiento como de otros factores productivos. El posicionamiento hacia adentro hace referencia a la necesidad de no tomar el territorio o la región como algo homogéneo, sino entenderlo como algo compuesto por diferentes esferas con características diferenciadas. La estrategia territorial debe perseguir, en consecuencia, un modo de inserción y relación determinada con los restantes territorios, y buscar la combinación más apropiada de conocimientos externos e internos, así como el tipo de configuración y rol que persigue para las diferentes zonas constituyentes del territorio (Navarro et al. 2012: 32)

6.4.- EL "CÓMO" Y EL "POR QUIÉN" EN LA ESTRATEGIA TERRITORIAL.

Una vez que se tiene claro el contenido de la estrategia, el "qué", el siguiente paso consistirá en determinar su proceso de formación. Sin embargo, el límite entre el "qué" y el "cómo" no está claramente definido, de manera que todo dependerá del proceso que se adopte, pudiendo el primero limitar al segundo y viceversa (Hax & Majluf 1997: 44 - 45). El proceso de formación de la estrategia puede considerar múltiples dimensiones. Al tratarse de estrategias territoriales, el estudio se centrará solo en tres formaciones (Aranguren et al. 2012: 71);

1. Formación de estrategias en su carácter deliberado o emergente.

2. Formación de estrategias en el capital social, sobre el que descansa la colaboración que en toda estrategia territorial debe darse.

3. Formación de estrategias territoriales según el tipo de liderazgo y gobernanza.

6.4.1.- Formación de estrategias deliberadas.

En toda organización, continuamente se adoptan decisiones que son consecuencia de circunstancias no previstas, paralelas a las acciones planificadas. Por consiguiente, cuando hay actuaciones de este tipo, con cierta consistencia o un patrón de comportamiento mantenido en el tiempo, aparece la estrategia emergente *"emergent strategy"*. Debido a que tanto la deliberada como la emergente son estrategias, siempre se prefiere hablar del proceso de formación de la estrategia, en lugar del proceso de formulación de la estrategia (Navarro et al. 2012: 32)(Mintzberg 1994: 24).

Las estrategia racionales o deliberadas,*"deliberat estrategies"*, constituyen el proceso clave en toda organización, generalmente estas estrategias son las aproximaciones a las estrategias territoriales, dado que las estrategias deliberadas se entienden como el resultado de un proceso consciente, que se plasma en un documento escrito (Mintzberg 1994: 24). A nivel territorial, las estrategias regionales se plasman en un documento llamado Programa, Plan de Desarrollo Regional o Estrategia de Desarrollo Regional (Sotarauta, 2004: 19). Las estrategias deliberadas no son necesariamente buenas, ni las estrategias emergentes necesariamente malas. Las "buenas" estrategias, necesitaran ambas cualidades, ya que cada esfuerzo debe combinar cierto grado de aprendizaje flexible con algún grado de control cerebral (Sotarauta, 2004: 30).

También se plantea la existencia de estrategias previstas *"intended strategy"* y de estrategias abandonadas *"unrealized strategy"*.Las primeras, cuando son llevadas a cabo, pasan a llamarse estrategias deliberadas; las últimas corresponden a las estrategias que no prosperan o que son abandonadas (Aranguren et al. 2012: 72)(Mintzberg 1994: 25). Sin embargo, tanto las estrategias deliberadas como las emergentes poseen defectos. La separación de las fases de diseño e implementación son un error destacable en las estrategias deliberadas, pues los planes suelen ser de "todos" y de "nadie", quedando la mayoría de las veces solo en el papel. Por otra parte, las estrategias emergentes solo responden a una aproximación procesual de la estrategia, constituyendo un proceso en el que diferentes objetivos y estrategias de múltiples agentes de la región se concilian, varios intereses se equilibran, y se buscan y coordinan continuamente puntos de encuentro y recursos concretos entre múltiples objetivos. Lo ideal sería una estrategia que fuera capaz de mezclar las ventajas de ambas, y de incorporar métodos y análisis, de manera que se reflexione sobre elementos clave y posibles escenarios de futuro, pero que contenga espacios para la discusión y negociación, así como para la emergencia de otros elementos de la estrategia durante su implantación (Navarro et al. 2012: 33).

Figura 6.3.- Formas de estrategia.

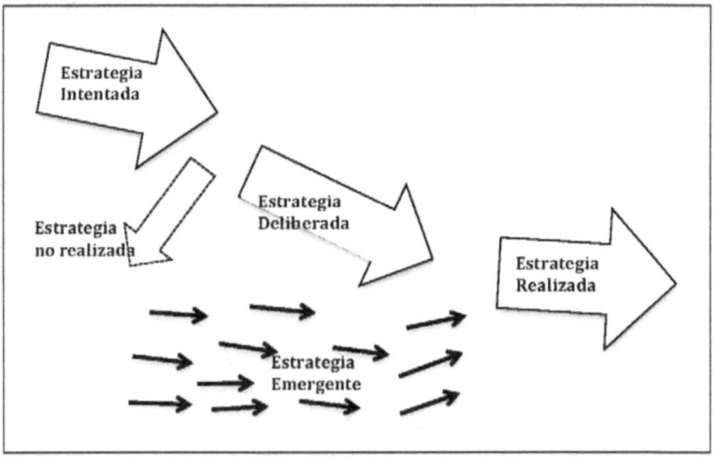

Fuente: Mintzberg 1994: 24.

En cuanto al liderazgo y tipo de gobernanza que requieren, la estrategia regional no puede ser liderada por un solo agente, pues para su desarrollo necesitará múltiples competencias, difíciles de encontrar en un solo actor. Por lo que, en diferentes momentos del proceso, el rol y/o papel de cada líder deberá ir rotando, según sea el caso. Por lo tanto, es necesario que cada actor forme parte del proceso y que, con una actitud crítica, esté dispuesto a abandonar o a asumir nuevas responsabilidades (Navarro et al. 2012: 34). Visto lo anterior, la formación de la estrategia ya no requerirá una estructura jerárquica, sino una coordinación de heterarquía, donde no exista una sola fuente de poder sino que todos los componentes sean independientes. De este modo, no aparece el concepto de ordenar, solo el de influir. Nadie es jefe, todos pueden influir en todos, existe libertad de pensamiento y todas las relaciones son horizontales (Jessop 1998 revisado en Navarro et al. 2012: 34).

Los actores que forman parte de la formación estratégica pueden provenir del gobierno, de las instituciones públicas o privadas, ser autónomas, o surgir de cualquier nivel económico o social, pero siempre deberán ser interdependientes frente al desarrollo regional. El hecho de que sea necesario un equipo multinivel para entender las decisiones que se tomarán en los distintos niveles del territorio, hace que el grado de complejidad del concepto aumente (Navarro et al. 2012: 34). La participación y papel del Gobierno necesariamente implica niveles suprarregionales y, además, resulta imprescindible su consideración, no solo porque sus estrategias y políticas afectarán de manera decisiva a la región, sino también porque entrega esa combinación de componente exógeno con lo endógeno del territorio. Además, permite medir continuamente los conocimientos y valores externos a la región, resaltando los puntos clave para superar errores surgidos en las élites y gobiernos locales (Barca 2011: 55). La burocracia existente condicionará la capacidad y el *modus operandi* en la relación del Gobierno con el resto de los actores del territorio.

6.4.2.- Formación de estrategias basadas en la cooperación y el capital social.

El capital social, en sus inicios, se relacionó con los estudios comunitarios, donde su importancia central era la supervivencia y el correcto funcionamiento de las ciudades vecinas, destacando y desarrollando las fuertes redes de relaciones personales, totalmente transversales. Al mismo tiempo se proveían de lo básico para la confianza, cooperación y acciones colectivas en beneficios comunitarios (Nahapiet & Ghoshal 1998: 243). El concepto se ha usado ampliamente para definir el ancho rango de fenómenos sociales. Se ha focalizado la atención en los roles que ha tenido el capital social como influencia en el desarrollo del capital humano, en el rendimiento de las empresas, en el rendimiento de las regiones y en el rendimiento del país (Fukuyama 1995, revisado en Nahapiet & Ghoshal 1998: 243).

La propuesta central, que entrega la teoría del capital social, es que las redes constituyen un recurso valioso para la conducta de los negocios sociales, entregando a sus miembros una propiedad del capital colectivo, obteniendo de ello derechos y beneficios, sobre todo cuando este capital se encuentra incrustado en las redes de trabajo de mutuo acuerdo y con reconocimiento. El capital social deberá presentar tres dimensiones para garantizar la eficiencia de los procesos colaborativos en la construcción de la estrategia regional, y así ayudar a la creación de capital intelectual. Estas dimensiones son: la estructural, la relacional y la cognitiva (Nahapiet & Ghoshal 1998: 244):

1. La dimensión estructural se relaciona con la estructura de relaciones o redes que poseen los actores.

2. La dimensión relacional se refiere a los activos ligados al comportamiento de las personas que deben estar presentes en el capital intelectual, como confianza y reciprocidad.

3. La dimensión cognitiva es la generación de la visión, el código y el lenguaje compartidos por todos los actores del proceso.

Las tres dimensiones son fundamentales para el desarrollo y la creación de una estrategia regional, pues se potencian mutuamente. La formulación y creación de una estrategia territorial, requiere de la colaboración de una multitud de agentes, siendo el capital social la base que posibilita esta cooperación.

Al construir una estrategia territorial, es necesario que los objetivos y misiones de cada organización que componen la región converjan en objetivos comunes, es decir, una visión que sea compartida por todos los actores regionales. Ese proceso de colaboración se lleva a cabo gracias a la existencia de redes sociales basadas en la confianza y la reciprocidad, lo que posibilita que cada actor, participando en redes diferentes, colabore y ayude a generar una visión compartida, emergiendo así la estrategia territorial (Aranguren et al. 2012: 76). Ver figura 6.4.

Figura 6.4.- Etapas de una estrategia territorial.

Etapa 1. Cada agente de la región posee su propia visión.

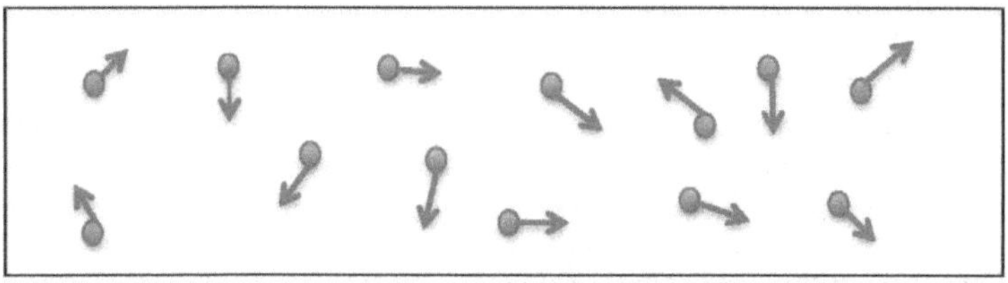

Etapa 2. Se genera una visión compartida, gracias a la confianza.

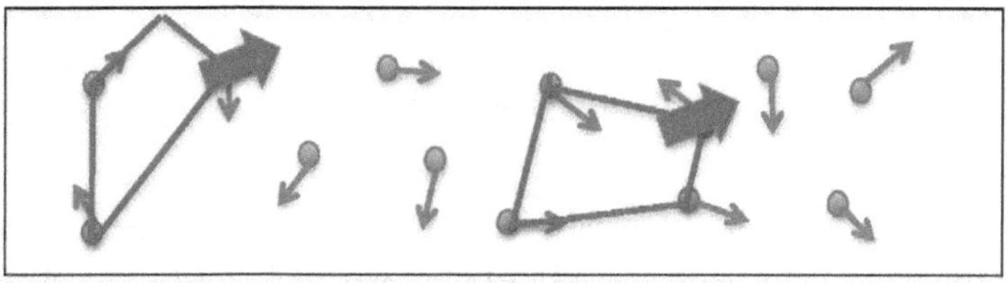

Etapa 3.La colaboración entre redes permite generar una estrategia territorial.

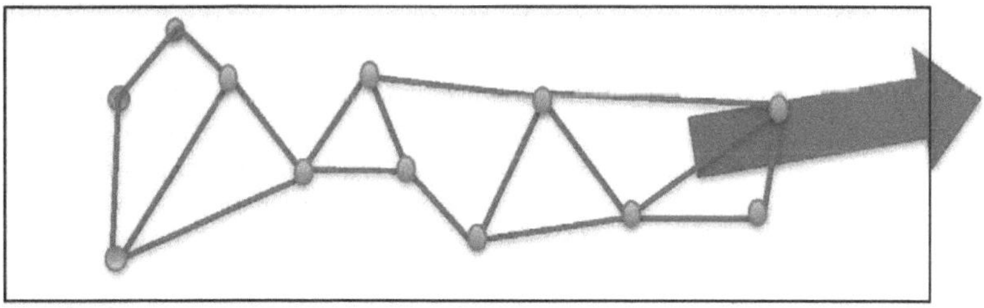

Fuente: Aranguren et al. 2012: 77.

6.4.3.- Formación de estrategias según el tipo de liderazgo y gobernanza.

La estrategia territorial no puede ser liderada por un solo agente. Es necesario una multiplicidad de *"socios"* públicos y privados que respondan a los retos estratégicos de la región, de manera que sean capaces de convertir, mediante el diálogo y la negociación, un conjunto de participantes en una red de líderes resistentes y flexibles, capaces de ejecutar y supervisar las decisiones y programas para así generar un *"partenariado"* público privado regional. Los actores públicos y privados deben construir nuevos hábitos de colaboración y generar un liderazgo de ámbito general. Para ello, es necesario pensar a nivel regional y superar aquellas inquietudes personales que pudieran no ser compartidas por el resto. Existen muchos tipos de liderazgo, pero el liderazgo clave en la generación de estrategias territoriales es el liderazgo compartido. Éste se define como un proceso de influencia dinámica entre los individuos, en grupos, para los que el objetivo es liderarse conjuntamente para alcanzar los propósitos de la organización. Esta influencia puede ser entre pares, laterales o jerárquicos, de arriba a bajo y viceversa (Aranguren et al. 2012: 81). Un cambio para el desarrollo de estrategias territoriales es la gobernanza que, en su amplia definición, propone cualquier modo de coordinar actividades interdependientes, pero que, en un sentido más apropiado al territorio, significa una coordinación auto organizativa, "heterarquía", entre distintos agentes públicos o privados (Sugden et al. 2006, revisado en Aranguren et al. 2010: 164).

El desarrollo de nuevos elementos, correspondientes al sistema basado en redes, no requiere destruir el sistema basado en la jerarquía, ya que este sigue ofreciendo soluciones a problemas relevantes. La heterarquía se centra en responder a una serie de problemas nuevos, en los que antes no se era consciente o no se estaba preparado. Por lo tanto, el proceso de transformación debe entenderse no como el cambio de un estadio a otro totalmente distinto, sino como el desarrollo de nuevas capacidades para responder a problemas inesperados mediante soluciones diferentes (Aranguren et al. 2010: 167). La tabla 6.1 muestra el proceso de transformación.

Tabla 6.1.- Proceso de transformación hacia una jerarquía basada en redes.

Sistema basado en la jerarquía	**Sistema basado en redes**
Estructura	Proceso
Cerrazón	Apertura
Coordinación	Colaboración
Rendimiento de Cuentas	Confianza
Poder	Empoderamiento

Fuente: Aranguren et al. 2010: 167

El primer elemento tiene relación con el nivel de importancia que adquiere la estructura. En los sistemas jerárquicos la estructura es el foco principal, a diferencia de los sistemas basados en redes donde el foco principal son los procesos, ya que éstos son considerados como la creación de visión, planificación estratégica, resolución de conflictos o generación de consensos. El segundo de los elementos considera el grado de apertura en los sistemas jerárquicos. La definición de fronteras es relevante y se considera a la región como algo cerrado. Los sistemas basados en redes aceptan que las fronteras estén abiertas, difuminadas o sean elásticas, es decir, la región se delimita de una forma u otra dependiendo del tema que se esté abordando. En tercer lugar, se aborda el tema de la colaboración en los sistemas basados en redes, frente a la coordinación en los jerárquicos. La coordinación implica que hay un agente que, en relación a su posición jerárquica, se encarga de coordinar la actividad de los demás. La colaboración se entiende como un acuerdo voluntario entre iguales. El cuarto elemento considera a la confianza frente al rendimiento de cuentas. En los sistemas jerárquicos existe la necesidad de que ciertos agentes rindan cuentas ante otros. En los sistemas basados en redes, la confianza es el elemento aglutinador de distintos intereses regionales. El quinto lugar muestra que, frente al papel del poder en los sistemas jerárquicos, es necesario desarrollar procesos de empoderamiento en los sistemas basados en redes. Ello conlleva capacitar a distintas comunidades para implicarlas de forma constructiva en las decisiones a nivel regional. El empoderamiento supone también implicar a entidades, con o sin ánimo de lucro, en decisiones que eran habitualmente atendidas en el ámbito de la Administración (Aranguren et al. 2010: 168).

6.5.- ESTRATEGIA TERRITORIAL Y POLÍTICAS REGIONALES.

Toda definición de estrategia territorial, traerá consigo un cúmulo de políticas adecuadas a la estrategia planteada. De esta manera, las políticas que se enmarquen a cierta estrategia, deberán alinearse con esa estrategia, de manera de conformar un portafolio con herramientas adecuadas, y orientadas en la dirección específica. Todo esto ayudará a minimizar los fallos y problemas que irán apareciendo, como consecuencia de alcanzar los objetivos planteado (Aranguren et al. 2012: 99).

Las políticas pueden dividirse en políticas sectoriales y políticas horizontales. Las primeras inciden con su apoyo, en determinados sectores y actividades del territorio. Las segundas en cambio, responden a necesidades más globales, pudiendo ser de aplicación en todos los sectores económicos, generalmente se centran en establecer las condiciones adecuadas para el territorio o región. En resumen, las estrategias de desarrollo territorial comprenderán un portfolio de políticas que se fundamentan principalmente en la solución de problemas sistémicos. No obstante, es necesario revisar continuamente la fundamentación de la política y si esta sigue siendo válida y acorde con la estrategia territorial. Las políticas deben estar al servicio de la estrategia y no de forma inversa.

6.6.- POLÍTICAS DE DESARROLLO REGIONAL.

Las políticas públicas son fundamentales para la consecución de la estrategia regional y deben adaptarse a las estrategias de cada región. Así, aunque varias regiones presenten características económicas, institucionales o perfiles de innovación similares, el portafolio de políticas variará en función de las opciones estratégicas que la región haya asumido. Otro factor determinante de las políticas que se aplican a una región es la capacidad del gobierno en definir e implementar las políticas públicas, lo que estará influenciado por el nivel de burocracia y autonomía que presenta la región. Las políticas regionales deben implantarse dentro de un marco estratégico, para ello, no solo deben adaptarse y articularse en los diferentes niveles del gobierno existente, sino además en la consecución de un mix o combinación de políticas que tengan en cuenta las diferentes partes del sistema y los diferentes ámbitos de políticas que puedan estar interactuando en la consecución de un determinado fin (OECD 2011 revisado en Aranguren et al. 2012: 105).

La política regional ha experimentado profundas transformaciones desde su nacimiento, esta transformación ha dado lugar a dos etapas denominadas como, la antigua y la nueva política regional. La antigua política de los años 60 y comienzos de los 70 era centralizada e intentaba mitigar y reducir las desigualdades regionales, impulsando el desarrollo de las áreas atrasadas y la recuperación del retroceso económico. En la nueva política, la región se convierte en la protagonista del desarrollo económico, responsabilizándose de su destino y convirtiéndose en un agente activo en la política regional. De esta manera se empieza a prestar atención al **desarrollo potencial endógeno** como una estrategia dirigida a revitalizar las áreas atrasadas (Díez 2001: 185).

En los años 90, comienza a configurarse un nuevo paradigma asociado a la política regional, que muchos autores plantean como una tercera etapa. Esta etapa ofrece una base más consolidada en la construcción de intervenciones públicas novedosas, dirigidas hacia la movilización de los recursos locales, pero haciendo uso de una interpretación mucho más amplia de los procesos económicos. Una visión que sitúa las ventajas competitivas de las regiones en el aprendizaje localizado y en la construcción de redes de asociación. Construir redes de conocimiento, mecanismos de aprendizaje y capital social es un activo necesario y complementario a los factores económicos que tradicionalmente se pensaba que influían sobre el desarrollo económico (Morgan & Nauwelaers 1999, según explica Díez 2001: 186). En los últimos años, las teorías de desarrollo regional y las de políticas regionales han experimentado profundos cambios, han surgido nuevas ideas que, junto al desarrollo endógeno concebido en los años 00, están dando lugar a teorías más complejas. Se habla de regiones que aprenden, es decir, regiones capaces de evaluar las nuevas políticas regionales para enfrentarse y adaptar sus economías a las nuevas condiciones de competitividad (Díez 2001: 183).

El paso para definir e implementar políticas de desarrollo regional es un proceso de aprendizaje que evoluciona con el tiempo, implicando una innovación, pero sin abandonar los patrones anteriores. Es decir, toda política es dependiente de las políticas antecesoras (Aranguren et al. 2012: 106). El proceso de *aprendizaje político* ha ido evolucionado hacia un *aprendizaje social*, donde no solo es el gobierno quien aprende, sino que lo hace la sociedad en su conjunto, especialmente en comunidades o redes. Esta evolución en el aprendizaje es el resultado de la necesidad que se tiene en avanzar hacia la Inteligencia política, es decir hacia la comprensión de una realidad más compleja y sistémica. El gobierno aprende sobre procesos, mientras que el aprendizaje de las comunidades y redes se centra en los instrumentos de política. Cuando una comunidad aprende, el proceso conlleva un aprendizaje social, lo que permite un cambio de paradigma, que no tendría lugar si fuera solo el gobierno quien aprendiera. El aprendizaje político se alimenta de dos fuentes concretas de amaestramiento: el aprendizaje derivado de las propias experiencias de la política (intraorganizacional) y el aprendizaje originado a través de las experiencias de otros en el sistema (interorganizacional) y entre los diferentes sistemas (intersistémico).

6.6.1.- Competitividad e innovación en las políticas de desarrollo regional.

En un mundo en que el desarrollo económico y el bienestar social demandan una economía más competitiva y globalizada, donde el factor clave del desarrollo es la competitividad, el conocimiento y la capacidad de innovación. Todo esto debido a que los factores productivos tradicionales (disposición de recursos naturales, mano de obra y capital) no ofrecen ventajas competitivas duraderas (Porter 1990: 717). Las políticas públicas deben ser capaces de adicionar más que sustraer, siendo este el enfoque central de toda intervención que deba hacer el Estado frente a las políticas gubernamentales. Una intervención estatal se justificará siempre que sea capaz de generar un efecto complementario mayor al que hubiera tenido lugar en ausencia de la política. Si la política genera un efecto de sustitución no se justificará su aplicación (Aranguren et al. 2012: 109). Las políticas públicas, tanto nacionales como regionales, poseen en su portfolio una cantidad importante de políticas ligadas a la competitividad y a la innovación, por lo que es importante analizar las teorías que justifican la intervención gubernamental en dichas políticas. Las principales corrientes teóricas que justifican la intervención pública son: la teoría neoclásica y la teoría evolucionista (Lipsey & Carlaw 1997: 33). La teoría neoclásica justifica la intervención estatal siempre y cuando el mercado no funcione bajo situaciones de competencia perfecta, lo que provoca un alejamiento de los puntos óptimos. Los tres tipos de fallos de mercado que justifican la intervención gubernamental en relación a las políticas de innovación y tecnología son:

1. Las indivisibilidades.
2. La falta de apropiabilidad.
3. La incertidumbre.

Dado que el conocimiento científico es considerado como un generador de la innovación, y sus características se apoyan en la indivisibilidad, la incertidumbre y la falta de apropiabilidad, las empresas no querrán invertir en I+D, debiendo ser el Estado quién incentive la inversión a través de instrumentos públicos. La teoría evolucionista, en cambio, justificará una intervención pública debido a problemas del sistema social. Esta corriente no considera la existencia de un punto óptimo o de referencia, por lo que justificaría la intervención gubernamental si existiesen problemas relacionados con los componentes del sistema (organizaciones e instituciones) y por problemas relacionados con el dinamismo del sistema (Lipsey & Carlaw 1997: 44 - 45).

6.6.2.- Clasificación de políticas de competitividad e innovación.

Las políticas de competitividad e innovación han ido evolucionando a través del tiempo. Pasando de políticas basadas en la infraestructura científica y en los recursos, denominadas duras o *hard*, hacia políticas más sistémicas e integrales, en las que la innovación y el aprendizaje son los ejes fundamentales de la competitividad empresarial. Pese a no existir una clasificación comúnmente aceptada de las diferentes tipologías de políticas de innovación y competitividad, si se puede establecer una taxonomía atendiendo a varios criterios, ver tabla 6.2 (Aranguren et al. 2012: 111).

Tabla 6.2.- Clasificación a las políticas de competitividad e innovación.

Criterios de clasificación	**Taxonomía de políticas**
Razones o fundamentos	Enfoque neoclásico o enfoque sistémico
Campo de aplicación	Políticas de creación, difusión o explotación de conocimiento. Políticas de ciencia, tecnología o innovación. Políticas de oferta o demanda.
Público objetivo	Empresa o sistema. Políticas sectoriales o políticas marco.
Ámbito espacial	Políticas neutrales o políticas espaciales. Políticas regionales, nacionales o supranacionales.

Fuente: Aranguren et al. 2012: 111

En función de las "razones", las políticas pueden clasificarse en respuesta a los fallos del mercado y a los problemas sistémicos. En 1987, Ergas introdujo los conceptos de *políticas orientadas a la misión* y *políticas orientadas a la difusión*, para clasificar y analizar los sistemas nacionales de innovación. Según él, los sistemas orientados a la misión, se caracterizan por centralizar y concentrar las políticas de apoyo en un pequeño número de tecnologías y un gran número de empresas, a diferencia de las políticas orientadas a la difusión, que concentran sus esfuerzos de política en el aumento de la capacidad económica de la innovación, mediante la concentración en infraestructura científica, transferencia de tecnología y cooperación, es decir, las relaciones formales e informales entre actores diferentes (Cantner & Pyka 2001: 759 - 760).

En la misma línea, las políticas pueden diferenciarse entre las relacionadas con recursos e incentivos que potencian la explotación de capacidades y el conocimiento actual de las empresas y aquellas que tienen como objetivo mejorar la oferta externa de capacidades y conocimientos de las empresas, mejorando al mismo tiempo la conectividad entre empresa e infraestructura del conocimiento (Aranguren et al. 2012: 112)

Teniendo en cuenta el "campo de aplicación" de las políticas, pueden estar orientadas a la oferta o a la demanda. Si están orientadas a la oferta, éstas corresponderán a un modelo lineal de innovación en que los recursos del proceso se traducirán de manera directa hacia los resultados del mismo. Si la política está orientada a la demanda, éstas son integrales y se apoyaran en un modelo de innovación más sistémico (Aranguren et al. 2012: 113).

Al distinguir las políticas en función del "público objetivo", éstas se deberán diferenciar de entre las siguientes políticas (Lipsey & Carlaw 1997 revisado en (Aranguren et al. 2012: 113)):

1. Políticas Marco. Son políticas horizontales y accesibles a todos.

2. Políticas Enfocadas. Están dirigidas a la promoción de tecnologías o sectores específicos.

3. Políticas Mixtas. Surgen como producto de una combinación de las anteriores, diferenciándose de las enfocadas, ya que estas últimas solo se dirigen a un grupo específico de empresas.

Por último, se puede establecer una clasificación de las políticas de acuerdo al "ámbito espacial", es necesario distinguir dos criterios de clasificación (Barca 2011: 115):

1. Carácter Espacial de las Políticas. Consideradas como los límites territoriales de aplicación.

2. Ámbito de Aplicación o Escala de la Política, distinguiéndose entre políticas regionales, nacionales y supranacionales.

La regionalización de las políticas de innovación ha seguido una evolución similar a la evolución de las teorías de innovación y a las razones que justifican la intervención, pues, ha pasado de un enfoque línea hacia un enfoque sistémico. Posibilitando la concepción de la región, como unidad relevante para la implantación de políticas de innovación y competitividad. Al entender la política de innovación como un enfoque sistémico, ésta se focaliza en mejorar la conectividad entre las empresas, y otros agentes como medio para el desarrollo de capacidades innovadoras y para ello, la cercanía y el capital social inherente al ámbito regional, se configuran como elementos facilitadores.

CAPÍTULO VII

MODELO ECONÓMICO Y DESARROLLO SOSTENIDO EN ATACAMA.

Pese a los esfuerzos que se han realizado para diversificar las fuentes de desarrollo económico en Atacama, ésta siempre se ha visto enfrentada a políticas que explotan la exportación de materias primas o *commodities*. Aunque este tipo de exportaciones pueden conseguir altos precios en el exterior, lo que se traduce en altos ingresos económicos para la región, no es lo que se espera de un territorio que aspira a tener un crecimiento sostenido a lo largo del tiempo. Recordemos que las exportaciones dependen de factores que son totalmente exógenos a la economía interna, como por ejemplo, el precio de la divisa con la cual se opera y, por consiguiente, pueden alterar los retornos esperados. Al ser Chile una economía pequeña, todas sus transacciones se realizan en dólares estadounidenses, moneda que cambia diariamente su valor, en relación al peso chileno. Además es necesario considerar que Chile posee un tipo de cambio de flotación pura desde 1999, con una casi total apertura a la cuenta de capitales. El peso chileno al flotar de manera libre, en relación al dólar, depende fuertemente de los niveles de exportación y su volatilidad influye directamente en el uso de bienes importados como, por ejemplo, el petróleo. El siguiente gráfico 7.1 muestra las fluctuaciones del dólar en relación al peso chileno.

Gráfico 7.1.- Tipo de cambio nominal, $/US$.

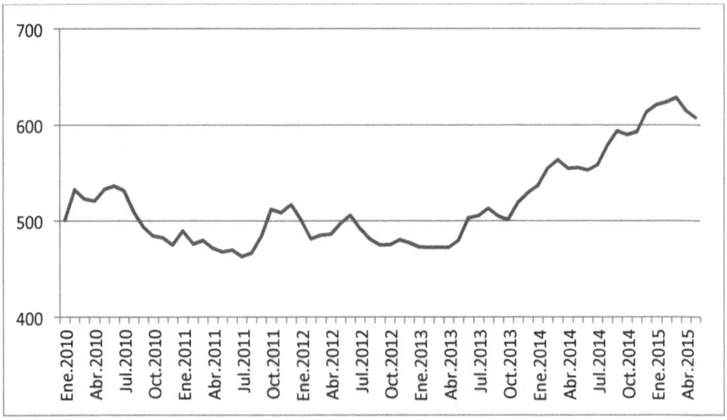

Fuente: Banco Central de Chile.

Al estudiar el comportamiento del dólar durante estos últimos años, se puede observar lo volátil que es el tipo de cambio. Esto significa que, por cada peso invertido, el retorno esperado se verá muy influido por el precio del dólar alcanzado en el momento que el Banco Central autoriza los pagos. Esta situación se puede agudizar aún más en empresas que compran insumos y materias primas a un precio de dólar alto y que luego venden sus productos a un dólar de menor valor, ya que entonces, sus márgenes se reducen. Más allá de estas ardides económicas, cualquiera esperaría que la región tuviera planes de crecimiento más endógenos, privilegiando el crecimiento armónico en la mayoría de los sectores económicos regionales, evitando depender en exceso del sector minero y agrícola exportador.

A finales del siglo XX, diferentes autores trataban de explicar el problema económico que en algunas regiones, provocaba el hecho de depender exclusivamente de la exportación de materias primas. Estas localidades eran denominadas **Regiones Abastecedoras** (Jacobs 1985: 66), su denominador común era el proceso a través del cual habían sido modelados los espacios económicos de oferta y demanda. Habitualmente los principales clientes, de estos territorios, eran de mercados de ciudades muy lejanas, lo que significaba una ausencia de armonía en el momento de fijar los precios, siendo estos en la mayoría de los casos, muy superiores a la media económica de la región abastecedora. Según Jacobs estas localidades eran regiones azotadas por la pobreza, que veían en el comercio exterior la única manera para salir del subdesarrollo. Ahora, también planteaba que si fueran regiones ricas, éstas estarían tan atrasadas y deterioradas como una región pobre, ya que las propias limitaciones que padecerían las conducirían irremediablemente hacia la miseria. Es decir, al ser una zona dedicada sólo a abastecer materias primas, no existirían en sus fronteras empresas capaces de satisfacer las demandas internas de la población, por lo que todos los bienes que la región no produce, se deberían de importar. Este tipo de modelo económico, desincentiva la inversión en producir bienes regionales, y en la región limita la investigación y desarrollo en nuevos productos y procesos productivos, y en resumen, deteriora todo el progreso que pudiera alcanzar la economía local. Este autor ejemplifica lo antes descrito con Uruguay, país de América del Sur, que durante mucho tiempo se dedicó a suministrar carne, lana y cuero a mercados muy lejanos, lo que le permitió ser una Región Abastecedora pero desusadamente rica. Uruguay tenía una producción limitada, por lo que todo aquello que no era capaz de fabricar en el interior de sus fronteras, simplemente lo importaba. Esta boyante economía se mantuvo hasta 1953, cuando las cosas comenzaron a empeorar.

Después de la Primera y Segunda Guerra Mundial las economías europeas empezaron a responsabilizarse de sus productores locales y aumentaron las protecciones aduaneras. Esto, sumado a la aparición de productos que sustituían las lanas y los cueros, cuyas ventas se estaban extendiendo, produjo una disminución en las exportaciones de Uruguay, provocando una bajada en sus ingresos, que llevó a la disminución de las importaciones y con ello, al nivel de vida de los uruguayos. Como se ha visto, una economía focalizada en la exportación de materias primas, a largo plazo, puede generar más pérdidas que beneficios económicos, y la poca diversidad en la producción de bienes, le lleva a importar todo lo que no es capaz de producir, pero necesario para la población, limitando con ello el crecimiento de otros sectores productivos. De hecho, fijémonos como, hoy en día, la mayoría de países evita que su desarrollo dependa de un solo sector económico y muchos intentan diversificar sus matrices de producción. Sin embargo es inevitable que algunas naciones en desarrollo, aún cuenten en el interior de sus fronteras con Regiones Abastecedoras, desprovistas de planes económicos que las ayuden a sobreponerse de la economía mono sectorial. En consecuencia, podríamos considerar Atacama como una Región Abastecedora, ya que, como analizamos en el capítulo 3, esta región, hoy en día, concentra la mayoría de sus ingresos en las exportaciones del sector minero, que abarcan un 91,6% del total exportado. Además el 52% de su PIB regional proviene de la minería. Por lo tanto, es necesario elaborar una normativa, sustentable en el tiempo, que sea capaz de alcanzar mayores beneficios económicos.

Desde finales de los años setenta, como se revisó en el capítulo 4, se ha ido extendiendo el uso del término de Desarrollo Endógeno, el que trata de una aproximación territorial en el desarrollo que hace referencia a los procesos de crecimiento y acumulación de capital por parte de territorios que tienen una cultura e instituciones propias, sobre cuya base se toman las decisiones de inversión (Vazquez 2007: 183). Desde esta perspectiva, la política de Desarrollo Endógeno, constituye una respuesta concreta a la necesidad de plantear una normativa de crecimiento y desarrollo sostenible en el tiempo, para la región de Atacama.

7.1.- CRECIMIENTO ECONÓMICO EN LA REGIÓN DE ATACAMA.

Si todo el crecimiento económico en la región de Atacama dependiera del sector exportador de materias primas, no sería un escenario muy prometedor. Como se ha postulado en capítulos anteriores, el 100% de los productos mineros producidos en Atacama se exporta, lo mismo sucede con la totalidad del producto generado por los sectores industriales, de agricultura y pesca. En el capítulo 3 se vio, que las exportaciones mineras entre los años 2008 y 2014 promediaron sobre el 90%, dejando un exiguo porcentaje para los productos provenientes del sector industrial y agrícola. Durante el primer trimestre del 2015, el valor de las exportaciones provenientes del sector minero, nuevamente son las que acaparan un porcentaje mayor del total de productos exportados, seguido muy de lejos por las exportaciones del sector agrícola y del sector industrial. Todos estos valores han sido calculados en dólares corrientes, tal como se puede apreciar en el gráfico 7.2.

Gráfico 7.2.- Distribución del valor de las exportaciones en Atacama, primer trimestre 2015.

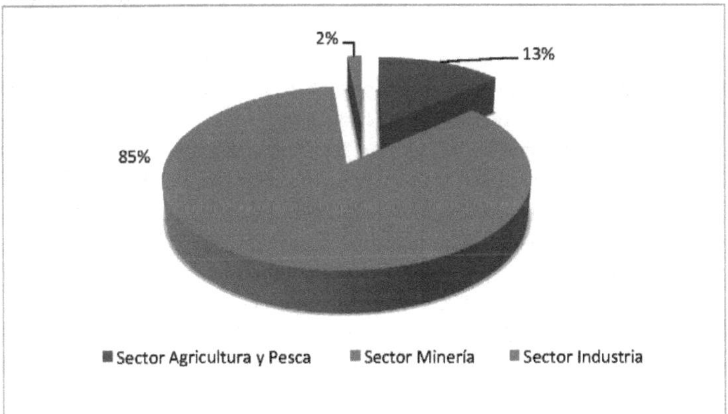

Fuente: INE Atacama.

Dado lo anterior, se puede afirmar que sobre el 50% del PIB de la región es dependiente del sector exportador. Si se analiza su comportamiento trimestral durante los dos últimos años, se puede observar que el aporte total en MMUS$ fluctúa entre un 57% y un -29%, medido desde el período inmediatamente anterior, como se aprecia en el gráfico 7.3.

Gráfico 7.3.- Valor de las exportaciones en la región de Atacama.

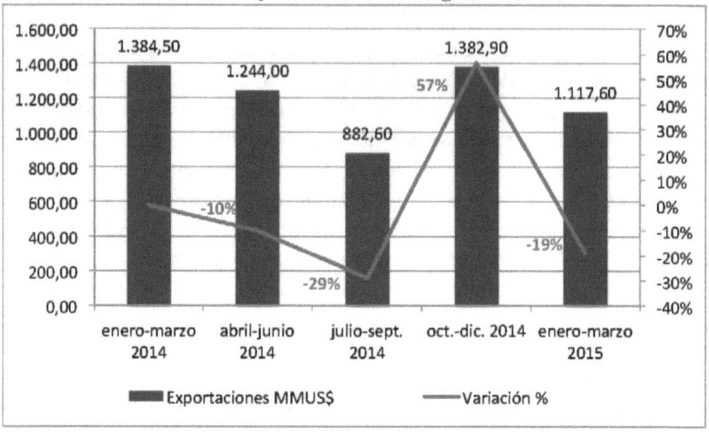

Fuente: INE Atacama.

Al comparar los aportes trimestrales del sector exportador al PIB regional, se aprecian sus fluctuaciones. En un año, un período negativo puede llegar a ser un 63% de un buen período. El gráfico muestra la gran diferencia entre los trimestres enero-marzo y julio-septiembre, ambos del 2014. Pese a ello, es necesario recordar que el dólar y el precio del metal oscilan según las condiciones del mercado, por lo que el análisis realizado sólo en dólares puede ocasionar errores y, en consecuencia, acarrear políticas poco adecuadas para el crecimiento económico. Por ejemplo, al observar la tabla 7.1, se puede inferir erróneamente que el sector minero ha bajado su producción y por ende, disminuido el aporte al PIB durante el primer trimestre del 2015, ya que este es mucho menor en comparación con el trimestre del año anterior. Sin embargo, la apreciación cambia si además de la tabla anterior, también se tiene en cuenta el detalle de la producción bruta en toneladas, tabla 7.2.

Tabla 7.1.- Valor de las exportaciones en la región de Atacama.

Trimestre	**Exportación Agricultura y Pesca MMUS$**	**Exportación Minería MMUS$**	**Exportación Industria MMUS$**
enero-marzo 2014	113,70	1.231,20	39,6
abril-junio 2014	38,60	1.187,00	18,4
julio-sept. 2014	10,20	857,90	14,5
oct.-dic. 2014	40,90	1.324,50	17,5
enero-marzo 2015	150,10	950,10	17,3

Fuente: INE Atacama.

Tabla 7.2.- Volumen bruto de las exportaciones en la región de Atacama.

Trimestre	**Producción Agricultura y Pesca M.Tn**	**Producción Minería M.Tn**	**Producción Industria M.Tn**
enero-marzo 2014	40,60	2.554,90	4,5
abril-junio 2014	20,70	2.661,60	3
julio-sept. 2014	7,10	3.058,30	3,3
oct.-dic. 2014	13,40	3.798,60	2,8
enero-marzo 2015	60,80	2.883,80	3,5

Fuente: INE Atacama.

Al comparar las producciones del primer trimestre de 2015 con su similar de 2014, se puede observar que no solo la producción minera creció, sino que también lo hizo la producción en los sectores de agricultura y pesca, y que únicamente el sector industrial decreció. Lo que acabamos de plantear se aprecia en el gráfico 7.4. Si bien es cierto, la economía ya ha solucionado este problema, diferenciando el Producto Interno Bruto del Producto Físico. Esto nos sirve para escenificar lo deficiente que es una economía dependiente mayoritariamente del sector exportador de *commodities*; vemos que en esta situación los mercados responden a variables exógenas difíciles de controlar. También es necesario señalar que la región hace entrega del 100% de sus materias primas a países, en su gran mayoría, desarrollados, como se puede apreciar en los gráficos 7.5 y 7.6.

Gráfico 7.4.- Valores brutos de las exportaciones en Atacama, en miles de toneladas.

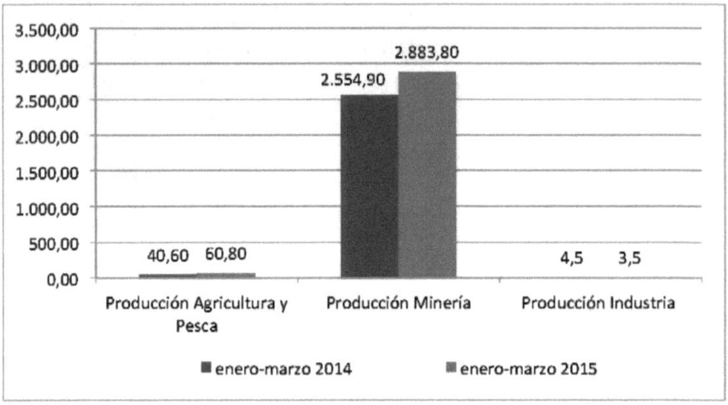

Fuente: INE Atacama.

Gráfico 7.5.- Valor de las exportaciones en MMU$, según destino.

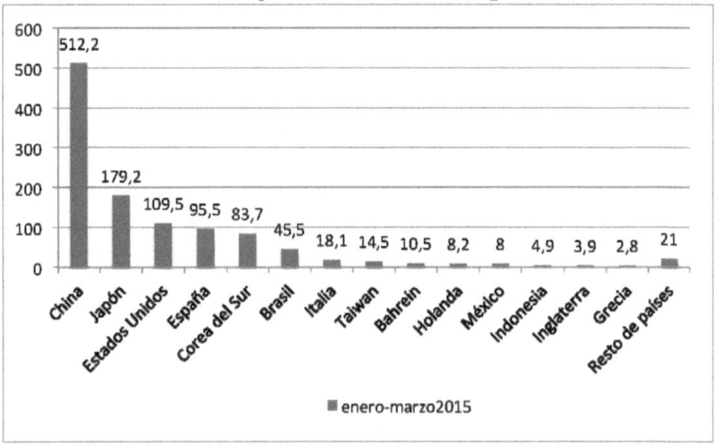

Fuente: INE Atacama.

Gráfico 7.6.- Distribución de las exportaciones por país.

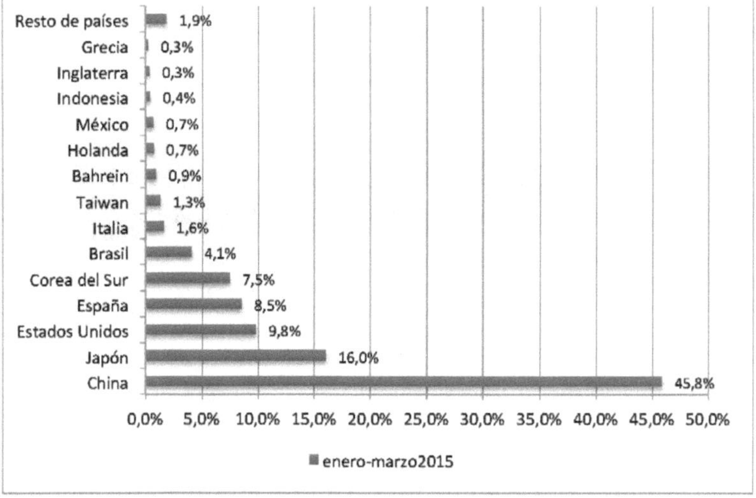

Fuente: INE Atacama.

La situación que acabamos de describir puede complicarse aún más, para una región, cuando existen sectores económicos que supeditan su crecimiento al desarrollo del sector exportador. En este escenario es necesario impulsar a la región a encontrar otras fuentes de desarrollo económico, es decir, un crecimiento que se obtenga a partir del trabajo consciente de todos los actores regionales; éstos deben ser capaces de emplear al máximo los factores productivos, presentes en la región, con el propósito de conseguir un mayor crecimiento. Como ya sabemos, esta posibilidad es endógena a la economía.

7.2. MODELO ECONÓMICO REGIONAL.

La presente sección ayudará a definir el modelo económico de Atacama. Para ello se usará parte del capítulo 3, en el cual se han detallado los distintos sectores productivos, como también las distintas variables que ayudan a potenciar la dinámica económica en la región. En la representación del modelo se usará el enfoque de sistemas, que corresponde a una visión amplia de un determinado problema, concentrándose en las interacciones que existen entre las diferentes partes, es decir, su tendencia es hacia la globalidad. Este tipo de herramienta es excelente para ayudar a abordar problemas complejos. La figura 7.1 muestra el funcionamiento económico de Atacama.

Figura 7.1.- Modelo económico región de Atacama.

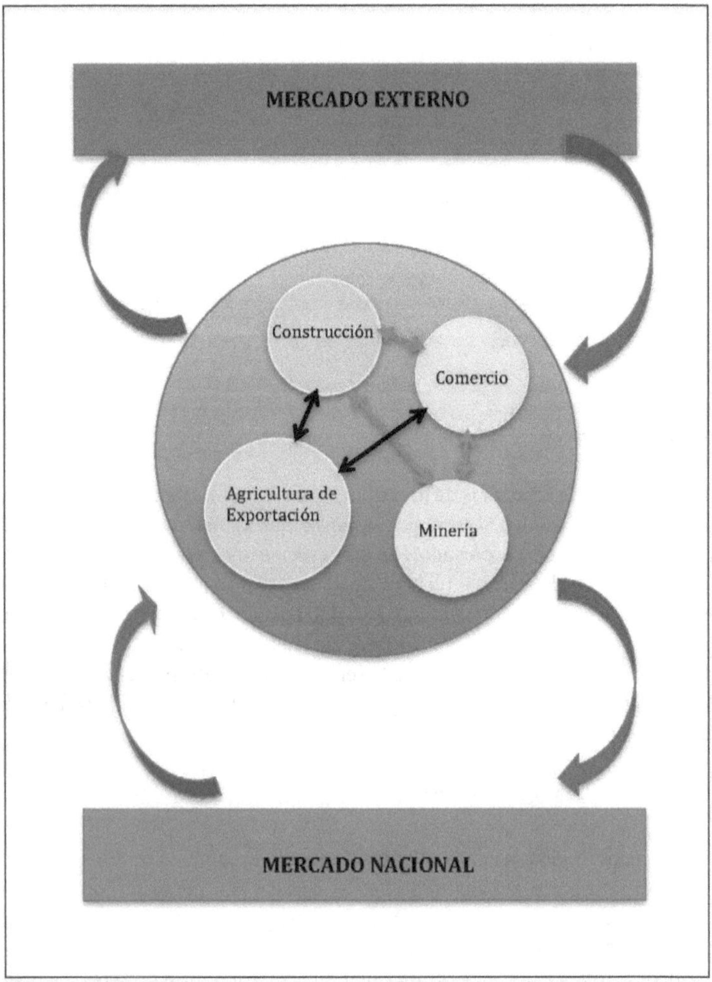

Fuente: Elaboración propia.
Importaciones regionales.
Exportaciones regionales

En el modelo económico de Atacama, junto a los sectores económicos interactúan tres tipos de mercados: mercado externo, mercado nacional (otras regiones diferentes a Atacama) y el mercado interno (solo Atacama). Los ingresos regionales totales, corresponderán a la sumatoria del producto entre las unidades vendidas y los respectivos precios alcanzados en cada uno de los tres mercados. Los egresos regionales, en cambio, será la sumatoria del producto entre, todas las unidades importadas y sus respectivos precios. Lamentablemente Atacama no cuenta con toda la información necesaria, para estimar todos sus ingresos y egresos. No posee registros detallados capaces de cuantificar las compras y ventas, dentro de la región y del país. En consecuencia, el modelo centrará los esfuerzos en definir aquellos ingresos, que provienen de los sectores económicos determinados como relevantes: minería y agricultura de exportación. También se explicarán los efectos que desencadenan hacia otros sectores económicos, como la construcción, el comercio y el mercado del trabajo.

7.2.1.- Mercado externo.

Los ingresos del mercado externo, son una consecuencia de la cantidad de productos vendidos en el extranjero, multiplicados por sus respectivos precios. Como se vio en el capítulo 3, Atacama exporta principalmente cobre y uva de mesa. Sin embargo, las demandas agregadas de estos sectores económicos, deberán ser tratadas de manera independiente.

Demanda agregada del cobre.

Los ingresos económicos provenientes del sector minero son inciertos, esto es debido a que en su cálculo se enfrentan dos variables difíciles de estimar: el precio de venta y la cantidad de producción anual. Al ser el cobre un *commodity* con alta demanda internacional, su precio es variable, y como tal, se ve regulado por la ley de oferta y demanda. De esta manera, cuando la demanda sobrepase a la oferta, el precio del metal será alto. Por el contrario, su precio será bajo si la oferta es muy superior a la demandada. La cantidad de producción anual de cobre, también se ve influenciada por el precio, es decir, si el precio del metal es alto, el incentivo en aumentar la producción será mayor. Por el contrario, un precio bajo no estimula a aumentar la oferta regional de cobre.

La mediana y gran minería con el propósito de minimizar la incertidumbre de estas dos variables, transan con anterioridad los precios de equilibrio y las cantidades de cobre a ofertar. Las negociaciones se llevan a cabo en los distintos mercados de materias primas existentes en el mundo, siendo la Bolsa de Metales de Londres (LME), el principal y mayor mercado en opciones y contratos a futuros para metales no ferrosos. Ese lugar reúne a potenciales compradores y vendedores, y los precios alcanzados en ese momento, son considerados como una representación verdadera de la oferta y demanda por el sector comercial e industrial del mundo. En promedio, el horizonte y permanencia del contrato de compra a futuro se da entre los 12 ó 18 meses, el plazo final dependerá del poder de negociación entre ambas partes.

La oferta diaria de éstas empresas, se basa en la vida útil que posee el yacimiento. Al calcular la producción anual, intervienen distintos estudios geomensores y de sondajes, que estiman la cantidad de mineral total existente. Luego, esa cantidad global se divide por la producción diaria estimada, para obtener así, la vida útil del yacimiento cuprífero, para ello, se consideran todos los activos disponibles en cada trabajo minero. De esta manera, la oferta diaria de la empresa será un dato, e igual a la producción en ese período y a la demanda.

Según la información proporcionada por gerentes y jefes de producción de importantes mineras regionales, indican que el cumplimiento de las metas diarias debe ser forzosamente respetado. Si las empresas que ya han transado su producción no cumplen las cuotas propuestas, pueden sufrir severas multas por incumplimiento de contrato. Por ello, en cada relevo de turno se van chequeando los principales indicadores de producción, los que sirven para planificar, de ser necesario, los aumentos en las horas de trabajo adicional. El precio lista del metal, también influye en la explotación de futuros proyectos, de esta manera si el precio es alto, o sobre todos los costos de producción, la mayoría de las empresas estará dispuesta a incursionar en nuevos planes mineros. Caso contrario ocurrirá, cuando el precio del cobre sea inferior. Otro dato entregado, es que ninguna de las empresas consultadas producen para guardar en stock de inventario, según ellas, el costo de almacenar 100 mil toneladas de cobre es muy alto, por eso, el 100% de la producción ya se encuentra vendido. Con estos datos, la mediana y gran minería estima el valor de producción y los costos anuales asociados.

En resumen, en el corto plazo la curva de oferta de este tipo de empresas, es perfectamente inelástica. Su producción diaria y mensual deja de ser variable, ésta se transforma en un dato al momento de cuantificar la vida útil del yacimiento. La única variable a la que se enfrentará la empresa, al menos cada año, es al precio de venta. Lamentablemente éste dependerá de factores totalmente exógenos a la industria minera, siendo muchas veces variables económicas internas de cada país comprador, lo cual hace imposible su estimación.

La pequeña y artesana minería, esta compuesta por pirquineros y por pequeñas empresas familiares. Las que han sido dedicadas por generaciones a extraer cobre de yacimientos heredados, o de terrenos con derechos a exploración y explotación. Este grupo, no posee los poderes de negociación de la gran minería. Tampoco de los procesos metalúrgicos para vender el cobre de manera directa. En este punto es necesario señalar que el cobre exportado debe alcanzar un 99,9% de pureza. En consecuencia, éste sector productivo regional, no tiene más opciones que vender toda su producción a la Fundición Hernán Videla Lira, ENAMI, dependiente de CODELCO y ubicada en Paipote. La fundición comprará el mineral en su estado nativo, para luego procesarlo y exportarlo. Las exportaciones se hacen junto a las de CODELCO, si el envío mensual es superior a lo transado en el contrato, todo el excedente se vende al precio spot que marcan las bolsas internacionales en ese momento, específicamente la *London Metal Exchange*. La figura 7.2 muestra un diagrama de flujo, con el proceso al que se ve expuesto un pequeño minero.

Figura 7.2.- Diagrama de flujo para el pequeño minero

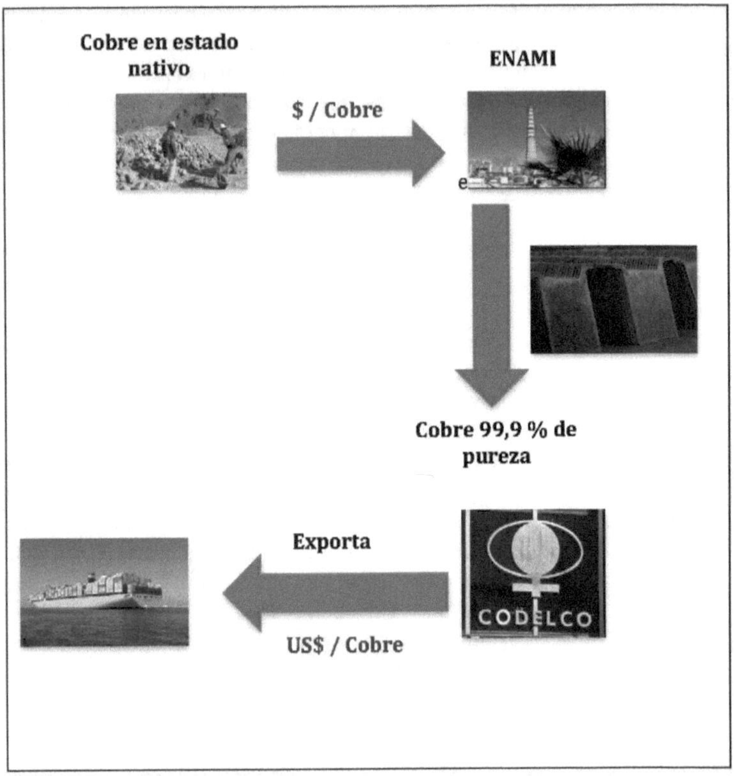

Fuente: Elaboración propia.

La Asociación de pequeños mineros ubicada en Copiapó, relata la vulnerabilidad del sector, frente a las variaciones de precio que puede alcanzar el cobre. Según ellos, ENAMI cambia los precios "casi todas las semanas", no paga la verdadera ley de pureza que presenta el mineral y además el precio pagado corresponde, en promedio, a un 70% del precio publicado en la *London Metal Exchange*. Esto significa que el sector, es muy vulnerable a las variaciones en el precio del cobre, y no les permite planificar los ingresos. Como consecuencia, muchos de sus asociados prefieren trabajar en otra actividad que seguir explotando el yacimiento, cuando el mineral presenta bajas significativas en su precio. En resumen, este sector posee un precio mínimo para ejercer la actividad. La asociación de pequeños mineros de Copiapó, no pudo determinar cual era ese "precio mínimo aceptable", pues, dependía de las aspiraciones personales de cada microempresario. Lo que si aseguraron y podían demostrar, que a medida que el precio del cobre subía, el número de socios y de faenas mineras también lo hacía.

Demanda agregada de la fruta.

Otra componente relevante en los ingresos del mercado externo, es el mercado de la fruta, principalmente el de la uva de mesa. Según la Asociación de Productores y Exportadores Agrícola del Valle de Copiapó AG. (APECO), que representa al 95% de la superficie plantada, *"los valles de Atacama, poseen condiciones naturales de clima y humedad que le permiten cosechar de manera temprana la uva de mesa, logrando excelentes precios en los mercados internacionales, especialmente en Estados Unidos, donde se exporta cerca del 70% de la producción regional".* El precio que alcanza la fruta en el mercado externo, es el resultado de las condiciones climáticas y de las expectativas de la demanda: si la producción anual de uva es insuficiente, dada la demanda, su precio será alto. En cambio, si la producción es excesiva para la demanda, su precio será bajo. La asociación también relata, que la producción regional de uva es excesiva para la demanda interna, y que el sector demanda cada año, cerca de 15.000 puestos de trabajos temporales para la cosecha y empaque de la uva, dado que los tiempos de cosecha son muy acotados. Además enfatiza, en que el precio externo siempre es muy superior al precio del mercado interno, por lo que todos los productores prefieren exportar antes que vender internamente. Las restricciones que aparecen entre un mercado y otro, son básicamente de calidad, las que se asocian a un calibre o diámetro, de esta manera, aquellas uvas que poseen un diámetro pequeño, serán vendidas en el mercado nacional.

De esta manera, la curva de oferta en el mercado externo empieza a tener sentido para los productores regionales, cuando la fruta producida es de una calidad y de un calibre muy superior al transado en el mercado interno. Las variaciones de precio en la demanda internacional, según APECO, se mantienen generalmente constantes por todo el tiempo de la cosecha. Es así como los ingresos de este mercado, provendrán del mercado externo, si la uva cuenta con los requisitos para ser exportada, de lo contrario, los ingresos vendrán del mercado interno.

En resumen, al considerar solo los productos con mayor participación en las exportaciones de la región, los ingresos del mercado externo, debieran ser la suma de las cantidades de cobre y uva exportadas, multiplicadas por sus respectivos precios.

7.2.2.- Mercado interno.

Los efectos del sector exportador, principalmente el minero y el agrícola, sobre el mercado interno de Atacama, destaca en la mayoría de los sectores productivos, sin embargo, el modelo centrará los esfuerzos en dos: comercio y construcción. También se analizarán los efectos en el mercado laboral.

Como ya se ha dicho en el capítulo 3, la dinámica económica está fuertemente enlazada al sector minero. Sin embargo, según fuentes ligadas al área, indican que las primeras etapas de todo proyecto minero, absorben una gran cantidad de trabajadores, los que no necesariamente pertenecen al sector productivo, sino que a sectores complementarios, básicamente ligados a la construcción. Los nuevos proyectos mineros, necesitarán una mayor cantidad de campamentos para los trabajadores e infraestructura de comunicación vial, aumentando con ello, la demanda en mano de obra de maestros, albañiles y constructores.

Al ser la oferta del cobre inelástica en el corto plazo, ésta no tiene una reacción inmediata frente a cambios de la demanda. Es así como, ante un aumento en las necesidades externas, la región y las empresas no poseen las capacidades para satisfacerlas de manera inmediata. Esa escasez momentánea del cobre en los mercados internacionales, impulsarán los precios al alza y las expectativas a mediano plazo. Si los precios del mineral son altos, la actividad minera crecerá, lo más probable es que aumenten las pequeñas explotaciones mineras, trabajadas con métodos artesanales. La gran minería también expandirá sus actividades, pues, al precio de evaluación del mineral, la mayoría de los grandes proyectos absorberán los costos y tendrán utilidades en sus períodos de ejecución. En consecuencia, al aumentar el precio del cobre, crecerá la inversión en proyectos mineros, en sondaje, exploración e inversión. También aumentarán las contrataciones y demanda en mano de obra de técnicos y personal cualificado. Todo esto impulsará a un aumento de los salarios en el corto plazo, generando expectativas mayores en los desempleados y profesionales, tanto de Atacama, como del resto de Chile. Los aumentos en la demanda regional de trabajo, enfrentará en el corto plazo, una oferta constante de trabajo. Está situación transitoria, impulsará los salarios nominales al alza, y a una disminución de los niveles de desempleo regional. Las alzas en los salarios nominales y las disminuciones en las tasas regionales de desempleo, promoverán una región atractiva al mercado laboral nacional, e impulsarán una mayor emigración hacia Atacama. Los aumentos en la oferta de trabajo, impulsarán a que el sector vuelva a las condiciones de equilibrio, pero eso si, con menores tasas de desempleo y salarios un poco mayores. Todo esto favorecerá a las ventas del comercio, y mejorará los ingresos de todos los sectores en general.

Lo antes descrito conlleva a una afluencia de trabajadores a la región. La mayoría pertenecientes a regiones vecinas. Esta llegada de personal anima la actividad del sector de la construcción y por ende del comercio, especialmente el micro y pequeño. Este círculo virtuoso se rompe, cuando la demanda del cobre baja, disminuyendo todos los efectos positivos. En consecuencia, disminuye la inversión, el número de desempleados aumenta y el nivel de ingresos regionales se restringen, efecto que perjudica a los otros sectores económicos. Aún a pesar de la falta de datos, es plausible pensar que las utilidades de la gran minería en tales episodios de bonanza no se reinvierten en la región. Quizás ello no sea así en el caso de la pequeña minería, aunque sus beneficios pueden destinarse a alimentar la expansión de la construcción con voluntad especulativa.

Al no poseer conexiones el sector minero con el sector agrícola, estas dos fuerzas productivas regionales se enfrentan a un mercado y demanda laboral totalmente independientes entre si. La oferta de trabajo del mercado agrario, corresponde mayoritariamente al personal agrícola que se desempeña en la zona central, es decir en las regiones V y VI, que quienes aprovechando los desfases de cosecha, están disponibles para trabajar en Atacama. APECO indica que todos los packings de uva existentes en el valle de Copiapó, poseen instalaciones de campamentos, con habitaciones diferenciadas por sexo, además de zonas recreativas y de esparcimiento. Los campamentos agrícolas son capaces de albergar a toda la fuerza de trabajo necesaria en su funcionamiento. Explica además que la extensión de la jornada laboral es de 8 horas diarias y que todos los trabajadores poseen un día libre a la semana, sin embargo, la mayoría de los contratados los prefieren trabajar. Esto ocurre por dos razones: la primera es que la mayoría de los operarios no tienen vida familiar cercana, pues se encuentran lejos de sus familias y la segunda, por la ubicación, todas las instalaciones están situadas lejos de la ciudad, y por añadidura, con muy mala conectividad. Todo esto facilita la concentración del trabajador y a la vez estimula su contratación, pues éste no gastará en movilización, comida y alojamiento. Sin embargo, estas condiciones laborales no se reflejan en mayores ingresos para Atacama, pues, al ser la mayoría trabajadores de otras regiones, estos operarios intentarán gastar lo menos posible, destinando el grueso de sus salarios a sus familias y regiones de origen.

Las interacciones que puedan darse entre el sector agrícola y los sectores comercio y construcción, serán principalmente a través de los fundos regionales. En épocas de cosechas, aumentaran la demanda en bienes de consumo, destinados a satisfacer a sus trabajadores y en mejoras destinadas a los campamentos. La demanda por trabajo, en cambio, se ha mantenido constante por varios años. Esta depende del tamaño del fundo, según fuentes del sector, indican que la oferta es mayoritariamente femenina y que el salario es básicamente variable, el que dependerá de su nivel de producción, en resumen un buen trabajador podría optar a unos 25US$ diarios.

En conclusión, al analizar el modelo económico regional, es posible observar lo importante del sector exportador para Atacama, el cual es responsable, sobre el 50% de los ingresos. Por lo tanto, no es difícil imaginar los efectos, ya sean positivos o negativos, que generan las alzas o bajas en los precios internacionales del cobre y en menor medida, los de la uva de mesa, para la economía regional.

7.3.-DESARROLLO ECONÓMICO EN ATACAMA.

Como se ha visto a lo largo de esta tesis, uno de los principales objetivos que ambicionan las autoridades políticas de cualquier región es alcanzar el bienestar económico y social y una vez alcanzado, mantenerlo y conservarlo de tal manera que esa riqueza crezca en el tiempo y favorezca a cada uno de sus habitantes. Es así como el crecimiento y desarrollo económico de la región de Atacama, debe ser sostenido y sustentable en lo económico. También debe existir una visión integradora, capaz de incorporar criterios sociales, culturales y de medio ambiente, que junto a los criterios económicos, entreguen a la población beneficios extrapolables, que en resumen significan un mejor bienestar económico - social. Aunque la noción de sostenibilidad es antigua, pues sus fundamentos responden a la conciencia de conservar un determinado sistema productivo o un patrimonio natural para las generaciones venideras, sin traspasar las leyes naturales y sin provocar efectos irreversibles (Jimenez 2000: 102), hoy en día ha vuelto a imponerse. El proceso de desarrollo endógeno requiere de todos esos componentes, como así también de una actitud activa y creativa de todos los líderes regionales, pues de esta forma, sería la única manera de ir superando los obstaculos que el proyecto pueda ir presentando.

Atacama comparte los objetivos de desarrollo económico, planteados recientemente, sin embargo las maneras de alcanzar los principios de bienestar y prosperidad económica, son variados e independientes para cada territorio. En la tercera región las cosas no han sido fáciles porque:

1. Desde sus inicios, la base exportadora regional ha constituido el motor del desarrollo económico. Sin embargo, esta cesta exportable ha estado conformada por actividades agrícolas y mineras, destacándose principalmente en la venta de *commodities*, como el cobre y la uva de mesa.

2. Atacama ha sido heredera de una serie de recursos naturales (factores de dotación), que lo han privilegiado en los mercados internacionales. Sin embargo, tales beneficios han acentuado la desidia en sus habitantes y autoridades, limitando así, la incursión en otros mercados.

3. Las tasas de desempleo en Atacama nunca han sido descollantes, esto se debe principalmente a las expectativas laborales que genera la región. Pues, una componente importante de la demanda por trabajo corresponde a trabajadores de regiones vecinas, quienes viendo buenas condiciones laborales, están dispuestos a asentarse en la región. Sin embargo, cuando el escenario laboral cambia o quedan cesantes, la mayoría se devuelven a sus lugares de origen. En resumen, al mantener la región tasas bajas de desempleados, no incentiva al gobierno regional a incursionar en nuevas fuentes de desarrollo económico.

4. La gran minería instalada en Atacama paga impuestos y royalty al gobierno central, estos montos luego son devueltos, en menor parte, a la región. Es decir, Atacama no tiene injerencias en la distribución, planificación o inversión de los impuestos cancelados por la explotación minera ocurrida en su región.

7.4.- ECONOMÍA REGIONAL Y EL CRECIMIENTO DESEQUILIBRADO

Como se ha dicho, el desarrollo económico en la región de Atacama no ha sido fácil. Esto ha llevado a culpar erróneamente a las regiones vecinas de su deterioro, pues, mientras éstas crecían, Atacama se encontraba estancada. Así es como la región de La serena, por el sur y la región de Antofagasta, por el norte, ostentan un mayor crecimiento económico, medido a través del PIB, como consecuencia del turismo y la gran minería, respectivamente. Cualidades que las convierten en un imán para captar una mayor cantidad de capitales, y un recurso humano más cualificado, todo esto en desmedro de Atacama. Sin embargo, esta situación empezó a cambiar a finales de la década pasada, cuando la región empieza a despuntar en explotaciones de la mediana y gran minería, mejorando con ello los indicadores económicos. A continuación la tabla 7.3 y 7.4 muestran los correspondientes PIB regionales y el número de habitantes.

Tabla 7.3.- PIB regiones II – III y IV.

	2008	2009	2010	2011	2012
Región	**Millones de pesos encadenados (2008 - 2012)**				
II de Antofagasta	9.998.303	9.912.179	10.264.327	9.551.245	10.578.838
III de Atacama	**1.941.954**	**1.909.197**	**2.213.437**	**2.452.231**	**2.680.119**
IV de Coquimbo	2.595.500	2.436.754	2.846.926	3.083.134	3.212.444

Fuente: Banco Central de Chile.

Tabla 7.4.- Población regiones II – III y IV.

	2008	2009	2010	2011	2012
Región	**Número de habitantes (2008 – 2012)**				
II De Antofagasta	561.604	568.432	575.268	581.701	594.755
III De Atacama	**282.498**	**286.816**	**291.234**	**295.598**	**299.863**
IV De Coquimbo	698.018	708.369	718.717	728.934	735.178

Fuente: INE Chile.

Si bien es cierto que ambos PIB regionales son mayores que el de Atacama, sin embargo, al calcular el respectivo PIB per cápita, solo destaca el de Antofagasta, La Serena se ubica detrás de Copiapó, ver gráfico 7.7.

Gráfico 7.7.- PIB regiones II – III y IV.

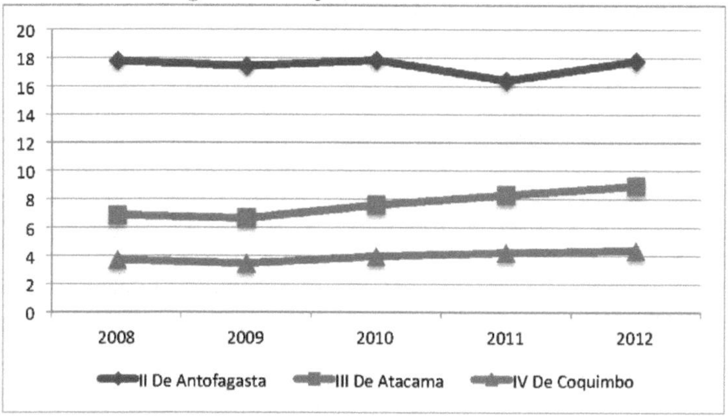

Fuente: Elaboración propia, basada en las tablas 7.3 y 7.4.

Pese a lo anterior, las diferencias entre los crecimiento económico, han influido en los respectivos Índice de Calidad de Vida Urbana (ICVU). Indicador que mide: "*las condiciones de vida objetivas de la población, generadas a partir de las actuaciones y dinámicas de transformación del espacio urbano inducidas por actores públicos, privados y la sociedad civil*". El cual es aplicado anualmente por el Instituto de Estudios Territoriales de la Pontificia Universidad Católica de Chile, y pertenece a un proyecto financiado por la Comisión Nacional de Investigación Cientifica y Tecnológica (CONICYT 2015). La tabla 7.8 muestra los resultados obtenidos durante el año 2014. La aplicación se efectuó a 93 comunas con más de 50.000 habitantes, lo que refleja un 85% de la población chilena. En la cuarta región, se han considerado las comunas de La Serena y Coquimbo independientes, pese a ser una conurbación, pues ambas cuentan con una población superior a los 50 mil habitantes.

Tabla 7.5.- Índice de Calidad de Vida Urbana.

Región	RK	Comuna	ICVU	CL	AN	CS	CM	SM	VE
II	11	Antofagasta	53,7	70	42,8	40,2	70,3	71,9	45,8
III	**15**	**Copiapó**	**53,4**	**59**	**49,1**	**41,4**	**70,4**	**64,5**	**48,5**
IV	40	Coquimbo	48,2	52,6	35,6	40,6	54,8	56,2	51,1
	19	La Serena	52,1	58,1	32,2	51,6	62,6	59,2	53,6
		Promedio Nacional	**47,8**	**59,2**	**40,1**	**44,8**	**46,2**	**58,9**	**43,5**

Fuente: Adaptación CONICYT 2015

Dónde:

RK: Ranking, medido de 1 a 93. Donde el 1 refleja un ICVU excelente y el 93, uno muy malo.

CL: Condición laboral, representa un 9,3% del total de factores medidos. La escala de medición es de 0% a 100%, donde 0 es muy malo y 100 excelente.

AN: Ambiente de negocios. representa un 16,5% del total de factores medidos. La escala de medición es de 0% a 100%, donde 0 es muy malo y 100 excelente.

CS: Condiciones socioculturales. representa un 17,4% del total de factores medidos. La escala de medición es de 0% a 100%, donde 0 es muy malo y 100 excelente.

CM: Conectividad y movilidad, representa un 9,1% del total de factores medidos. La escala de medición es de 0% a 100%, donde 0 es muy malo y 100 excelente.

SM: Salud y medio ambiente, representa un 18,6% del total de factores medidos. La escala de medición es de 0% a 100%, donde 0 es muy malo y 100 excelente.

VE: Vivienda y entorno, representa un 29,1% del total de factores medidos. La escala de medición es de 0% a 100%, donde 0 es muy malo y 100 excelente.

Es interesante observar como el despegue económico regional, durante la década pasada, ha influido positivamente en el ranking del ICVU. Copiapó obtiene un 15º lugar, posición que lo ubica por encima de las comunas de La Serena y Coquimbo, pero levemente inferior a Antofagasta, Capital regional dedicada también al negocio minero.

No obstante, al evaluar las comunas usando el Barómetro Imagen Ciudad de Visión humana estos valores tienden a ser diferentes. Este indicador es de percepciones, y busca comprender la imagen que proyectan las principales ciudades de Chile. El período de aplicación estuvo a cargo de la Consultora Visión Humana, el cual se desarrollo durante los meses de junio y julio del 2015. los resultados se basan en 1.880 encuestas realizadas en hogares a personas de las 24 ciudades más importantes del país, de 15 a 80 años de edad. El nivel de confianza es de un 95% y la varianza máxima de un ± 2,3%. La escala de evaluación tiene un mínimo de 0, muy malo, y un máximo de 100, excelente. Los gráficos 7.8 al 7.11, muestran las principales variables evaluadas.

Gráfico 7.8.- Lugar para vivir.

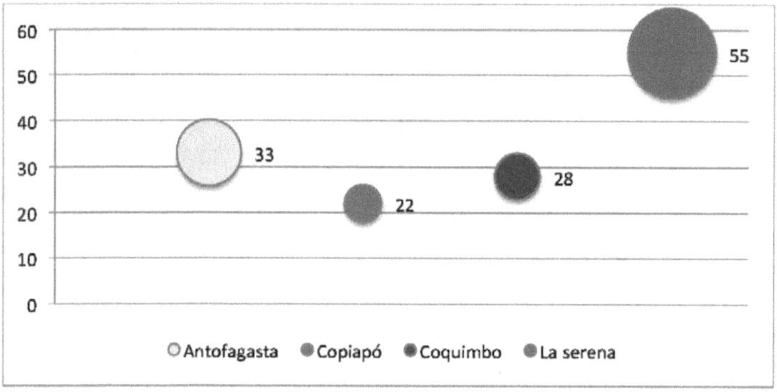

Fuente: Adaptado de Visión humana 2015.

Gráfico 7.9.- Lugar para trabajar.

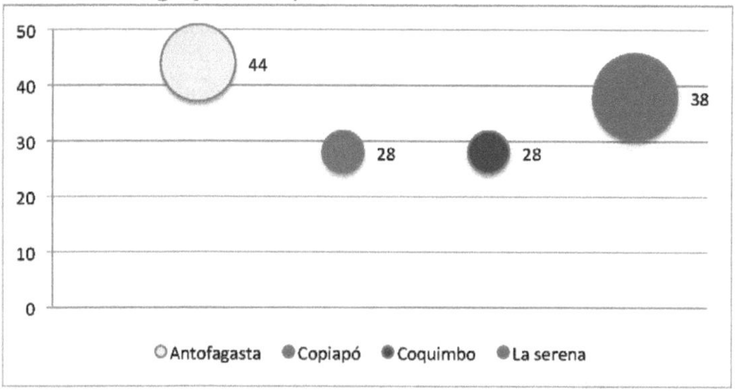

Fuente: Adaptado de Visión humana 2015.

Gráfico 7.10.- Lugar para estudiar.

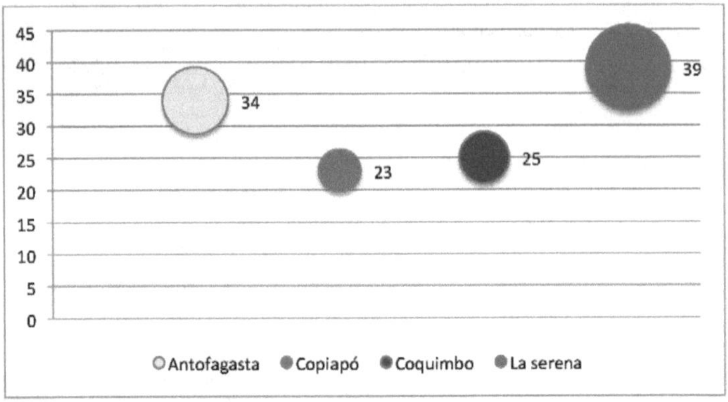

Fuente: Adaptado de Visión humana 2015.

Gráfico 7.11.- Lugar para visitar.

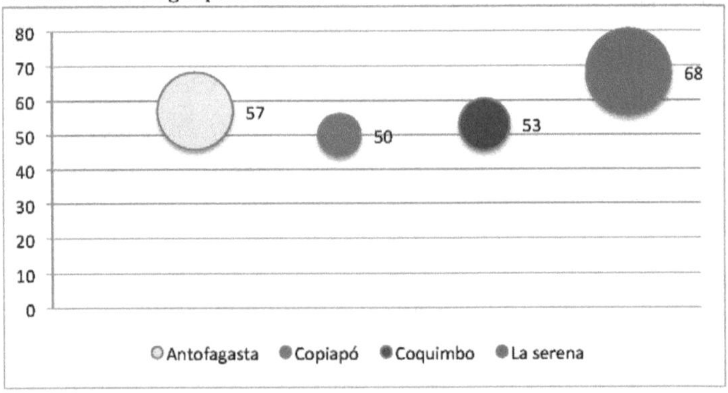

Fuente: Adaptado de Visión humana 2015.

Los gráficos muestran que en todas las dimensiones evaluadas, las percepciones de la ciudadanía no son buenas para la capital de la tercera región. Atacama queda en una situación desventajosa frente a Antofagasta y/o La Serena - Coquimbo. Estos valores indican que la ciudad no es atractiva para vivir, estudiar y trabajar, tampoco lo es en el ámbito turístico.

Los datos además muestran la existencia de un crecimiento desigual alcanzado entre estas regiones. Esto nos recuerda la teoría de los crecimientos desequilibrados de Myrdal, que nos dice: el sistema nunca se moverá hacia un equilibrio, por el contrario, aparecen fuerzas que lo impulsan cada vez más lejos. Un tipo de fuerzas de las que habla Myrdal, podrían ser las percepciones que genera en la población, un paupérrimo y desigual crecimiento económico. Pues, a pesar del despegue alcanzado en este último tiempo en la región de Atacama y de sus maravillosas costas, aún existe la idea en la ciudadanía, que Copiapó no es una ciudad atractiva. Esta idea, perjudica a la región en la captación de un recurso humano de excelencia, ya que existe poca disponibilidad para querer estudiar y trabajar en ella. También es destacable la popularidad que posee la conurbación La Serena - Coquimbo, que a pesar de no tener una gran diversificación en su economía, es del atractivo de la mayoría para vivir. Las causas de su popularidad, quizás debieran de encontrarse en su cercanía con la capital nacional, en las facilidades de acceso, ya sea por carretera o aire y en la infraestructura turística existente.

Aunque es cierto que el crecimiento equilibrado entre regiones es posible, pues dada la concentración de actividades en las ventajas competitivas que posee cada territorio, este podría perfilarse en una cierta especialización en los mercados. Pudiendo el crecimiento regional adoptar diferentes formas, que van desde la concentración hasta la posibilidad de *"leap - frogging" o "grandes saltos de rana"*, pasando por un equilibrio donde las tasas de crecimiento sean iguales en todas las regiones (Muñiz 98: 163). Es por ello necesario potenciar los crecimientos que puede alcanzar una región, basándose en sus propias capacidades y recursos. También se debe fomentar las mejoras a la cadena del valor, favoreciendo en ello los eslabonamientos hacia delante o hacia atrás.

Estos procesos de crecimiento, son esenciales en las nuevas teorías de desarrollo económico, pues, la acumulación de capital y la innovación tienen un papel central en la explicación de los procesos de desarrollo. El desarrollo a largo plazo reside en las fuerzas que, interactuando, generan efectos multiplicadores de la inversión. Es decir mecanismos ocultos en la caja negra del desarrollo, que transforman los impulsos de inversión, en crecimiento sostenido de la renta y el empleo, dando lugar a economías en el sistema productivo y a rendimientos crecientes de los factores de producción.

El objetivo de las regiones es conseguir mejorar el bienestar económico, social y cultural de poblaciones concretas, estimulando el aumento de la competitividad de la economía y de las empresas en los mercados internacionales. Para lograrlo es necesario aumentar la productividad en todos los sectores productivos. La teoría de desarrollo endógeno, pareciera ser la indicada en este proceso de transformación.

El potencial del desarrollo endógeno, engloba a todos los factores que pueden contribuir al desarrollo regional, tales como los recursos materiales y los que ofrece el entorno, las infraestructuras de transportes y comunicaciones, las estructuras urbanas, así como el capital físico y humano (Wadley 1988: 99). El desarrollo se favorece, coordinando estos factores y ponerlos al servicio de actividades productivas. Uno de los medios en abordar el desarrollo endógeno, consiste en hacer un balance de las ventajas y desventajas de la región. Entre las desventajas más comunes, y que pudieran entorpecer el proceso, se encuentran: carencias en el acopio y tratamiento de la información, la planificación, la toma de decisiones, la puesta a punto y la concepción de los productos, los estudios de mercado, la organización, la gestión y la financiación (Wadley 1988: 100). Estas características, pudieran paralizar cualquier iniciativa de parte de empresarios o procesos de decisión. A la vez, también servirán para mostrar el potencial de la innovación en los factores de desarrollo, el que suele concentrarse geográficamente, facilitando la difusión entre empresas cercanas, y perjudicando a aquellas ubicadas en zonas periféricas.

CAPÍTULO VIII

ESTRATEGIAS DE DESARROLLO EN LA REGIÓN DE ATACAMA.

Con el propósito de definir las estrategias que darán sustento al proceso de desarrollo endógeno, acorde a las potencialidades de Atacama, se reunió una *comisión de expertos*, formado por diversos líderes que, gracias a su posición en la región, pueden impulsar estrategias de ayuda en el desarrollo económico. En la selección de éstos, se han considerado variables como; la actitud, los conocimiento de la región y la importancia que otorga la población a su trabajo. A todos ellos se les invitó a que desarrollaran las respuestas, a una serie de preguntas claves y de diagnostico regional, que ayudarán o que bien iniciarán al territorio, en el proceso de desarrollo endógeno. La encuesta-entrevista aplicada, se encuentra en el Anexo 3. El tema tratado se centró en el nivel de productividad que posee la región de Atacama, los determinantes que influyen en su competitividad y las etapas necesarias para generar estrategias de desarrollo.

A continuación, y con el afán de medir el desempeño económico territorial, se describirá el potencial de desarrollo endógeno que posee la región. Luego, con la ayuda de la comisión de expertos, se analizará el entorno de los factores micros, a través del Diamante de la Competitividad. Y por último, se dará paso al proceso de formación de las distintas estrategias de desarrollo económico para la región.

8.1.- POTENCIAL DEL DESARROLLO ENDÓGENO EN ATACAMA.

Como se revisó en el capítulo 4, el potencial del desarrollo endógeno se basará en todos aquellos factores que puedan contribuir en el desarrollo económico regional. Entre estos elementos se cuentan por un lado los heredados y por el otro aquellos que no dependen necesariamente de la acción de los mercados privados. Los primeros, son factores que se han ido transfiriendo de generación en generación y son propios del territorio, como es el caso de los recursos naturales, la localización y su tamaño. En cambio los segundos, poseen un carácter de "capital" y "público", destacando entre ellos, la infraestructura, las estructuras urbanas, de capital físico y humano.

La mayoría de estos factores se han revisado en los capítulos 3 y 7, por lo que en esta sección, solo se hará una síntesis del gran potencial económico que posee Atacama.

8.1.1.- Recursos mineros.

Como se ha dicho, Atacama posee una gran variedad de yacimientos mineros. Las tablas 8.1 y 8.2 muestran un catastro con los distintos Distritos Mineros existentes. Éstas zonas geográficas son muy ricas en minerales, y por lo mismo, pueden albergar a varios proyectos mineros a la vez. Hoy en día, algunos de estos terrenos no poseen una intensa actividad, pues, las grandes empresas que operaban en ellos, los han abandonado por no ser rentables. Pero sin embargo, aún existen pequeños mineros y pirquineros que explotan sus vetas.

Tabla 8.1.- Distritos Mineros metálicos de Atacama.

	DISTRITO	**MINERAL**	**PROVINCIA**
1	Chañarcillo	Plata	Chañaral
2	Bandurrias	Plata - Hierro	Chañaral
3	Tres Puntas-Chimberos	Plata	Copiapó
4	Lomas Bayas	Plata	Copiapó
5	Cerro Blanco	Plata - Cobre	Copiapó
6	Jarillas, El Bronce	Cobre	Vallenar
7	Agua Amarga	Plata	Vallenar
8	El Morado	Cobre	Vallenar
9	Labrar	Cobre - Cobalto	Vallenar
10	Capote	Oro	Vallenar
11	Astillas	Hierro	Vallenar
12	Carrizal Alto	Cobre	Vallenar y Copiapó
13	Checo	Cobre	Copiapó
14	Imán	Hierro	Copiapó
15	Amolanas	Cobre	Copiapó
16	Punta de Cobre	Cobre	Copiapó
17	Ojancos	Cobre - Hierro y Oro	Copiapó
18	Ladrillos	Cobre - Plata	Copiapó
19	Garín	Plata	Copiapó
20	Cachiyuyo de Llampos	Cobre y Oro	Copiapó
21	Cachiyuyo de Oro	Oro	Copiapó
22	Puquios	Cobre	Copiapó
23	Carrera Pinto	Cobre	Copiapó
24	Galleguillos	Cobre	Copiapó
25	Llano Morado	Cobre	Chañaral
26	Inca de Oro	Oro - Cobre	Chañaral

27	Chañaral Alto-Mostazal	Cobre y Plata	Chañaral
28	Franja Maricunga	Plata y Oro	Copiapó
29	Potrerillos-El Salvador	Cobre	Copiapó
30	Distrito Manto Verde	Cobre y Hierro	Chañaral
31	Diego de Almagro	Cobre y Hierro	Chañaral
32	Las Animas	Cobre y Plata	Chañaral
33	Altamira	Cobre	Chañaral

Fuente: Sernageomin y Geovirtual2.

Tabla 8.2.- Distritos mineros no metálicos de Atacama.

	DISTRITO	MINERAL	PROVINCIA
1	Cantón Taltal	Nitratos	Chañaral
2	Carbón de Ternera	Carbón	Vallenar
3	Boratos de Pedernales	Borax	Copiapó
4	Carbonatos Jilguero	Caliza	Copiapó
5	Baritina la Puerta	Baritina	Copiapó
6	Tungsteno de Monroy	Tungsteno	Copiapó
7	Mármoles de Obispito	Carbonatos, Cuarzo y Feldespatos	Chañaral
8	Azufre de Codocedo	Azufre	Copiapó
9	Fosfato de Bahía Inglesa	Fosfato	Copiapó
10	Greda y arcillas del valle río Copiapó	Greda y Arcilla	Copiapó

Fuente: Geovirtual2.

8.1.2.- Recursos Marinos.

Los recursos marinos de la región, son extraídos desde su zona económica exclusiva, ésta comprende desde la línea de alta marea, hasta las 12 millas náuticas (mn). Sin embargo, la pesca artesanal y la acuicultura, solo se percibe en las primeras 5 mn. En el interior de esta zona se realiza la pesca artesanal, la explotación de recursos hidrobiológicos naturales y de cultivos artificiales, como es el caso del Abalón. En resumen, Atacama posee una amplia zona marítima, su línea de costa alcanza los 528 kms., y su Mar Territorial los 3.421,17 mn^2.

La pesca artesanal es una significativa actividad productiva regional, además de una importante fuente generadora de trabajo, también realiza aportes significativos a la alimentación de la población. En general, la pesca artesanal se concentra en aquellos recursos que se encuentran a no más de 1 mn. desde la línea de costa. Mayoritariamente la extracción se basa en los recursos algales, seguidos por los recursos ícticos; los demás recursos (crustáceos y moluscos) no tienen una participación preponderante en los desembarques. La fauna íctica atacameña, corresponde mayoritariamente a los peces presentes en la fauna continental Sudamericana.

A continuación, en la tabla 8.3 se presentan algunas especies de peces de aguas continentales atacameñas, con su nombre científico y su nombre común.

TABLA 8.3.- Fauna íctica de Atacama.

NOMBRE CIENTÍFICO	NOMBRE COMÚN
Nematogenys inermis	Bagre grande
Percichthys trucha	Perca trucha
Geotria australis Gray	Lamprea de bolsa
Basilichthys australis Eigenmann.	Pejerrey chileno
Oncorhynchus mykiss Walbaum.	Trucha arcoíris
Merluccius gayi gayi	Merluza
Trachurus murphyi	Jurel del Pacifico Sur
Solea Solea	Lenguado
Argyrosomusregius	Corvina

Fuente: http://www2.udec.cl/~lpalma/peces.html

En la región existen 21 cofradías de pescadores oficiales, establecidas por la Subsecretaría de Marina. 18 están emplazadas en zonas rurales, y de estas 13 se ocupan de manera permanente con asentamiento de pescadores artesanales, las 5 restantes son ocupadas de manera eventual. El listado oficial de cofradías de pescadores, lo muestra la tabla 8.4.

Tabla 8.4.- Listado oficial cofradías pesqueras en Atacama.

COMUNA	Nº	NOMBRE DE CALETA
CHAÑARAL	3	Pan de Azúcar
		Chañaral
		Flamenco
CALDERA	7	Caleta Obispito
		Zenteno
		Caldera
		Cisne
		Puerto Viejo
		Barranquilla
		Maldonado
COPIAPÓ	2	Pajonales
		Totoral Bajo
HUASCO	4	Carrizal Bajo
		Los Pozos
		Angosta
		Huasco
FREIRINA	5	Los Bronces
		Los Burros Sur
		Agua de la Zorra
		Chañaral de Aceituno
		Carrizalillo
TOTAL	**21**	

Fuente: División de Planificación y Desarrollo del Gobierno Regional de Atacama 2004: 44.

8.1.3.- Ubicación.

La región de Atacama se ubica en la zona norte de Chile, se caracteriza por ser la puerta de entrada al Desierto de Atacama, uno de los lugares más secos y áridos del planeta. Posee una superficie de 75.176,2 km^2, por su extensión, es la cuarta región a nivel nacional, para una población de solo 299.863 habitantes. Desde el centro de Atacama a Santiago, la distancia promedio es de 850 kms, a la costa es de 100 Kms. y a la Cordillera de los Andes, solo 200 kms. Estas distancias permiten que en un día, se pueda viajar desde la cordillera al mar.

El clima en Atacama se estructura en torno a sus tipologías geográficas. Al poseer este una alta Cordillera de los Andes, al centro una Cordillera de la

Costa, y al oeste el Océano Pacífico. Todas estas características influyen en su clima, es así como en la costa, la nubosidad matinal es abundante, las precipitaciones son variadas, siendo mayores en el sur y las temperaturas anuales rondan los 16ºC, con una humedad del 74%. En la franja intermedia, posee condiciones xéricas, es decir, carencia de lluvias durante todo el año, elevadas temperaturas durante el día y ausencia de nubosidad. En los valles situados en la Cordillera de la Costa, el clima se caracteriza por presentar mayores precipitaciones anuales, una temperatura media de 15ºC y condiciones desérticas más atenuadas, esta zona se conoce como semidesierto. En pueblos cordilleranos como El Salvador, que se sitúa a 2.300 metros de altitud, el clima empieza a tornarse fío en invierno, pudiendo llegar a -7ºC. Desde El Salvador hasta el Paso San Francisco, límite fronterizo con Argentina, ubicado a sólo 246 kilómetros pero a 4.726 msnm. los inviernos son fríos y rigurosos, con abundantes nevadas, pudiendo alcanzar temperaturas mínimas de -25ºC. En la Cordillera de los Andes atacameña, se pueden distinguir los más importantes hitos de altura de nuestro país, como son el Volcán Nevados Ojos del Salado y el Tres Cruces a 6.892 y 6.754 msnm. respectivamente. Además, la presencia de depresiones cerradas, conforman lagunas y salares cordilleranos, destacando entre ellos el Salar de Pedernales, Salar de Maricunga, Laguna Santa Rosa, Laguna Verde y Laguna del Negro.

Esta ubicación y la variedad de climas existente en la región, permiten a Atacama destacar en los siguientes factores, aportando todos ellos, un alto potencial al desarrollo.

- **Borde costero.**

La larga línea costera de la región, permite albergar numerosas playas, aptas para el baño y con abundante sol. En la comuna de Caldera, las playas se caracterizan por las arenas blancas y el agua transparente, cualidades que son altamente valoradas por los visitantes, y que además incentivan el turismo de aventura y cultural. La Dirección Regional de Turismo, dependiente de SERNATUR, destaca en esta zona playas como: El Refugio, El Caleuche, El Cisne, Brava y Bahía Inglesa. Entre Barranquilla y el Totoral, destaca la existencia de playas, caletas y bahías, indicando que todas esas características corresponden a una Zona de Jerarquía Nacional. En esta zona se sobresalen: Caleta Barranquilla, Caleta Totoral Bajo y Bahía Salado, las que permiten el ecoturismo, la pesca deportiva y el turismo de playa. El litoral del Huasco, también presenta hermosos paisajes playeros, destacando: Los Toyos, Agua Luna,

Tres Playitas, Playa Chica y Playa Grande. En la tabla 8.5 se enumeran las distintas zonas de relevancia turística marina, existentes en la región y su localización. Estas zonas pueden albergar numerosas playas, pues corresponden a áreas en que se localizan recursos y atractivos naturales, potencialmente explotables con fines turísticos.

Tabla 8.5.- Zonas de relevancia turística marina en Atacama.

ZONA DE RELEVANCIA TURÍSTICA MARINA	CARACTERÍSTICA PRINCIPAL	LOCALIZACIÓN
Villa Alegre.	Playas de arena blanca y aguas transparentes.	Comuna de Chañaral.
Sector La Dientúa, Sector Bahía Las Salinas - Punta Dallas.	Existencia de arrecifes formados por la prolongación submarina de la Isla Grande de Atacama.	Comuna de Caldera.
Sector Caleta Barranquilla.	Área considerada para el desarrollo de actividades turísticas y recreacionales.	Comuna de Caldera
Carrizal Bajo.	Área considerada para el desarrollo de actividades turísticas y recreacionales.	Comuna de Huasco.
Sector Playa Blanca y Punta Lobos.	Sector considerado para la pesca submarina y el buceo	Comuna de Huasco.
Caleta Los Bronces.	Sector considerado apto para deportes submarinos, como el buceo.	Comuna de Freirina.
Cabo Los Leones.	Sector considerado apto para deportes submarinos, como el buceo.	Comuna de Freirina.
Sectores Chañaral de Aceituno.	Área considerada para la pesca submarina y el buceo	Comuna de Freirina

Fuente: División de Planificación y Desarrollo del Gobierno Regional de Atacama 2004: 37-38.

- **Atractivos turísticos naturales.**

La región ostenta variados atractivos naturales, ideales para el deporte de montaña, escalada, turismo aventura, ecoturismo y senderismo. Entre ellos se cuenta un complejo lacustre ubicado a 3.762 msnm, y a solo 148 kilómetros al este de Copiapó, formado por la **Laguna Santa Rosa** y **Laguna del Negro**. Ambos lagos son hipersalinos de montaña y se caracterizan por la gran población de Flamencos, Guanacos y Vicuñas en sus riberas. Además existe otro lago hipersalado, la **Laguna Verde,** ubicado próximo al Paso San Francisco y a 4.350 msnm. Se caracteriza por un bello color verde y ocupar el fondo de un profundo valle casi circular rodeado de volcanes siempre cubiertos de nieve, tales como el Nevado Ojos del Salado, el Muerto y el Nevado Incahuasi. También posee importantes salares como el **Salar de Pedernales** y **El Salar de Maricunga**. El primero se sitúa a 124 kilómetros al este de Diego de Almagro, enclavado en medio de la cordillera a 3.346 msnm. En el sector habita fauna como los flamencos rosados y patos silvestres. Se caracteriza por estar rodeado de cerros donde se han encontrado restos de fósiles marinos, entre los que cuentan el cerro Doña Inés y Blanco. El segundo, es el salar mas austral de Chile. Está localizado a 160 kilómetros al noreste de Copiapó, se encuentra a 3.756 msnm., y cubre una superficie de 80 km^2. En sus cercanías se encuentran las montañas más altas de Chile: Nevado Ojos del Salado, Nevado Incahuasi, San Francisco, El Fraile, el Muerto, Cerro Solo y Tres cruces.

Los altos volcanes y montes que posee Atacama, en promedio sobrepasan los 5.000 msnm., corresponden a volcanes inactivos clasificados en Estratovolcanes y Compuestos. Los primeros corresponden a un tipo de volcán cónico de gran altura, conformado por múltiples capas de lava endurecida. Estos volcanes se caracterizan por un perfil escarpado y por erupciones periódicas y explosivas. Los volcanes complejos o compuestos, en cambio, se caracterizan por poseer orificios múltiples en su área de erupción. La tabla 8.6 muestra una lista con los montes existentes.

Tabla 8.6.- Altos montes en la región de Atacama.

NOMBRE	ALTURA (msnm)	CLASIFICACIÓN	Provincia	ÚLTIMA ERUPCIÓN
Ata	6501	Estratovolcán	Catamarca (Argentina) - Copiapó (Chile)	Desconocida
Cerro Colorados	6000	Estratovolcán	Catamarca (Argentina) - Copiapó (Chile)	Desconocida
Copiapó	6052	Estratovolcán	Copiapó	Desconocida
Complejo Cerro Bayo	5401	Estratovolcán	Catamarca (Argentina) - Copiapó (Chile)	Desconocida
Cordón del Azufre	5463	Complejo	Catamarca (Argentina) - Chañaral (Chile)	Desconocida
Doña Inés	5092	Estratovolcán	Chañaral	Desconocida
El Ermitaño	6145	Estratovolcán	Copiapó	Desconocida
El Muerto	6488	Estratovolcán	Catamarca (Argentina) Chañaral (Chile)	Desconocida
Falso Azufre	5890	Estratovolcán	Catamarca (Argentina) - Chañaral (Chile)	Desconocida
Los Patos	6239	Estratovolcán	Catamarca (Argentina) - Chañaral (Chile)	Desconocida
Medusa	6120	Estratovolcán	Catamarca (Argentina) - Chañaral (Chile)	Desconocida

Nevado Ojos del Salado	6892	Estratovolcán	Catamarca (Argentina) - Chañaral (Chile)	1.300 años atrás
Peña Blanca	6030	Estratovolcán	Copiapó	Desconocida
San Francisco	6018	Estratovolcán	Catamarca (Argentina) - Chañaral (Chile)	Desconocida
Solo	6205	Estratovolcán	Catamarca (Argentina) - Chañaral (Chile)	Desconocida
Tres Cruces	6754	Estratovolcán	Catamarca (Argentina) - Chañaral (Chile)	Desconocida
Nevado Incahuasi	6638	Estratovolcán	Catamarca (Argentina) - Chañaral (Chile)	Desconocida

Fuente: Sernageomin.

Junto a los altos montes, también destacan parques y reservas nacionales. Atacama posee 3 Parques y una Reserva Nacional. Ambos corresponden a áreas extensas, en donde existen diversos ambientes únicos o representativos de la diversidad biológica natural de la región. En los parques, las alteraciones sufridas por la acción humana no son significativas. En las reservas, los recursos naturales que viven en ella, necesitan ser conservados y utilizados con especial cuidado por la susceptibilidad de sufrir degradación o por su importancia en el resguardo del bienestar de la comunidad. En ambos existe una amplia gama de formaciones geológicas y de especies de flora y fauna, lo que son de especial interés educativo, científico y recreativo. En la tabla 8.7 se enumeran los Parques y Reservas Nacionales existentes en Atacama.

Tabla 8.7.- Parques Nacionales en Atacama.

NOMBRE	SUPERFICIE (Ha)	LOCALIZACIÓN
Parque Nacional Pan de Azúcar.	43.754.	Comuna de Chañaral.
Parque Nacional Nevado Tres Cruces.	59.082.	Comuna de Copiapó y Comuna de Tierra Amarilla.
Parque Nacional Llanos de Challe	45.708	Comuna de Huasco.
Reserva Nacional Pingüino de Humboldt	859.300	Límite entre las regiones tercera y cuarta.

Fuente: Corporación Nacional Forestal del Ministerio de Agricultura (CONAF), Gobierno de Chile.

Por último, y no por ello menos importante, es el **desierto florido.** En Atacama ocurre un fenómeno que consiste en la aparición de una gran diversidad de flores entre los meses de septiembre y noviembre. Esto ocurre en aquellos años en que llueve sobre el rango normal para el desierto. El fenómeno, único en el planeta, también ocurre en los desiertos de Estados Unidos y Australia, florece con más de 200 especies nativas, inundando al desierto de Atacama con inusuales colores y olores.

- **Desierto de Atacama.**

El desierto de Atacama posee un alto potencial de radiación solar. Estudios indican que es uno de los mejores lugares del mundo, para instalar proyectos de Energías Renovables no Convencionales (ERNC), entre ellos, proyectos de absorción de energía termo-solar. Según datos basados en la extracción de diferentes fuentes, destinadas a medir la energía, y administradas por la Universidad Técnica Federico Santa María (UTFSM), la región presenta un alto número de días soleados y menos de 50 mm. de precipitaciones durante todo el año, además, la aridez del desierto define a la región como hiperácida (Corral et. al. 2012: 6.679).

De acuerdo a los datos entregados por la UTFSM, entre 1961 y 1983, la provincia de Chañaral, específicamente en la localidad de El Salvador, los peaks de radiación solar durante los meses de verano, han sido sobre los 900 (MJ/m^2) y en los meses de invierno, los mínimos cercano a los 260

(MJ/m^2). En promedio la radiación mensual ronda los 650 (MJ/m^2). Sin embargo, y con el afán de simular la energía termo-solar de concentración (CSP) entregada por las plantas solares, es necesario traspasar los valores mensuales capturados a hora, generalizando en ello, los días soleados y nublados. Por consiguiente, se usa un método de correlación, el que traspasa la radiación solar directa (MJ/m^2) a (Kwh/m^2). El Desierto de Atacama obtiene un valor cercano a 6 (Kwh/m^2). La tabla 8.8 muestra los principales proyectos de energía solar en el mundo, y su respectiva radiación diaria.

Tabla 8.8.- Plantas y proyectos de energía termosolar de concentración.

Planta	Localización	(Kwh/m^2) Energía diaria
Plataforma Solar almeria	España	4,82
SEGS	California, EE.UU.	5,86
AbengoaISCCS, proyecto	Ain - Ben - Mathar. Marrueco	4,84
Aún no desarrollada	Norte de Chile	≈ 6

Fuente: Corral et. al. 2012: 6.680.

Hoy en día, siendo marzo del 2016, la empresa Hidroenergy Company JSC, filial búlgara de Ingeniería y construcción HEC Chile Limitada, ha sido la encargada de construir una importante planta de energía fotovoltaica, ubicada a 58 kilómetros al noreste de Copiapó. Al conversar con el director de la compañía, indica que la construcción espera estar terminada durante el primer semestre del 2016. El proyecto recibe por nombre "Luz del Norte" y ocupará 478 hectáreas de desierto. Además indica que ayudará a diversificar la matriz energética de Chile. El proyecto de 141 MW. contará con energía generada por más de 1,7 millones de módulos fotovoltaicos, produciendo una energía equivalente al suministro de 174.000 viviendas, a la vez que evitará emisiones de C02. equivalentes a más de 185.000 toneladas métricas por año.

8.1.4.- Infraestructura de transporte y comunicaciones.

Al estar ubicado Atacama en la zona norte de Chile, y lejos de la ciudad de Santiago, es necesario revisar la conectividad e infraestructura que le permiten comunicarse entre si y entre otras regiones de Chile y el mundo:

- **Infraestructura vial.**

La conectividad vial de la región es medianamente buena. Atacama se une con la capital nacional, Santiago, y con el resto de las regiones y países latinoamericanos, a través de la ruta 5 o Carretera Panamericana. Esta carretera une Alaska (Estados Unidos), Ciudad de México, Quito (Ecuador), Lima (Perú), Buenos Aires (Argentina) y Santiago (Chile), con más de 25.800 kilómetros de largo y vincula a casi todos los países del hemisferio occidental del continente americano, posee tramos de excelente estándar, y otros, de calidad baja y media. Lamentablemente la calidad vial al norte de La Serena, es mala, la doble carretera o autopista en Chile, se extiende desde Puerto Montt (Región X), por el sur, hasta La Serena (Región IV), por el norte, el resto de kilómetros corresponden a vías simples. Todo esto aumenta los tiempos de viajes y la inseguridad vial, restringiendo los movimientos de pasajeros y mercancías, desde Copiapó hasta Santiago u otras regiones. En la actualidad existen proyectos en ejecución destinados a aumentar la doble vía hasta Copiapó, se espera la terminación de las obras para el 2018. En Atacama, la Carretera Panamericana empalma la capital regional, Copiapó, con las principales ciudades de la región, como son Chañaral, Caldera y Vallenar. El transporte de pasajeros y la carga comercial, desde y hacia las distintas comunas de la región, se realiza a través de las diferentes líneas privadas de autobuses y de empresas de transportes, existentes en el país. A continuación, en la tabla 8.9 se muestran las respectivas distancias viales medidas en kilómetros.

Tabla 8.9.- Distancias viales en Kms.

	Copiapó	**Caldera**	**Chañaral**	**Vallenar**	**La serena**	**Santiago**
Copiapó	0	77	166	151	373	813
Caldera	77	0	96	222	405	882
Chañaral	166	96	0	302	132	979
Vallenar	151	222	302	0	196	673
La Serena	373	405	539	196	0	478
Santiago	813	882	979	673	478	0

Fuente: http://www.lasdistancias.com

El resto de comunas de la región se comunican entre sí, y con la ciudad de Copiapó, a través de distintos caminos y rutas, todas vías simples y en la mayoría de los tramos sin bermas y asfaltados. La siguiente lista detalla las principales rutas regionales.

- ✓ Ruta Nacional 5 une a Copiapó - Vallenar - Caldera - Chañaral.
- ✓ Ruta Nacional C-13 que une Chañaral y Potrerillos.
- ✓ Ruta Nacional C-17 que une a Diego de Almagro y Copiapó.
- ✓ Ruta Nacional C-35 que une Paipote con Tierra Amarilla.
- ✓ Ruta Nacional C-46 que une Las Juntas y Huasco.
- ✓ Ruta Nacional C-359 une la comuna de Tierra Amarilla, Chile, con la Provincia de la Rioja, Argentina (las rutas de ambos países son nacionales)
- ✓ Ruta Internacional CH-31 camino internacional que une la región de Atacama, Chile, con la provincia Argentina de Catamarca.

La proximidad que existe entre Chile y Argentina, puede favorecer la aparición de pasos fronterizos ilegales. Sin embargo en la zona norte, el frío y la altura de la Cordillera de Los Andes, los hacen poco frecuentes. De esta manera, la región se comunica con Argentina a través de dos pasos fronterizos habilitados: **El Paso Pircas Negras** y **El Paso San Francisco**. Por el primero se llega a través de la ruta nacional C-359, es un camino simple de una vía y de ripio consolidado. Según la Unidad de Pasos Fronterizos del Ministerio del Interior, el paso tiene una altitud de 4.110 msnm. El clima es riguroso en invierno, la nieve alcanza una altura de entre 2 y 3 metros, la temperatura extrema en invierno es 0ºC y en verano llega a los 29ºC. El paso solo está habilitado los meses de enero y febrero, entre los días jueves a domingo entre las 9 y las 17 horas. El cuartel de policía más cercano se localiza en Tierra Amarilla, pueblo Los Loros, distante a 148 Kms. El segundo se comunica a través de la ruta internacional CH-31, camino asfaltado y ubicado a 4.726 msnm. El paso está operativo durante todo el año, aunque durante el invierno pueden caer fuertes nevadas. El horario en verano es de 9 a 19 horas y en invierno de 8.30 a 18.30 horas. Este paso fronterizo, desde el 2010 ha sido intensamente utilizado por el recorrido del rally Dakar disputado en Sudamérica. Históricamente siempre ha tenido un rol protagónico, fue usado como vínculo entre los pueblos diaguitas de uno y otro lado de la cordillera de los Andes, en 1479 fue atravesado por el inca Túpac Yupanqui, y en 1536 fue atravesado por Diego de Almagro para pasar desde el Tucumán hacia Chile. El cuartel de policías más cercano es el de Laguna Verde de Maricunga, distante a 22 Kms.

En resumen, las carreteras en Atacama son un elemento imprescindible en el transporte terrestre, tanto de personas como de mercancías. La figura 8.1 muestra el tipo de rutas existentes en la región.

Figura 8.1.-Conexión vial en Atacama.

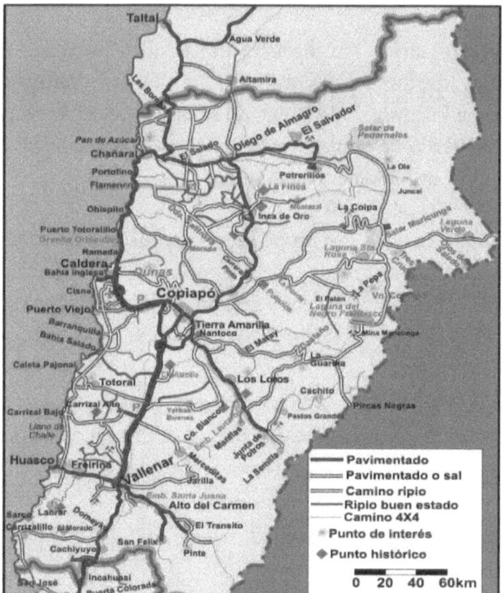

Fuente:http://www.geovirtual2.cl

Por último, el transporte público en el interior de las principales ciudades de la región, es decir, Copiapó y Vallenar, es a base de micros, colectivos (autos privados pintados como taxis, con recorrido licitado) y taxis. En el resto de las comunas, solo tienen colectivos para el transporte de pasajeros.

- **Infraestructura aeroportuaria.**

Junto a las carreteras y rutas terrestres que unen a la región, Atacama también cuenta con dos aeropuertos ubicados en las proximidades de las ciudades de Copiapó y El Salvador, además, Chañaral cuenta con un aeródromo. El aeropuerto Desierto de Atacama, el más importante de la región, se emplaza entre las ciudades de Copiapó y Caldera, exactamente a 50 kilómetros al norte de la capital regional, en la ruta 5 norte. El terminal aéreo está dotado de una pista de aterrizaje de 2.200 metros, lo que permite la operación de naves mayores, como los Airbus A319, A320 y A321, también cuenta con una terminal de 3.100 m^2 para la llegada de pasajeros. A pesar de la infraestructura, las salidas y llegadas del terminal aéreo, son sólo hacia y desde Santiago. No existe conectividad aérea entre regiones o al interior de la misma.

El aeropuerto Ricardo García Posada está ubicado en el campamento minero El Salvador, desde ahí se transportan los habitantes de la localidad, ubicados en la comuna de Diego de Almagro, hacia Santiago. Al igual que el terminal aéreo de Copiapó, no existen vuelos que permitan la conectividad regional y mucho menos la internacional.

La comuna de Chañaral cuenta con un pequeño aeródromo, destinado al despegue y aterrizaje de aviones menores, aeronaves no destinadas a la aviación comercial, que cumplen principalmente funciones de riego, turismo y prevención.

Diariamente a la región vuelan solo dos líneas comerciales, las que transportan básicamente personas y cargas menores. Ningún aeropuerto regional, posee las instalaciones para recibir aviones de carga.

- **Infraestructura marítimo portuaria.**

La Región también cuenta con tres puertos marítimos, que se ubican en las ciudades de Caldera, Chañaral y Huasco. La creación del puerto de

Caldera se remonta al Decreto Supremo del 21 de septiembre de 1850, que convirtió a una pequeña caleta, en un puerto de importancia a nivel nacional. Hoy en día, el puerto se ha quedado en el pasado, aunque en sus inicios era el más importante de Chile, ahora solo mueve productos mineros, como cobre y otros minerales de la zona, y productos derivados de la actividad pesquera (harina de pescado y conservas). El puerto de Chañaral fue creado para transportar el cobre desde la mina El Salvador y, hoy en día, es el principal puerto de embarque de la región, de hecho, el tonelaje de exportación sobrepasa notoriamente a las importaciones y al cabotaje. El puerto de Huasco mueve un alto tonelaje de material, que corresponde sólo a hierro en pellets; éste se destina tanto a la exportación como a la industria siderúrgica de Huachipato (región VIII), por lo que el cabotaje tiene como destino principal el Terminal Siderúrgica Huachipato y San Vicente. Como se ha visto, ninguno de los terminales marítimos está habilitado para el transporte de pasajeros, solo mueven materias primas a comercios internacionales y entre algunas regiones.

- **Infraestructura ferroviaria.**

En Atacama no existe conectividad ferroviaria, el ferrocarril en Chile funciona solo entre la regiones sexta y metropolitana, es decir, unos 200 kilómetros aproximadamente.

- **Infraestructura de comunicaciones.**

En materia de comunicaciones, las principales ciudades de la región se encuentran conectadas por internet y telefonía celular o cableada. A pesar de esto, el gobierno ha continuado el aumento de la cobertura de los servicios de telecomunicaciones en áreas rurales y urbanas de bajos ingresos, con el propósito de entregar un servicio de conectividad a Internet a todos los habitantes de Atacama, reduciendo con ello la brecha digital y convirtiendo el uso de las tecnologías de la información en un canal de apoyo para todos los procesos productivos y educativos de la región.

8.1.5.- Estructuras urbanas.

La estructura urbana de todas las ciudades que conforman la región de Atacama, se presenta como sectores agregados concéntricamente a partir del núcleo inicial desde donde se fundó la ciudad, siendo la Plaza de Armas de la comuna ese hito central. Desde ese punto se van dibujando diversos trazos paralelos y perpendiculares que conforman las avenidas y calles de la ciudad. Todos los puntos importantes de la ciudad, se van construyendo alrededor, pudiéndose apreciar la geometría de los cuadrantes que se desprenden de la Plaza de Armas, y como los elementos urbanos se van conformando alrededor de esta e inclusive se puede notar que la ruta 5 llega al centro de la plaza y que las distancias entre una ciudad y otra, está medida desde el centro de la Plaza de Armas. El apellido "de Armas", que reciben todas las plazas en Chile, se debe a que en la ciudad de Santiago durante los años de su fundación, existía un polvorín que almacenaba una gran cantidad de armamentos, en el lugar donde se erigía la plaza. Esta dependencia se instaló para contar con los dispositivos necesarios para poder defender la ciudad de los ataques indígenas. Con el tiempo todas las plazas públicas de Chile, pasaron a llamarse "Plaza de Armas".

- **Centros de salud.**

En el interior de cada ciudad, se encontrarán diferentes infraestructuras destinadas a la salud, recreación, educación, vivienda, comercio e industria. La intensidad con la cual se presentan, dependerá del número de habitantes y su emplazamiento. De esta manera, Atacama posee una amplia gama de centros de salud, que van desde los consultorios y hospitales públicos, hasta clínicas privadas. Sin embargo, su participación no es uniforme. La tabla 8.10, muestra el número y tipo del centro de salud distribuidos en la región.

Tabla 8.10.-Centros de salud en Atacama.

Provincia	Capital Provincial	Comuna	Consultorio	Hospital	Clínica
Chañaral	**Chañaral**	Chañaral	0	1	0
		Diego de Almagro	1	1	0
Copiapó	**Copiapó**	Caldera	2	0	0
		Copiapó	9	1	1
		Tierra Amarilla	1	0	0
Huasco	**Vallenar**	Huasco	1	1	0
		Vallenar	4	1	1
		Freirina	1	0	0
		Alto del Carmen	1	0	0

Fuente: Ministerio de Salud (MINSAL), Chile.

- **Centros educacionales.**

Los establecimientos educacionales presentes en Atacama, se distribuyen entre, establecimientos municipales, cuyo costo es financiado por la municipalidad respectiva. Establecimientos subvencionados, el costo es compartido entre el gobierno y los usuarios. Por último, establecimientos privados, cuyo costo es absorbido por el usuario en su totalidad. El catastro de todos los establecimientos educacionales existentes en la región, se muestran en la tabla 8.11. Es necesario destacar que durante el año 2015, el gobierno de Chile aprobó la Reforma a la Educación Chilena, la que contempla la eliminación de la subvención fiscal a todos los establecimientos educacionales. Esta reforma entra en vigencia en marzo del 2017 y a partir de esa fecha, la educación será municipal o privada.

Tabla 8.11.- Establecimientos de educación en Atacama.

Provincia	Capital Provincial	Comuna	Municipal	Subvencio-nado	Privado
Chañaral	**Chañaral**	Chañaral	1	0	0
		Diego de Almagro	2	1	0
Copiapó	**Copiapó**	Caldera	2	2	0
		Copiapó	10	11	2
		Tierra Amarilla	1	1	0
Huasco	**Vallenar**	Huasco	1	0	0
		Vallenar	4	3	1
		Freirina	1	0	0
		Alto del Carmen	1	0	0

Fuente: Ministerio de Educación (MINEDUC), Chile.

➢ Servicios de hostelería

La hostelería es el nombre genérico del conjunto de actividades económicas, dedicadas a la prestación de servicios de alojamiento y alimentación a viajeros. Estas empresas se encuentran muy ligadas a los negocios y al turismo, actividades que desarrollan gran parte de la población. Estas razones incitan a pensar, que este rubro económico, puede significar un motor hacia el crecimiento y desarrollo. Como se ha visto hasta ahora, Atacama posee atractivos naturales que invitan a ser conocidos, como también recursos y redes de negocios, que bien utilizadas, por empresas o emprendedores, pueden significar un mayor desarrollo económico.

En Chile el Servicio Nacional de Turismo o SERNATUR, es el encargado de promover y difundir el desarrollo de la actividad turística. Cada región cuenta con una Dirección regional, que si bien no controlan o regulan la industria, ayudan a mejorar la competitividad, incentivando a formalizar y mejorar los niveles de calidad y sustentabilidad, además de promover el fortalecimiento del capital humano. Entre sus funciones está la de Inspeccionar y velar por el correcto cumplimiento de los requisitos establecidos en la normativa vigente para los prestadores de servicios turísticos. Como también, administrar el Registro Nacional de Prestadores de Servicios, herramienta que permite identificar y clasificar de manera oficial los distintos tipos de servicios que ofrece la región. La tabla 8.12 muestra el registro regional con todos los prestadores de servicios, existentes en Atacama a marzo del 2016.

Tabla 8.12.-Distribución de la oferta regional de hosteles, marzo 2016.

Comuna	Hotel	Apart Hotel	Bed & Breakfast	Cabañas	Camping	Departamento.
Chañaral	7	0	1	1	2	0
Diego de Almagro	5	0	0	0	0	1
Caldera	13	5	3	9	3	6
Copiapó	34	3	1	2	1	2
Tierra Amarilla	0	0	0	2	0	0
Huasco	3	1	0	1	0	0
Vallenar	10	0	1	0	0	0
Freirina	0	0	0	3	1	0
Alto del Carmen	0	0	1	1	1	0
TOTAL	**72**	**9**	**7**	**19**	**8**	**9**

Fuente: SERNATUR Atacama.

Tabla 8.12.- Continuación.

Comuna	Hostal	Hostel o Albergue (Refugio)	Hostería	Residencial	Total Regional
Chañaral	5	0	0	1	**17**
Diego de Almagro	3	0	1	0	**10**
Caldera	11	2	3	7	**62**
Copiapó	11	1	0	7	**62**
Tierra Amarilla	1	0	0	0	**3**
Huasco	3	0	0	1	**9**
Vallenar	6	0	0	2	**19**
Freirina	2	0	0	0	**6**
Alto del Carmen	1	0	0	1	**5**
TOTAL	**43**	**3**	**4**	**19**	**193**

Fuente:SERNATUR Atacama.

La tabla muestra una alta concentración en los servicios de hotel, seguidos por los hostales, tal como muestra el gráfico 8.1.

Gráfico 8.1.- Distribución de la oferta regional de hoteles, marzo 2016.

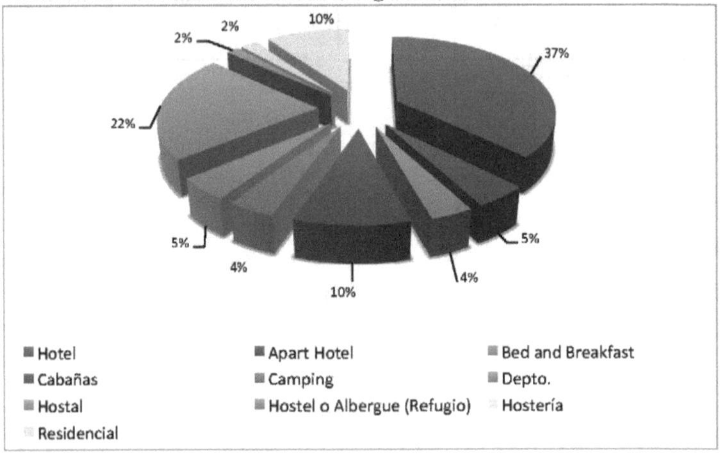

Fuente: Elaboración propia, basada en la tabla 8.12.

Si bien es cierto que la región ostenta un número no nimio de oferta hostelera, llama la atención que, según registros de SERNATUR Atacama, tan solo 5 establecimientos se encuentren certificados por esta entidad (2 de Copiapó y 3 de Caldera). Así mismo, referente a la certificación hotelera internacional, nuevamente son esos 5 establecimientos que pueden ostentar ese reconocimiento, el que se traduce a través del número de estrellas. La clasificación internacional tiene un rango de calidad que va desde la estrella 1, que corresponde a hoteles más económicos y con menos servicios, hasta las 5 estrellas, hoteles más caros y con numerosos servicios. En Copiapó se tiene sólo 1 hotel de 5 estrellas y 1 de 2 estrellas. En Caldera, se informan 3 hoteles de 2 estrellas. La tabla 8.13 muestra estos valores.

Tabla 8.13.- Prestadores de servicios turísticos certificados, marzo 2016.

Comuna	**Certificados**	**4 estrellas**	**2 estrellas**
Chañaral	0	0	0
Diego de Almagro	0	0	0
Caldera	3	0	3
Copiapó	2	1	1
Tierra Amarilla	0	0	0
Huasco	0	0	0
Vallenar	0	0	0
Freirina	0	0	0
Alto del Carmen	0	0	0
TOTAL	**5**	**1**	**4**

Fuente: SERNATUR Atacama.

Para la Dirección Regional de Turismo, está situación podría menoscabar la industria en Atacama, y ejercer un daño indirecto a las actividades regionales dedicadas a los negocios y al turismo. Pues, afirman que el grueso de quienes usan los hoteles, lo hacen con ánimo de reforzar las redes de contacto existentes, entablar y explorar nuevas líneas de negocios, realizar eventos y capacitaciones. Asimismo, el turismo internacional y nacional también se perjudica, en la promoción de circuitos de ocio, culturales, históricos y recreacionales.

8.1.6.- Estructuras de capital fisico y humano.

Junto a la Infraestructura urbana, la región también posee importantes estructuras destinadas a perfeccionar el capital humano e impulsar su desarrollo. Además, ayudan a aumentar la gestión del capital social y a mejorar las oportunidades de los ciudadanos.

- **Universidad de Atacama**

Chile posee 25 universidades denominadas estatales, esto se debe a que pertenecen al Consejo de Rectores de Universidades Chilenas (CRUCH), organismo responsable del establecimiento de un sistema de selección y admisión de estudiantes a las universidades que lo conforman. El CRUCH reúne a las universidades estatales y privadas tradicionales chilenas, estas últimas fueron creadas sin fines de lucro y su funcionamiento data de antes de la ley de 1981. Dada la concentración de habitantes que posee Chile en la zona central, la mayor cantidad de universidades, sean estatales o no, se encuentran localizadas en esa zona. En cambio, en los territorios norte y sur se ubica al menos una universidad por región, siendo la Universidad de Atacama, la Casa de Estudios Superiores de la tercera región.

La Universidad de Atacama, es una institución de educación superior, con personalidad jurídica y patrimonio propio, de carácter público y regida por sus propios Estatutos, los cuales indican que su objetivo es "la enseñanza y el cultivo superior de las artes, las letras y las ciencias". Además, está sujeta a la Ley Orgánica Constitucional de Enseñanza y como institución estatal, a la Ley Orgánica Constitucional de Bases de la Administración del Estado, al Estatuto Administrativo y a la fiscalización y control de sus actos administrativos por parte de la Contraloría General de la República de Chile. Es miembro del Consejo de Rectores de Universidades Chilenas, desde 1981. Forma parte del Consorcio de Universidades Estatales, de la Agrupación de Universidades Regionales de Chile y del Consejo de Rectores de la Macro Zona Norte. En el plano internacional, integra el Consejo de Rectores por la integración de la Subregión Centro-Oeste de Sudamérica, de la Red de Universidades Regionales Latino Americanas y de la Asociación Internacional de Universidades.

La casa central de la Universidad está ubicada en la ciudad de Copiapó, en un amplio campus de 27 hectáreas con 37.000 metros cuadrados construidos. Está constituida por cinco facultades: Ingeniería, Humanidades y Educación, Ciencias Jurídicas, Ciencias Naturales y la recién creada de Ciencias de la Salud. Además, cuenta con un Instituto Tecnológico especializado en formación de técnicos de nivel superior. Actualmente dicta 24 carreras con acceso mediante el sistema de selección del Consejo de Rectores de Universidades Chilenas (CRUCH) y otras 10 carreras de ingreso especial para trabajadores. Atendiendo como institución a aproximadamente 5.500 estudiantes. Además de la oferta de formación de pre y posgrado, posee una amplia red educativa que cuenta con organizaciones de reconocido prestigio en los diferentes niveles de educación: La Escuela Técnico Profesional en la Enseñanza Media Técnico Profesional que alberga a más de 1.000 alumnos, de los cuales un 67% ingresa a la Universidad de Atacama; y el Centro de Formación Técnica Benjamín Teplizky que actualmente posee una matrícula de 557 alumnos en la sede de Copiapó.

Durante el 2015, la Universidad de Atacama registró cerca de 6.500 estudiantes y alrededor de 443 miembros de personal académico, siendo la facultad de ingeniería la que recibe una mayor cantidad de nuevos estudiantes año tras año, en comparación con las otras facultades. De los miembros del personal, 170 son personal académico, del cual el 20% tiene un doctorado, 27% un magister y 53% licenciado en ciencias o tecnología. Lo anterior es ilustrado por el gráfico 8.2.

Gráfico 8.2.- Número de grados académicos del personal UDA, año 2015.

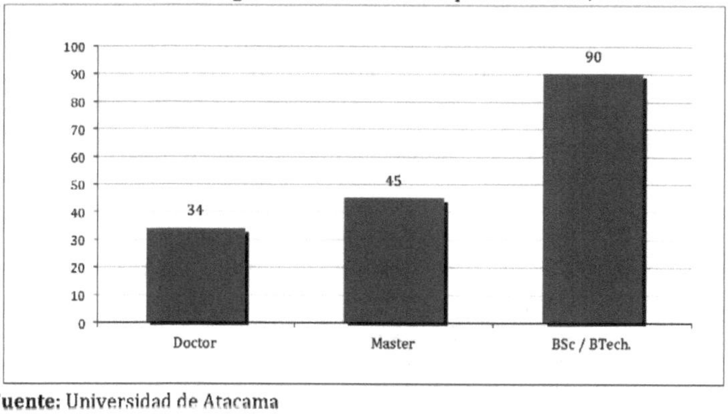

Fuente: Universidad de Atacama

La Universidad de Atacama, consciente de su papel social y regional, ha planteado sus líneas de crecimiento en completa armonía con los ejes de desarrollo impulsados por el gobierno regional, comprometiéndose como institución a desarrollar competencias, realizar proyectos de investigación, desarrollo e innovación, de capacitación, perfeccionamiento, asistencia técnica, consultoría y servicios. Los ejes de acción son los siguientes:

- ✓ **Minería:** Implica el desarrollo de conocimiento empírico, basado en el método científico, aplicado a los sistemas geológicos, mineros y metalúrgicos, considerando además la optimización y desarrollo de nuevos procesos mineros y metalúrgicos, la protección del medio ambiente cumpliendo la normativa ambiental vigente, la gestión de las personas, promoviendo su formación continua y la generación de altos estándares de seguridad, y compromiso con las comunidades en las que se realizan las actividades mineras e industriales.

- ✓ **Educación:** Implica el cultivo de las ciencias y tecnologías relacionadas con el desarrollo de metodologías educativas que aseguren procesos de enseñanza-aprendizaje de calidad, el diseño de currículos pertinentes a las demandas de los estudiantes y de la sociedad contemporánea, la formación inicial y el perfeccionamiento permanente de los profesores, así como la gestión de organizaciones educativas.

- ✓ **Derecho y Sociedad:** Considera el estudio, la investigación y la producción de conocimiento para apoyar el desarrollo eficaz del sistema jurídico, con especial preocupación por el derecho público, el derecho privado, el derecho de los recursos naturales, principalmente el Derecho de Minas, Aguas y del Medio Ambiente. Considera además, la gestión de políticas públicas en el ámbito del desarrollo social y de las personas.

- ✓ **Recursos naturales, salud y gestión medioambiental:** Implica el cultivo de las ciencias naturales, de la salud y del medio ambiente y sus tecnologías asociadas, para incrementar el conocimiento de las características del medio ambiente árido y semiárido, de su flora y fauna, de la gestión de las cuencas hidrológicas y el uso eficiente del recurso hídrico. También considera la promoción de un estilo de vida saludable, y el desarrollo de las ciencias básicas y tecnologías asociadas a la salud.

- ✓ **Gestión de empresa y fomento al emprendimiento:** Incluye el desarrollo de conocimientos para incrementar las competencias en el ámbito de la gestión y manejo económico financiero de empresas y organizaciones, de la gestión de la innovación, del capital de riesgo y el desarrollo de las ciencias y tecnologías de la computación asociadas a estos ámbitos. Asimismo, la promoción del sistema productivo minero (Clúster) y otros sectores relevantes para la Región, como la agricultura, la acuicultura y el turismo.

- ✓ **Tecnología:** Considera la formación de técnicos y tecnólogos que posean las competencias para satisfacer las necesidades del entorno social y laboral en que éstos se inserten mediante la aplicación y desarrollo de conocimientos y aplicaciones tecnológicas, focalizados en las áreas prioritarias antes descritas.

- ➢ **Estructura de gobierno regional**

Con el propósito de descentralizar las decisiones tomadas desde el gobierno central e impulsar el desarrollo regional y comunal, cada región posee autoridades de gobierno. El gobierno regional está compuesto por el Intendente, los Secretarios Regionales Ministeriales (SEREMIS) y sus respectivos equipos, quienes tienen la tarea de garantizar la institucionalidad del país y el desarrollo armónico y equitativo de todos sus territorios, tanto en lo relativo al desarrollo económico, social y cultural. Para llevar a cabo sus funciones, el gobierno regional se basa en los principios de equidad, eficiencia y eficacia en la asignación y utilización de los recursos públicos y en la prestación de servicios, para ello debe garantizar la efectiva participación de la comunidad regional y de la preservación del medio ambiente. Lo anterior se refleja en su visión y misión institucionales.

- ✓ **Visión:** "Ser reconocidos como una institución que gobierna integradamente, para transformar a la Región de Atacama como la más atractiva para vivir e invertir".

- ✓ **Misión:** "Gestionar eficazmente la inversión pública, coordinando políticas, planes y programas, con el fin de contribuir al desarrollo económico, social y cultural de la región y sus territorios, propendiendo a mejorar la calidad de vida de sus habitantes".

Las Secretarías Regionales Ministeriales son órganos desconcentrados de los ministerios de Estado de Chile. Están dirigidas por un Secretario Regional Ministerial (SEREMI), quien posee la condición de representante del ministerio respectivo en la región y, además, es el colaborador directo del intendente, estando subordinado al mismo en todo lo relativo a la elaboración, ejecución y coordinación de las políticas, planes, presupuestos, proyectos de desarrollo y demás materias que sean de competencia del gobierno regional; con todo, debe ajustarse a las instrucciones de carácter técnico y administrativo que impartan los correspondientes ministerios. Como se dijo en el capítulo 2, los secretarios regionales ministeriales son nombrados por el presidente de la República, de entre las personas que figuran en una terna elaborada por el intendente respectivo, y oyendo al ministro del ramo. Pueden estar a cargo de más de una secretaría regional ministerial en una misma región. En Atacama se tienen las siguientes oficinas ministeriales: Hacienda, Gobierno, Economía, Desarrollo Social, Educación, Justicia, Trabajo, Obras Públicas, Salud, Vivienda, Bienes Nacionales, Agricultura, Minería, Medio Ambiente, Transporte y Telecomunicaciones.

8.2.- FACTORES MICRO EN ATACAMA.

En el plano de los factores micro, se diferencian tres ámbitos de actuación: el interno, el del entorno específico donde se desenvuelven las empresas y el del entorno micro en general. Para el análisis del entorno micro, se usará el Diamante de la Competitividad de Porter. Como se vio en el capítulo 5, ésta herramienta proporciona un entorno ordenado de todos los factores del entorno micro que afectan a la competitividad y que, por tanto, ayudan a explicar el desempeño económico. El Diamante está compuesto por cuatro grandes conjunto de factores, donde cada conjunto corresponde a un vértice. La importancia de cada vértice va a depender del nivel de desarrollo del territorio. Porter plantea que tres son los estadios por los que atraviesa una región, en camino a la competitividad. Siendo el tercer estadio,el que corresponde a una economía basada en la innovación.

Al intentar fijar las estrategias de la región, y determinar las políticas necesarias, es conveniente empezar reconociendo, desde el punto de vista de la competitividad, cuales son los puntos fuertes y débiles que posee la región. El Diamante Competitivo de Porter, nos ayudará a identificar éstos ítems y a reconocer posibles oportunidades y amenazas. Sinembargo, las estrategias no pueden intentar reforzar todos los puntos fuertes de la región ni contrarrestar todas las debilidades, por lo tanto, se deberá apostar por las fortalezas más exclusivas de la región,con el objetivo de acrecentar las diferencias y las ventajas competitivas que de ellas se derivan(Orkestra 2008: 82). Paralelamente, también se deben localizar las debilidades más apremiantes, que descalabran la competitividad de la región, y solucionarlas.

8.2.1.- Diamante Competitivo en Atacama.

Con la intención de definir las fortalezas y debilidades existentes en Atacama, se confeccionó el Diamante Competitivo de Porter, con el aporte de los miembros del *panel de expertos,* definidos al inicio del capítulo, quienes con su apoyo y participación resultaron de gran ayuda para entender la situación económica y competitiva en la región de Atacama. Con la ayuda de entrevistas y encuestas, se logran definir los ejes más relevantes de la economía local y del futuro económico regional. Los participantes eligieron, por unanimidad, a la industria minera como foco principal para el crecimiento económico de la región; sin embargo, también hablaron con preocupación sobre las grandes desigualdades sociales que ha provocado ésta misma industria. Estas desigualdades vienen motivadas por las discrepancias en la remuneración de la mano de obra, por ejemplo, ocurre frecuentemente con los trabajadores mineros que, cuando son contratados por una empresa de la gran minería, suelen ganar el doble que sus compañeros de oficio, contratados por empresas más pequeñas o por empresas contratistas. Los empleados de la gran minería suelen ser los que reciben una gratificación económica más alta en comparación al resto. Estas diferencias en las remuneraciones provocan aumentos de precio en algunos servicios y productos, acrecentando las diferencias sociales ya existentes.

Los participantes entrevistados, también opinaron sobre el futuro económico de la región. La mayoría coincidieron en la necesidad de mejorar los procesos de producción en la industria minera, sobre todo en relación al uso del agua, la optimización de las fuentes de energía y la mejora de las condiciones laborales de los trabajadores subcontratados y de los pertenecientes a la mediana y pequeña minería. También establecieron la necesidad, por el bien de la región y de sus habitantes, de incursionar en una economía más globalizada, capaz de generar habilidades para producir productos innovadores y servicios tecnológicos de gran calidad, es decir, establecer la economía regional en el tercer estadio del Diamante Competitivo de Porter. Pero, si se apuesta por una región de Atacama que pertenezca al tercer estadio competitivo, donde la innovación en la producción de bienes y servicios tecnológicos de calidad son la base de su competitividad, es necesario identificar cuáles son las fortalezas singulares en que apoyar esta propuesta de valor, y se deben conocer además las debilidades que la región no sea capaz de afrontar en este estadio de innovación. La idea implícita es que las fortalezas puedan convertirse en una fuente de ventajas difícilmente replicable y, por lo tanto, constituyan la base para una proposición única de valor.

A continuación se expone, de modo muy general, el Diamante Competitivo de la región de Atacama. Antes de continuar, me gustaría recalcar que esta sección es el resultado de un trabajo de campo y, por lo tanto, representa una aproximación que debe ir perfeccionándose a medida que se vayan integrando nuevos actores y se logre profundizar en las áreas estratégicas y de desarrollo.

Tabla 8.14.- Diamante Competitivo de la región de Atacama: condición de los factores.

	DEBILIDADES	FORTALEZAS
Localización y recursos naturales	1. Escasez de recursos hídricos. 2. Escasez de energía eléctrica. 3. Ubicación geográfica alejada de la capital.	1. Posee 43 distritos mineros, entre metálicos y no metálicos. 2. Clima y medio ambiente atractivo para fomentar el turismo y para vivir. 3. Su localización le permite disfrutar del sol, casi todo el año. 4. Posee 528 kilómetros de costa, de los cuales 174 son playa. 5. Existen 21 cofradias de pescadores dedicados a la extracción artesanal de la fauna íctica de Atacama. 6. Posee un desierto con sol todo el año y muy bajas precipitaciones, que le permite albergar distintas fuentes de energía renovables no convencionales (ERNC). 7. Posee paisajes

		naturales y accidentes geográficos, factibles de explotar en turismo aventura y senderismo.
Población y fuerza de trabajo	1. Alta tasa de crecimiento de la población masculina, aunque todavía no es excesiva. 2. Bajo dominio de otra lengua. 3. Aumento de extranjeros poco cualificados. 4. Bajo porcentaje de investigadores.	1. Alta tasa de crecimiento poblacional. 2. Nivel de desempleo controlado. 3. Mano de obra con costo medio – alto.
Sistema sanitario	1. Escasez de especialistas médicos en la región. 2. Predominancia del sistema privado de salud frente al sistema público.	1. Aumento en infraestructura sanitaria.
Sistema educativo	1. No existen escuelas públicas de calidad, y ninguna en ranking nacional. 2. Aumento del número de escuelas privadas, pero no de la calidad	1. Presencia de una importante Universidad pública en la región, con oferta académica a nivel nacional. 2. Existencia de un

	en las mismas. 3. En investigación, existe poca comunicación entre los centros nacionales e internacionales. 4. Existe un bajo vínculo y participación entre empresas privadas o públicas y la universidad.	Centro de Formación Técnica especializado en temas mineros.
Infraestructuras tecnológicas (IT)	1. No existe investigación a nivel regional en mejorar la implementación en este tipo de infraestructuras. 2. Servicios públicos de transporte terrestre local, no poseen IT. 3. No existe conexión entre el gobierno regional y el departamento dedicado a la investigación en IT.	1. La mayoría del comercio regional tienen excelentes IT y la que no lo posee, están en proceso de adopción y adaptación. 2. La Universidad posee un departamento remodelado, dedicado a la investigación de nuevas tecnologías.
Infraestructuras de transportes	1. Escasa comunicación entre las comunas de la región, y de estas con el resto del país. 2. Aeropuerto sin conexión internacional y	1. Infraestructura de carreteras aceptable. 2. Potencialidad en los puertos comerciales de Caldera, Chañaral y Huasco.

	tampoco entre regiones, sólo conectado con la capital nacional. 3. No existe tren de acercamiento entre localidades cercanas. 4. No existe una buena locomoción urbana al interior de las comunas. 5. No existen terminales internacionales de barcos en la región.	3. Existencia de un paso fronterizo con Argentina, que bien utilizado, podría potenciar el turismo y el comercio.
Otras infraestructuras avanzadas	1. No existen redes tecnológicas de apoyo entre la Universidad de Atacama y el resto de las universidades chilenas o extranjeras. 2. Poca certificación, nacional e internacional, en los hoteles y centros de hostelería.	1. Buena infraestructura de comunicaciones. 2. Existe una alta potencialidad en infraestructura para congresos y ferias.
Sistema financiero	1. Sistema bancario poco desarrollado en el financiamiento de proyectos innovadores.	1. Sistema bancario desarrollado y eficiente en negocios tradicionales.

		2. Sistema en línea de todos los bancos regionales, con sus respectivas casas matrices, disminuyendo todos los tiempos de respuesta.
Administración	1. Todos los recursos fiscales son centralizados. 2. Existencia de un consejo regional, que decide los destinos de los recursos regionales.	1. La administración pública posee personal competente. 2. La mayoría de los profesionales ingresan a través de concursos públicos.

Fuente: Elaboración propia, basada en Orkestra 2008: 83 y Aranguren 2012: 241

Tabla 8.15.- Diamante Competitivo de la Región de Atacama: Contexto de estrategia y rivalidad.

	DEBILIDADES	**FORTALEZAS**
Estructura empresarial	1. Bajo número de empresas grandes. 2. Las sedes de las grandes empresas se ubican en Santiago. 3. Baja cooperación interempresarial.	1. Alta concentración de microempresas. 2. Creciente nivel competitivo
Emprendimiento	1. Bajo nivel de emprendimiento público.	1. Aumento de instrumentos fiscales de fomento para el emprendimiento privado.
Internacionalización	1. Ingreso de capital extranjero focalizado en el sector minero.	1. Marco regulador que facilita el comercio con el exterior. 2.- Atacama puede usar los Tratados Bilaterales de Libre Comercio, firmados con: - Canadá. - México. - Centroamérica. - Asociación Europea de Libre Comercio, EFTA (European Free Trade Association). - Estados Unidos. - Corea del Sur. - China.

		- Panamá. - Japón.
Intangibles	1. Bajo porcentaje de empresas con gasto en I+D+i.	1. Creciente implantación de la cultura centrada en la calidad.
Relaciones laborales y sociales	1. Creciente conflictividad laboral, como consecuencia de altas demandas sociales. 2. Inestabilidad por el contexto sociopolítico. Se esperan reformas en el código del trabajo.	1. Existe un marco regulador entre las relaciones de trabajadores y empleadores. 2. Existen organismos públicos de amparo para el trabajador, como son: La Inspección Laboral y Los Tribunales del Trabajo.
Fiscalidad y políticas públicas	1. Políticas públicas al ser centralizadas en Santiago, algunas no se adecúan al crecimiento de la región. 2. No existen incentivos fiscales a empresas que desean innovar en sus procesos	1. Existe regulación a las distintas fuentes de energía. 2. Atacama implementa distintas políticas públicas nacionales, que buscan una mayor integración, cuidado al menor, igualdad y desarrollo personal. 3. Existen políticas de CORFO y SERCOTEC, destinadas al desarrollo regional

		de microempresas y emprendimiento

Fuente: Elaboración propia, basada en Orkestra 2008: 84 y Aranguren 2012: 244

Tabla 8.16.- Diamante Competitivo de la Región de Atacama: Industrias relacionadas y de apoyo.

	DEBILIDADES	FORTALEZAS
General	1. Falta de comunicación entre las empresas interrelacionadas y de apoyo.	
Industria	1. Bajo peso en la producción manufacturera, y con un nivel tecnológico alto. 2. No existen clústeres industriales. 3. No existen sitios urbanos destinados a cordones o zonas de industrialización.	1. Existe una alta especialización de la industria minera.
Servicio	1. No existen servicios intensivos de conocimiento.	
Clústeres	1. Bajo desarrollo e incentivos en iniciativas de clústeres.	

Fuente: Elaboración propia, basada en Orkestra 2008:84 y Aranguren 2012: 244

Tabla 8.17.- Diamante Competitivo de la Región de Atacama: condiciones de la demanda.

	DEBILIDADES	FORTALEZAS
Demanda personal	1. No existen en la región asociaciones de consumidores.	1. Existe en la región un Servicio Nacional del Consumidor. 2. En promedio, el nivel de rentas personales de la región es alta. 3. Aumento considerable en el uso de las TIC.
Demanda empresarial	1. Demanda externa focalizada básicamente en *commodities*.	
Demanda pública	1. Los plazos de pago que usa el servicio público, muchas veces son superior a los ciclos de venta internos que poseen algunas industrias.	1. Los organismos públicos utilizan un portal estatal (http://www.chilecompra.cl) que permite comercializar con el Estado a altos estándares técnicos.

Fuente: Elaboración propia, basada en Orkestra 2008: 85 y Aranguren 2012: 245

Al hacer la lectura vértice por vértice, se puede apreciar que la región posee un gran número de fortalezas en el vértice *"condición de los factores"*, destacando la importancia de los recursos naturales y el control que se hace al desempleo, entre otros. Estas fortalezas muestran que la región basa fuertemente su competitividad en los factores de producción tradicionales, es decir, posee un enérgico arraigo en el **primer estadio de competitividad**. En este vértice también se observa el aislamiento de la región y de la Universidad de Atacama en cuanto a investigación y cooperación con centros nacionales e internacionales de investigación, también existe una ausencia de los centros de investigación con capitales públicos y la falta de competencia en una segunda lengua, por parte de la mayoría de los trabajadores.

El vértice denominado "*del contexto para la estrategia y la rivalidad*" destaca por la alta concentración de microempresas, debiendo constituir un sistema de mercado más competitivo potenciando el emprendimiento y la mejora continua. Por otro lado, también existe un bajo gasto en I+D y la baja cooperación interempresarial, lo que retrasa la adopción de innovación que pueda existir entre las empresas, y reduciendo, con ello, la competitividad de la región.

El vértice "*industria de apoyo y relacionadas*" es aquel en que la región de Atacama posee un mayor número de debilidades. La poca o nula comunicación entre las empresas relacionadas y de apoyo, el bajo peso en la producción manufacturera con tecnología alta, el bajo peso en la prestación de servicios tecnologizados y la ausencia de clústeres hacen necesario potenciar este vértice, con estrategias destinadas a anular estas debilidades.

En el último vértice denominado, "*condiciones de demanda*", se puede observar la existencia de una demanda pública estructurada e informada, preocupada por las características técnicas de los productos, antes que de variables psicológicas y una demanda personal que ha ido creciendo por el aumento en los niveles de renta y por el uso de las Tic´s. Como punto débil se puede señalar que la demanda externa se focaliza básicamente en *commodities*, por delante de los productos industrializados.

Al realizar la lectura transversal del Diamante Competitivo, hay al menos cuatro ámbitos en los que la región presenta debilidades. Para un territorio que quiere aspirar al mayor éxito competitivo en el estadio de la innovación, estos serían: su sistema de innovación y los bajos niveles de gasto en I+D, la baja cooperación interempresarial, la baja producción manufacturera y, por último, las bajas redes de cooperación, desde la Universidad de Atacama hacia la empresa y viceversa. A pesar que la universidad, junto a las empresas, deben ser las bases que sustenten un Sistema de Innovación Regional (SIR).

El propósito de un SIR, es mejorar la competitividad y aumentar la eficiencia de la economía. Sin embargo, pueden también existir casos en donde se centren en el replanteamiento del proceso de desarrollo regional, descubriendo nuevas vocaciones económicas. La nación constituyente de

Gales es un ejemplo, en donde una economía basada en la minería, fue sustituida por motores, la electrónica y los cuidados de la salud (Rosales & López 2008: 173). La figura 8.2 define los factores claves de un SIR.

Figura 8.2.- Factores Claves del Sistema de Innovación Regional

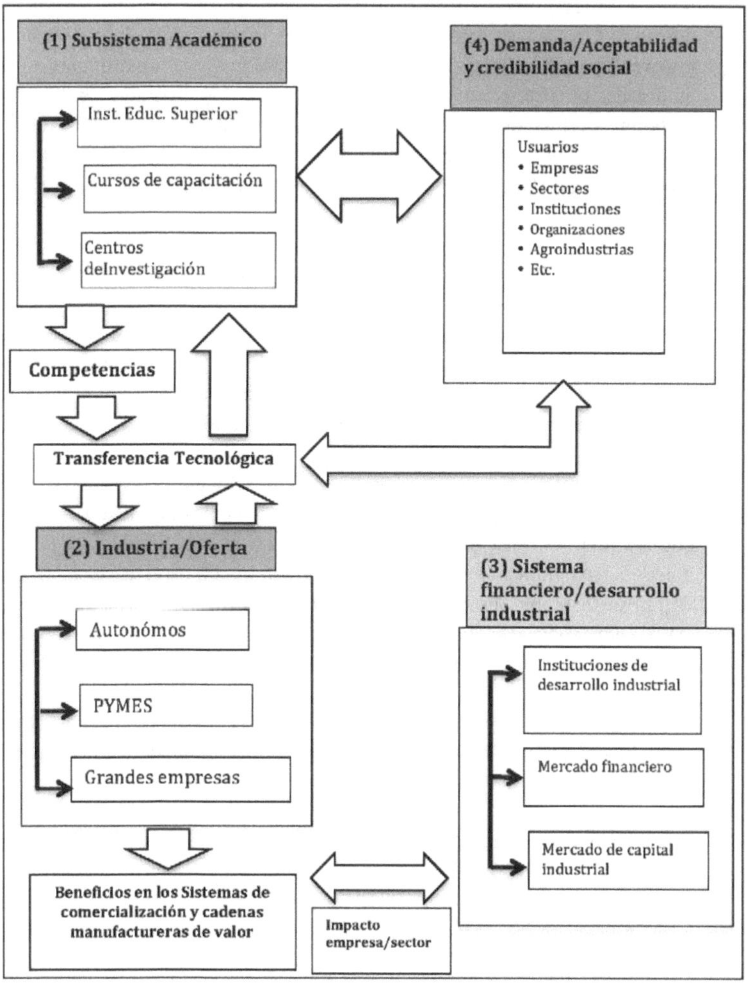

Fuente: Basado en Rosales & López 2008: 175

La figura muestra como el Subsistema Académico (1), a través de la educación superior, los cursos de capacitación y los centros de investigación, entregan habilidades, conocimiento, tecnologías y competencias, las que luego serán transferidas hacia las empresa. La oferta (2) y la demanda (4) regional, se benefician de esta Transferencia Tecnológica. Con ella, se mejorarán los procesos y la comercialización, por el lado de la oferta. La demanda también se verá beneficiada, pues los usuarios obtendrán más y mejores productos. Al aumentar la productividad y competitividad de las empresas, el sistema económico y financiero (3) también se fortalece, pudiendo traducirse en mejores prestamos para las empresas. Las que a su vez pueden destinar más recursos a capacitación y contratación de investigadores, todo esto para seguir innovando en procesos y en nuevos productos.

8.3.- PROCESO DE FORMACIÓN DE LA ESTRATEGIA EN ATACAMA.

La primera pregunta planteada, el "para qué", debe dar respuesta a los objetivos estratégicos de la región, es por esto que se deben considerar los elementos comunes para la sociedad de Atacama, basados en el progreso de la competitividad económica, pero sin grandes diferencias sociales, es decir, una competitividad socialmente inclusiva. Los objetivos prioritarios de la estrategia deberán ser: el crecimiento económico, el empleo y la convivencia. Aunque el primer objetivo es el más ligado a la competitividad, las políticas que emanen de esta estrategia deberán guardar un equilibrio entre los objetivos económicos y de competitividad con los de carácter social. Para la región de Atacama, la meta consistirá en alcanzar un mayor desarrollo y crecimiento social y económico, a través de la solidaridad y la competitividad, basadas en la calidad y la eficiencia

Para responder la segunda pregunta que define el contenido de la estrategia, el *"qué"*, a continuación se remitirá al cuestionario contestado por el *panel de expertos*.

Durante la entrevista, al indagar sobre las distintas fuentes de energía existentes y su priorización en la región de Atacama, un ciento por ciento de los entrevistados apoyó la iniciativa de incursionar en la generación fotovoltaica y de solar termoeléctrica. Se observa que las energías generadas por plantas termo eléctricas provocaban un gran rechazo. La mayoría de los encuestados manifestaron desconfianza respecto a la calidad de sus procesos de producción, aduciendo que este tipo de plantas son dañinas para el medio ambiente. El gráfico 8.3 muestra el nivel de aprobación que poseen las distintas fuentes de energía:

Gráfico 8.3.- Priorización de las distintas fuentes de energía.

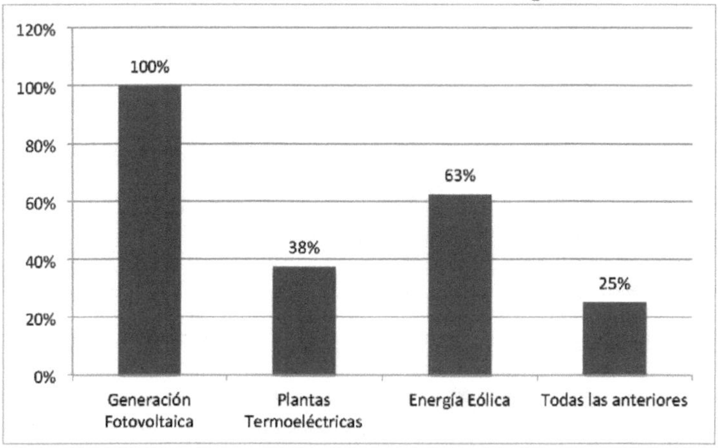

Fuente: Elaboración propia, basada en respuestas del panel de expertos, anexo 3.

La región cuenta con una ventaja competitiva natural: es la que posee el mayor número de días soleados a nivel nacional. Por lo tanto, puede priorizar la generación de energía a través de plantas fotovoltaicas, o de cualquier otro tipo, que use la luz solar como materia prima.

A partir de las conclusiones extraídas del panel de expertos, se expone que la segunda actividad económica, por la que se debe apostar, es el turismo de playa. La mayoría de los entrevistados concluyó, desde su punto de vista, que no se han tenido en cuenta las grandes oportunidades económicas que ofrece el borde costero de la región. Todos ellos consideraron que, desde el mar, se podrían fortalecer algunos sectores relacionados con la gastronomía o el turismo de aventura. La gráfica 8.4 muestra el nivel de repercusión que tendría para la región impulsar los distintos tipos de turismo.

Gráfico 8.4.- Tipos de turismo que la región debiera fortalecer.

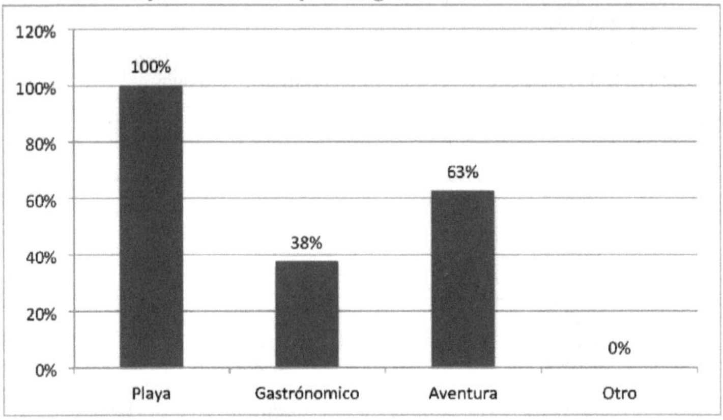

Fuente: Elaboración propia, basada en respuestas del panel de expertos, anexo 3.

Por último, quisiera explicar algo anecdótico que surgió en la reunión con los participantes. A partir de una pregunta abierta, con la que se intentaba rescatar consideraciones finales o recomendaciones, un gran número de los encuestados habló sobre la desalación del agua de mar. La mayoría de los participantes la consideraron una actividad científico - tecnológica muy importante, en la que el territorio debería apostar decididamente y darle, por ejemplo, un uso industrial y/o de consumo humano. Esta acción, de concretarse, requerirá altos retos tecnológicos y de ingeniería de gran envergadura, ya que la distancia más corta entre Copiapó y el mar es de 60 Kms. Además, la mayoría de los procesos mineros que hoy en día utilizan grandes cantidades de agua, se encuentran sobre los 200Kms. de la costa, y a cotas que van entre los 3.000 y 5.000 mts. El gráfico 8.5 muestra las actividades económicas que se deberían destacar, según el juicio de los expertos regionales entrevistados.

Gráfico 8.5.- Otras actividades económicas para la región de Atacama.

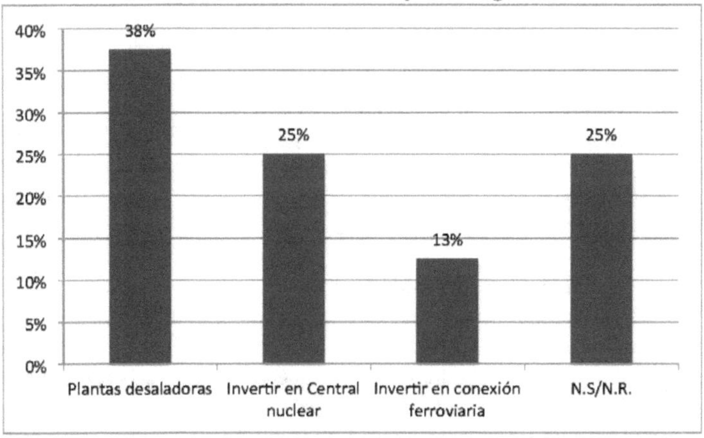

Fuente: Elaboración propia, basada en respuestas del panel de expertos, anexo 3.
N.S/N.R: No Sabe/No Responde.

De este análisis, también se puede recalcar que la mayoría de los actores regionales desea apostar por actividades energéticas más limpias y de mayor sustentabilidad con el medio ambiente. Por otro lado, también prefieren un turismo con mayor presencia internacional, garantizado a través de la promoción de la belleza de las playas y de las calidades gastronómicas o de aventura. Por último, como ya se ha mencionado, también consideraron importante incursionar en el tratamiento del agua de mar y llegar a ser pioneros en la desalación para uso humano e industrial. Al analizar estas líneas estratégicas, que ayudarían a la región en su desarrollo económico, se puede apreciar que la especialización territorial debe desarrollarse en la línea del conocimiento científico, con las nuevas tecnologías y la innovación. Se hace necesario impulsar el conocimiento en todas las áreas de la economía, para así obtener beneficios económicos y sociales positivos y poder construir mayores ventajas competitivas regionales, de manera que los nuevos conocimientos y el cambio técnico se integren a los procesos productivos.

La tercera pregunta, relacionada con el proceso de formación de la estrategia, "*cómo*" y "*para quién*" se encuentra muy ligada al "qué". Tanto es así que, para definir el contenido de la estrategia, se empezaran definiendo los siguientes ítems:

- **Actividades económicas.**

La apuesta por la industria debe ser una constante en la región de Atacama. En esta estrategia de competitividad se ha priorizado la energía fotovoltaica, el turismo de playa y las plantas de desalación. También se ha identificado el mejoramiento urbano y de infraestructura física. Tanto la energía fotovoltaica como las plantas desalinizadoras están ligadas a la construcción de capacidades científico-tecnológicas y empresariales que deben existir en la región.

- **Actividades científico-tecnológicas.**

La apuesta por la industria de energía renovable no convencionales (ERNC) y por las desalinizadoras de agua de mar, deberán generar capacidades en el campo de la ingeniería. Sin embargo, uno de los problemas para la competitividad de la región de Atacama está en la ausencia de profesionales con capital humano en ciencia y tecnología específica, básicamente la usada en el proceso de desalación, y también la ausencia en las capacidades de manejar el dominio de una segunda lengua y poseer mayores habilidades creativas e innovadoras.

- **Activos o funciones específicas que determinan el atractivo de la región.**

En términos de activos o funciones, se ha fijado como prioritaria la excelencia en los niveles organizativos y en elevar los niveles de innovación tecnológica basados en I+D. También es necesario garantizar el desarrollo del capital humano, en ciencia y tecnología, necesario para la industria y las actividades científico-tecnológicas. Además, es necesario impulsar, de manera transversal, las capacidades creativas e innovadoras y la mejora en las relaciones laborales. Por último, también es importante mejorar la conectividad de la región con otras regiones y con la capital (Santiago).

- **Actores.**

Los actores más relevantes de la región de Atacama, deberían ser aquellos que pertenecen a empresas medianas y a infraestructuras de conocimiento basadas en I+D, por delante de los que no basan sus conocimientos en I+D. También se debe privilegiar el nacimiento de nuevas empresas fomentadas en I+D e impulsar las conexiones con el exterior, favoreciendo la internacionalización de las capacidades creativas e innovadoras.

- **Tipo de conexión con el exterior.**

La estrategia de la región debe generar la internacionalización, sobre todo en la industria del turismo, aumentando primero las relaciones con las regiones vecinas y posteriormente con el resto de América y del mundo. También se deben desarrollar y orientar los recursos en la Universidad de Atacama, para hacer investigación de excelencia, con proyección internacional.

- **Articulación interna del territorio.**

Es necesario alinear todas las políticas, en torno a un eje central o estrategia, que ayude al desarrollo regional. Para ello es imperativo profundizar en las articulaciones entre todos los agentes involucrados, minimizar las barreras burocráticas y fortalecer una adecuada relación entre todos los servicios públicos y privados.

- **El proceso de la estrategia: "cómo" y "por quién".**

Para responder la primera pregunta, relacionada con el "cómo" y el "por quién", hasta el momento se utilizarán *estrategias deliberadas*, que en su formulación se han usado las técnicas de entrevista a un *panel de expertos,* que se ha mencionado con anterioridad. Este panel ha estado formado por figuras políticas designadas por el poder central y de elección popular, también por profesionales destacados de áreas significativas como el turismo, la agricultura y la educación. La metodología desarrollada consistió en crear un cuestionario con preguntas claves sobre la economía regional y, a la vez, se desarrollaron audiencias privadas y grupales con algunos integrantes del grupo. Por limitaciones de tiempo no fue posible generar instancias de encuentro entre todos los integrantes del panel. Lo ideal, en un futuro, sería poder reforzar esta técnica ampliando la participación de más actores regionales. Sería alentador poder reunir a estos sujetos en un plenario de discusión y, a partir de sus opiniones e ideas, obtener las estrategias que ayudarían a la región en su desarrollo económico. La estrategia debería ser fruto de un proceso participativo en el que pudieran intervenir los diversos agentes que componen el proceso de innovación: las autoridades públicas, la comunidad empresarial, el mundo académico y del conocimiento, la sociedad civil y las entidades financieras. La tabla 8.18 muestra un resumen con las estrategias para la región de Atacama.

Tabla 8.18.- Estrategias regionales para la Región de Atacama.

	OBJETIVOS	
Objetivos estratégicos "Para qué".	Alcanzar un mayor desarrollo y crecimiento, social y económico, en la región de Atacama. A través de la solidaridad y la competitividad, todo esto basado en la calidad y la eficiencia.	
Áreas	**Actividades Económicas**	1. Reestructurar y potenciar la industria del turismo. 2. Fomentar e incursionar en la explotación de nuevas fuentes de energía.
	Científico-Tecnológicas	1. Especializar la generación de energía en la región, concentrándose en la fotovoltaica o en las termosolares de concentración, a un nivel tecnológico alto. 2. Concentrar recursos científicos y de ingeniería en el desarrollo de la tecnología necesaria para desalar el agua de mar en la región.
Activos	**Innovación**	1. Elevarlos niveles de innovación tecnológica y organizativa. 2. Lograr la excelencia en temas de I+D.
	Personas	1. Garantizar el desarrollo del capital humano en ciencia y

		tecnología. 2. Impulsar las capacidades creativas e innovadoras. 3. Dinamizar el capital humano y mejorar sus competencias de idiomas, con el propósito de irrumpir en los mercados internacionales.
	Infraestructuras Físicas	1. Es necesario mejorar y aumentar la infraestructura urbana. 2. Mejorar la conectividad entre provincias, comunas y entre regiones. 3. Aumentar los estándares de seguridad en las autopistas urbanas.
	Instituciones y Contexto Social.	1. Mejorar el marco de las relaciones laborales, tanto públicas como privadas. 2. Impulsar a la Universidad de Atacama a generar alianzas basadas en I+D, con empresas y organismos estatales. 3. Posicionar a la Universidad de atacama como base en la implementación de un SIR.
Actores Priorizados	**Privado/Público**	1. Mejorar la cooperación entre el sector público y las empresas privadas.

Actores Objetivos	**Tipos de Empresas/Agentes de Innovación.**	1. Apostar por las empresas existentes, que estén dispuestas a generar cambios de innovación en sus procesos. 2. Apostar por empresas nuevas, focalizadas en la innovación.
Relaciones	**Con el Exterior.**	1. Generar estrategias de internacionalización. 2. Desarrollar y orientar los recursos para hacer investigación de excelencia y de proyección internacional, en la Universidad de Atacama. 3. Incorporar la dimensión internacional a todos los ámbitos del conocimiento, principalmente con aquellas instituciones que posean vínculos académicos con la Universidad de Atacama.
	Entre las Áreas y los Actores Internos	1. Mejorar la comunicación y cooperación entre los distintos niveles de gobierno regional, tanto *bottom up* como *top down*.
Participación y grado de consenso político y social y grado de formalización	1. Implementar mesas de trabajo, basadas en la competitividad, que reúnan actores públicos y privados. 2. Mejorar la participación comunitaria en los modelos de consulta, básicamente los desarrollados en la etapa de diseño. 3.- Reforzar la coordinación de los gobiernos regionales con el gobierno central.	

Fuente: Elaboración propia basada en Orkestra 2015: 155

CAPÍTULO IX

CONCLUSIONES.

Al concluir este trabajo de investigación académica, se espera haber contribuido al enriquecimiento de la incipiente literatura y los trabajos existentes en la región de Atacama sobre economía regional, estrategias competitivas y políticas de desarrollo. Elementos que ayudan a la construcción de ventajas competitivas en un territorio, debiendo considerar, para ello, variables económicas y sociales. Durante su elaboración se ha llevado a cabo, por un lado, una profunda revisión bibliográfica de distintas teorías y enfoques que tratan el Desarrollo Económico desde una perspectiva más integradora, incluyendo variables sociales y de desarrollo humano. Por otro lado, se ha elaborado un estudio de caso en la región de Atacama, donde se analizan e interpretan diversas estrategias regionales, que tratan de aumentar la competitividad regional. Para este ejercicio, se ha basado en encuestas y entrevistas con algunos agentes implicados, además del aporte y conocimientos que el autor pudo brindar, con la ayuda de la propia experiencia y estudios de fondo.

La tesis se organiza en tres secciones. La primera parte, ofrece una visión general de la región de Atacama, en ella se habla del proceso histórico en la formación de Copiapó y la gestación de la ciudad en la capital regional. Se destacan, además, ciertos hitos relevantes que hicieron de Atacama un polo de crecimiento y desarrollo. También se explican los alcances e impactos de distintas crisis económicas y financieras sucedidas a lo largo de la vida regional que, junto a los auges económicos, fueron marcando el carácter de sus habitantes. Hoy en día, la región se caracteriza por un marcado acento minero en sus actividades económicas, que en su conjunto aportan en promedio un 52% al PIB regional; también destaca en el sector económico de la construcción, cuyos aportes son en promedio de un 17%. Este último sector actúa en sintonía con las alzas y bajas económicas que va presentando la región, siendo un catalizador excelente del momento económico. Sin embargo, dado el nivel de análisis en sus inversiones y los tiempos de ejecución de sus proyectos, generalmente se presenta desfasado del ciclo real, es decir suele expandirse cuando la economía empieza a contraerse.

A nivel empresarial, la región de Atacama absorbe un número significativo de empresas, siendo mayoritariamente las microempresas, con un 70%, las que poseen una mayor presencia en la región. En cambio, las empresas grandes solo reflejan el 0,6% del universo total. Lo anterior puede explicar el hecho de que en la región existan ánimos de emprendimiento, de hecho, concurren las condiciones para que empresas con muy pocos trabajadores y pequeños capitales puedan surgir y vender sus productos en sus respectivos nichos de mercado. La actividad del sector minero también se refleja gracias al nivel de sus exportaciones, las que en promedio representan un 91,4% del total regional, el 8,6% restante se reparte entre un 3,5% proveniente del sector agricultura y pesca, y solo un 5,1% que pertenece al sector industrial. Al analizar estos datos, se puede observar lo frágil que es un sector exportador cuando el 95% depende de las ventas de sus materias primas y del precio que éstas puedan conseguir en los mercados externos. A esto, es necesario agregar que siendo Chile una economía doméstica, necesariamente todas las ventas del exterior se deben efectuar en dólares, lo que trae aparejado un segundo problema: el precio de la divisa, en el momento en que se realiza la transacción. Es decir, a igual nivel de exportaciones, los retornos esperados por ese concepto dependerán del precio transado del dólar y del producto; a un valor alto el retorno será mayor y viceversa.

Esta elevada dependencia en un solo sector económico, y la baja representación del sector industrial en la región, hace necesario explorar nuevas estrategias que permitan un mayor desarrollo, tanto en lo económico como en lo social. Las nuevas teorías de Desarrollo Económico combinan excelentemente bien las expectativas sociales y económicas, además focalizan sus esfuerzos en lograr un crecimiento más uniforme del territorio, potenciando las fortalezas que éste posee. En su intento, utilizan teorías de administración y basan el potencial de crecimiento en el espacio territorial, que es considerado como un factor estrategico de oportunidades, de desarrollo y un expositor de las características que el mismo puede asumir. Otro rasgo presente en los procesos de desarrollo endógeno es el uso potencial de recursos económicos, humanos, institucionales y culturales, la capacidad para innovar y la capacidad para desarrollar interdependencias productivas, tanto intra como intersectoriales, a nivel local. La inicialización en el proceso de desarrollo económico se da con la ruptura del sistema productivo tradicional, para dar paso a un proceso de industrialización endógena, que requerirá en todo momento de una actitud activa y creativa de los líderes locales, lo que permitirá superar los obstaculos que el proyecto pueda ir presentando.

La segunda sección, trata de la revisión bibliográfica llevada a cabo sobre las variables o factores que ayudan a entender el nivel de desarrollo económico de una región, estas se relacionan con la Economía Regional, las Estrategias Competitivas y las Políticas de Desarrollo. La Economía Regional ha entregado una gran cantidad de modelos matemáticos que han ayudado al análisis espacial, siendo las teorías de localización y crecimiento las que han permitido el estudio del desarrollo regional y generativo. A nivel microeconómico, la Economía Regional se ha preocupado de obtener modelos que maximicen los niveles de utilidades, manteniendo como variables los costos asociados al transporte de materias primas y a los costos de distribución. A nivel macroeconómico, se ha avanzado desde aquellos supuestos que privilegiaban la tenencia de factores productivos tradicionales, como el capital, el trabajo y la tecnología, para obtener crecimiento y desarrollo económico, hasta el día de hoy, donde se habla del concepto de competitividad como la base del crecimiento regional.

Al ser una región más competitiva, se generan las herramientas para el diseño de estrategias que permitan exportar aquellos bienes y servicios en los que, debido al tamaño de la región, su oferta es muy superior a la demanda. Junto al concepto de competitividad aparecen otros conceptos nuevos, como el de ventaja comparativa y ventaja competitiva. El primero indica que una región posee cualidades o competencias diferentes a otras, de las que puede beneficiarse; el segundo concepto considera que las ventajas comparativas pueden ser únicas y, al serlo, pueden transformarse en competitivas. Sin embargo, la competitividad territorial presenta un significado, una medición y determinantes diferentes a los de la competitividad aplicada a la empresa. En esencia se entiende que un territorio es competitivo cuando, abierto a la competencia internacional, es capaz de proporcionar a sus ciudadanos un alto nivel de bienestar, y dicho nivel aumenta con el tiempo. La innovación será una herramienta destinada a mejorar los procesos productivos, disminuyendo costos de producción y aumentando la competitividad territorial en aquellos bienes exportables, traduciendo lo anterior en mejores beneficios para la región, ya que, al ser más eficiente, implica mayores salarios frente a aquellas regiones menos competitivas. Hoy en día, el concepto de innovación no se cuestiona frente a sus repercusiones en la competitividad ni en la productividad, sino que la discusión es como se institucionaliza el proceso en regiones que sean disímiles.

La estrategia usada en el territorio debe ser capaz de desarrollar tres preguntas claves, el "para qué", el "cómo" y el "por quién". El "para qué" se relaciona con los objetivos competitivos, que restrictivamente pueden tener relación con las metas de renta económica, objetivos sociales, objetivos medioambientales o incluso con objetivos ligados al bienestar de vida y felicidad. El "qué" corresponde con la apuesta de valor que se hace al territorio, es necesario tener claro cuáles serán los contenidos por los que se desea apostar. En cuanto al "cómo", se relaciona con la formulación de la estrategia, se presentan tres elementos clave: formación de estrategias en su carácter deliberado o emergente, formación de estrategias en el capital social, sobre el que descansa la colaboración que en toda estrategia territorial debe darse, y la formación de estrategias territoriales según el tipo de liderazgo y gobernanza.

En la elección de activos o funciones, el territorio debe afrontar otros dos dilemas, el primero, decidir entre concentrar sus recursos en elementos de competitividad más duros o "hard", que tradicionalmente son I+D. El segundo es el concentrar sus recursos, en elementos más suaves o "soft" y en una innovación no exclusivamente tecnológica. En cuanto a la formación de estrategias territoriales, todas las teorías apuntan a una construcción basada en el proceso y en el dialogo pluralista de todos los agentes económicos de la región, combinada con la aproximación clásica, que descansa en la planificación racional, sin dejar de lado el capital social, el liderazgo compartido y la generación de capacidades dinámicas territoriales. La política regional puede estar sujeta a intervención gubernamental. Para que la intervención pública sea justificada, su política debe ser capaz de adicionar más que sustraer, siendo éste el enfoque central de toda intervención que deba hacer el Estado frente a las políticas gubernamentales. Las políticas de desarrollo regional son procesos innovadores y, dado que no existe una política de competitividad o de innovación óptima, y que el proceso de definición e implantación de las políticas es un proceso de aprendizaje continuo, el sujeto que aprende no es solo el gobierno, sino toda la sociedad.

La tercera y última etapa de este trabajo está centrada en el estudio de caso llevado a cabo en la región de Atacama, para el que se reunió a un *panel de expertos*, compuesto por importantes actores regionales, a los que se aplicó una entrevista - encuesta. Posteriormente, sus respuestas fueron analizadas. La razón principal de esta dinámica tiene como propósito definir estrategias competitivas que ayuden al desarrollo endógeno, y encontrar el estado de desarrollo competitivo en que se encuentra la región. Para definir el desempeño competitivo de la región, Porter define un diamante. Cada vértice está compuesto por cuatro grandes conjuntos de factores. El primero reúne los factores necesarios para la actividad económica empresarial, como mano de obra cualificada, financiación, infraestructuras físicas, informativas y tecnológicas. En el segundo vértice se encuentran los factores que constituyen la estrategia y el nivel de rivalidad entre las empresas, en él se destacan factores importantes como la existencia de una competencia real entre las empresas, la apertura al exterior, el grado de desarrollo de las empresas públicas y la existencia o no de una serie de incentivos y reglas fiscales. En tercer lugar se sitúa la competitividad, las industrias de apoyo y las relacionadas, que permiten el acceso a proveedores y prestadores de servicios competentes y cualificados. En último lugar, se incluyen las condiciones de la demanda, si esta considera clientes locales y sofisticados que puedan anticipar nuevas necesidades, antes que aparezcan en otros sitios.

La importancia de cada vértice dependerá del nivel de desarrollo del territorio. Porter define tres estadios de desarrollo en que se mueve un territorio en busca de su competitividad. Inicialmente se partirá con los factores de producción tradicionales, en donde los países que se sitúan en este estadio poseen más fortalezas en los costos de sus activos que en la cualificación de los mismos. El segundo estado de la eficiencia corresponde a una economía que basa su ventaja competitiva en la inversión, ésta es la base para producir productos de calidad a través de procesos eficientes. El tercer y último estado se basa en la innovación de sus productos y procesos productivos como base de su competitividad. Que un territorio avance hacia un estado superior no implica que todos los actores estén avanzando al mismo ritmo, en la transición pueden convivir empresas situadas en el estado de la eficiencia con otras situadas en el estadio de la innovación.

Al aplicar el Diamante de la Competitividad a la región de Atacama, se fueron detectando las principales fortalezas y debilidades vértice por vértice, y se trató de identificar en cada vértice algún factor que destacara por su fortaleza o por alguna debilidad particular. Todo esto se lleva a cabo pensando en el estadio al que se aspira que la región se desenvuelva y, por lo tanto, cabe valorarlo como estratégico. También se aportó información necesaria para las políticas y estrategias que persigue el desarrollo de una proposición única de valor y la búsqueda de la eficiencia operativa del territorio. Es necesario comentar que, pese a existir una opinión favorable respecto al I+D, no existen en la región propuestas específicas. Tampoco hay líneas de investigación y/o de desarrollo asociadas a potenciar algún sector económico. De haberlas, las propuestas, al no tener fundamentos sólidos tenderán a diluirse en el tiempo.

Del análisis del Diamante Competitivo de Porter, se obtiene que el desarrollo de las empresas en la región se encuentra concentrado en el primer estadio. Este estadio de desarrollo se basa en los factores de producción tradicionales, como son mano de obra y explotación de los recursos naturales. Aunque la totalidad de los miembros del "*panel de expertos*" desea una región de Atacama focalizada en la innovación, donde la producción eficiente y sostenible de productos innovadores se encuentra casi al límite de la tecnología, para ello es necesario vigorizar antes el estadio número dos, generando estrategias capaces de fortalecer todos los aspectos del Diamante Competitivo para que así, en un futuro, la economía pueda transitar de manera natural al segundo y luego al tercer estadio. Una vez aplicado el análisis del Diamante Competitivo de Porter, más las entrevistas y respuestas del cuestionario realizados al "*panel de expertos*", se obtienen, en resumen, las siguientes estrategias focalizadas a potenciar el estado competitivo basado en la inversión. La industria que presenta mayores potencialidades en su crecimiento es la del turismo de playa. Este sector económico debería aprovechar las bondades de un clima soleado durante casi todo el año y extender su oferta a un mercado con mayor presencia internacional, competir con playas de renombre usando como factores de marketing, sus amplia extensión, las arenas blancas y la presencia del sol durante todo el año. Se recomienda que ésta estrategia sea fortalecida por el Servicio Nacional de Turismo de Chile, organismo destinado a apoyar la difusión y marketing territorial. También se recomienda mejorar las infraestructuras viales entre las comunas y Santiago, invertir en el aeropuerto regional para ampliar la oferta de vuelos y el número de conexiones.

Con el propósito de ir definiendo el atractivo de la región en torno a actividades científico - tecnológicas, como la creación de nuevas fuentes de energía y la desalación del agua de mar, es necesario crear nuevas capacidades en el campo de las ingenierías, además de elevar los niveles de innovación tecnológica basados en I+D. Para ello se recomienda garantizar el desarrollo del capital humano, en ciencia y tecnología, necesario para la industria y las actividades científico-tecnológicas, a través de la Universidad de Atacama. Es en este campo de acción donde la Universidad debería liderar y potenciar las políticas en I+D. En caso de no existir las capacidades en la región, sería necesario apostar por centros tecnológicos de élite, usando convenios de cooperación internacionales, para que estos potencien a la Universidad como un centro de desarrollo tecnológico en la región. Lo anterior incrementará la relación con otros centros internacionales de excelencia y, a la vez, incentivará la participación en programas concretos y en proyectos que apoyen la presencia de técnicos especializados en las empresas. Una segunda recomendación es profundizar aún más las alianzas existentes entre la administración pública y los agentes privados, para así definir el papel que cada actor generador de conocimientos tiene en el sistema.

Otro elemento crítico en la generación de conocimientos, y necesario si se quiere transitar a estados de competitividad basados en la innovación, es que las mejoras en investigaciones deben traducirse en innovaciones empresariales. Es por tanto necesario avanzar en políticas que permitan la absorción tecnológica de las empresas y que puedan apoyar a la Universidad como centro tecnológico, acercándose a las necesidades de las empresas. Esta combinación sería positiva debido a su capacidad de innovación y, además, evitaría el anclaje en tecnologías y actividades obsoletas. Esto supone seguir avanzando en la innovación, pero intensificando simultáneamente el esfuerzo y la eficiencia en la I+D. Es por ello que se recomienda disponer de mecanismos en los que las empresas puedan trabajar junto con investigadores universitarios, en equipo, desde el principio hasta el final de un desarrollo innovador. Otra recomendación es la de incentivar a las empresas para que contraten investigadores y doctores entre el personal dedicado a la I+D y desarrollar programas y estancias dedicados a becarios, doctores y postdoctores provenientes de la Universidad.

Pienso que, solo así, en un futuro próximo, el desarrollo endógeno logre imponerse en la región con todos los beneficios que ello conlleva y conseguir que Atacama avance a estados de mayor competitividad, basados en la investigación, desarrollo e innovación.

ANEXOS

ANEXO 1

ANEXO 1.-

CÁLCULO DEL INACER.

La implementación de los Índices de Actividad Económica Regional (INACER), plantea los siguientes objetivos (INE Atacama 2014b).

- Contar con un sistema permanente de información estadística de corto plazo que permita analizar y evaluar la dinámica de la actividad económica regional.

- Proporcionar información útil y oportuna a los usuarios (sectores públicos y privados, universidades, inversionistas nacionales y extranjeros, y otros), con el fin de ayudar a orientar una buena toma de decisiones.

- Contribuir a identificar los principales vacíos en materia de estadísticas económicas regionales de corto plazo para implementar programas de desarrollo estadístico.

El INACER es una síntesis de estadísticas económicas regionalizadas producidas por el INE, y otros organismos en el ámbito de cada sector productivo. Corresponde a un indicador de tendencia de la actividad económica agregada regional, que busca estimar los ritmos de aceleración o estancamiento. Además estima la variación de las cantidades producidas de bienes y servicios con relación a un período base que corresponde al promedio de 1996. Para su cálculo, a nivel de productos, subsectores, sectores e índice, se utiliza el Índice de Cantidad de Laspeyres, cuyas variables son las siguiente:

$$\mathrm{ILP} = 12\frac{\sum q_t * p_0}{\sum q_0 * p_0}$$

Donde:

ILP = Índice de Cantidad de Laspeyres

q_t = Cantidad de cada bien y/o servicio en el mes t

q_0 = Cantidad de cada bien y/o servicio en el año base 0

p_0 = Precio por unidad de cada bien y/o servicio en el año base 0

El INACER se construyó tomando como base los once sectores económicos principales construidos en las cuentas nacionales, que son:

1. Agropecuario – Silvícola
2. Pesca
3. Minería
4. Industria manufacturera
5. Electricidad, Gas y Agua
6. Construcción
7. Comercio
8. Transportes, que involucra además los subsectores de Almacenamiento y Comunicaciones
9. Servicios financieros
10. Otros Servicios (Servicios Personales y Administración Pública)
11. Propiedad de Vivienda

La importancia relativa de cada sector económico está determinada por su peso en el PIB total de la región para el año 1996. Este peso se obtiene del proyecto *"Elaboración, Cálculo y Análisis de Matrices Insumo-Producto Regional"*, elaborado por el INE. Se utiliza un procedimiento similar para calcular el peso de los subsectores y grupos. El peso de cada producto en su agrupación correspondiente, se calcula por la importancia de éste con relación a la valoración total del año base 1996, es decir el valor bruto de producción.

$$\frac{\text{Valor del producto}}{\sum \textit{Valor total de los producos}}$$

Es importante aclarar que el INACER no incluye el 100% de los productos o actividades que pudieran existir en un sector económico, dada la dificultad y oportunidad en la consecución de la información para su inclusión en el indicador. Sin embargo, el INACER establece un importante criterio operativo, al incorporar los productos y actividades más representativas de una rama económica, y medir el comportamiento económico aproximado de la región. Una vez establecidas las ponderaciones del año base, se va realizando el cálculo corriente del INACER. Para ello se utilizan indicadores directos o indirectos que estimen la producción física de cada sector. En los casos que no se cuenta con indicadores directos de producción física, se emplean indicadores indirectos como los siguientes (INE Atacama 2014b):

- Valorizaciones monetarias, ya sean ingresos, gastos o inversiones, las que son deflactadas por diferentes índices de Precios.

- Población ocupada por actividad o rama económica, correspondiente a la Encuesta Nacional del Empleo del INE.

- Indicadores combinados calculados a partir de índices de ramas productivas de la región.

ANEXO 2

ANEXO 2.-

ÍNDICE ENCADENADO.

Al tratar de cuantificar la producción de un país, existe un problema normal de agregación, el que se resuelve reduciendo las cantidades intercambiadas a un patrón común, las unidades monetarias. Para ello se multiplican las cantidades de los productos por su respectivo precio unitario, sumando luego todos los valores resultantes en unidades monetarias. Este procedimiento corresponde al denominado *"precios corrientes"*. Lamentablemente, la inflación hace que los precios corrientes pierdan rápidamente su valoración en el tiempo. Los sistemas estadísticos han introducido métodos de valoración capaces de separar los componentes de precios nominales, de los volúmenes reales. Lo primero consiste en valorar todas las cantidades a los precios de un año fijo, *"llamado año base"*, este sistema establece un índice de base fija, el que se encuentra ligado a la estructura de productos del año considerado como base. Si la estructura cambia, los precios dejarán de ser representativos. La continua ampliación de mercados, la innovación tecnológica y la mayor cantidad de productos sustitutos, hacen que la estructura de la base cambie muy rápidamente. Ahora, si se valoran las cantidades intercambiadas cada año, a los precios del año anterior, se obtiene un sistema de base móvil que resolvería el problema de representatividad de la valoración a precios constantes de un año dado, pero que solo permite la comparación directa entre los pares de años consecutivos. Esta heterogeneidad en las comparaciones se resuelve componiendo multiplicativamente los índices de crecimiento, proceso que da lugar a los índices encadenados (Abad 2002: 73). Si bien los índices encadenados ayudan a solucionar los problemas de comparación a largo plazo, el problema que llevan, es que no son aditivos, lo que plantea una serie de problemas para la difusión, interpretación y utilización de los sistemas de índices encadenados, habiéndose extendido el uso de las contribuciones al crecimiento, las que sí son aditivas a nivel anual.

Ejemplo:

Considere una economía con sólo dos subagregados (A y B), y que juntos integran un agregado A+B. Además se tienen datos que consideran un período de 6 años. Los datos disponibles para los subagregados son los valores en corrientes y los valores a precios del período anterior.

Tabla A-2.1.- Economía a precios corrientes.

	Precios período anterior			**Corrientes**		
Año	A	B	A + B	A	B	A + B
2010	5.256	24.500	29.756	5.351	25.110	30.461
2011	5.613	26.298	31.911	5.740	27.406	33.146
2012	5.841	28.250	34.091	6.155	29.133	35.288
2013	6.328	29.702	36.030	6.630	30.494	37.124
2014	6.656	31.353	38.009	6.928	32.219	39.147
2015	6.953	33.685	40.638	7.256	34.783	42.039

Fuente: Adaptado de Abad 2002.

Con estos datos se pueden ir obteniendo los eslabones y cadenas de volumen. Los primeros se obtienen como cociente entre la magnitud a precios del período anterior y la magnitud en corrientes del año anterior. La cadena será el resultado de ir multiplicando los sucesivos eslabones. Matemáticamente:

Eslabones del subagregado:

$$e_t^i = \frac{p_t^i q_t^i}{p_{t-1}^i q_{t-1}^i} * 100$$

Donde:

e_t^i = Eslabón en el año t del subagregado i.

$p_t^i q_t^i$ = Valor en el año t a precios del año t-1, del i-ésimo subagregado.

$p_{t-1}^i q_{t-1}^i$= Valor en el año t-1 del i-ésimo subagregado.
Tomando al año 2010 como base 100, el calculo del subagregado A, del año 2011, se obtiene:

$$e_{2011}^A = \frac{5.613}{5.351} * 100 = 104,90$$

Así sucesivamente para todos los subagregados:

Tabla A-2.2.- Cálculo de eslabones

	Eslabones		
Año	A	B	A+B
2010	**Año Base**		
2011	104,90	104,73	104,76
2012	101,76	103,08	102,85
2013	102,81	101,95	102,10
2014	100,39	102,82	102,38
2015	100,36	104,55	103,81

Fuente: Adaptado de Abad 2002 :76.

Índice encadenado:

$$cq_t = cq_{t-1} \frac{\sum_{i=1}^n p_t^i q_t^i}{\sum_{i=1}^n p_{t-1}^i q_{t-1}^i}$$

Donde:

cq_t = Valor para el año t, del índice del volumen anual encadenado de un agregado compuesto por k subagregados.

$p_t^i q_t^i$ = Valor en el año t a precios del año t-1, del i-ésimo subagregado.

$p_{t-1}^i q_{t-1}^i$= Valor en el año t-1 del i-ésimo subagregado.

Matemáticamente:

Considerando el año base 2010 igual a 100

$$cq_{2011} = 100\frac{31.911}{30.461} = 104,76$$

Tabla A-2.3.- Cálculo del índice encadenado.

	Eslabones			Índice encadenado
Año	A	B	A+B	A+B
2010	**Año Base**			**100,00**
2011	104,90	104,73	104,76	104,76
2012	101,76	103,08	102,85	107,75
2013	102,81	101,95	102,10	110,01
2014	100,39	102,82	102,38	112,64
2015	100,36	104,55	103,81	116,93

Fuente: Adaptado de Abad 2002: 74.

ANEXO 3

ANEXO 3.

ENCUESTA "ESTRATEGIAS DE DESARROLLO REGIONAL. EL CASO REGIÓN DE ATACAMA (CHILE)".

Pregunta 1) Teniendo en cuenta la evolución de los años recientes, así como los grandes ejes que han definido la economía de la Región de Atacama en el transcurso de las últimas décadas, ¿cuál sería brevemente su diagnóstico económico y social de la región?

Pegunta 2) ¿Cómo ve el futuro de la minería regional, sea la moderna a escala o la más artesanal?

Pregunta 3) ¿Cuáles acciones cree usted que podrían contribuir a impulsar los turismos (de playa, gastronómico, de aventura, por eventos singulares, etc.) en nuestra Región?

Pregunta 4) Por su naturaleza, la región posee ciertos recursos naturales hasta el momento presente poco explotados. Uno de los que destaca es la elevada radiación solar, así como el viento, las cuales pueden ser usadas para generar electricidad según modernas técnicas renovables ¿Cuál cree usted que se debiera(n) de priorizar?

Fuente de energía	Si/No	¿Porqué motivos?
Generación Fotovoltaica		
Plantas Termoeléctricas		
Energía Eólica		
Todas las anteriores		

Pregunta 5) ¿Qué medidas podrían tomarse para que el despliegue de estas instalaciones energéticas contribuya a crear un sector económico al respecto en nuestra Región?

Pregunta 6) ¿A su parecer, cómo se podría desplegar una actividad suficiente en Investigación y Desarrollo (I+D) en el ámbito de las energías renovables?

Pregunta 7) La región se caracteriza por tener un clima que favorece ciertas actividades agrícolas, ¿Qué medidas deberían de tomarse a corto y medio plazo para fortalecer el desarrollo agroindustrial?

Pregunta 8) Hablando de las infraestructuras varias, ¿Qué opinión le merece su estado actual y qué proyectos son prioritarios para el futuro?

Pregunta 9) ¿Cómo podría fortalecerse en su opinión la calidad del capital humano regional?

Pregunta 10) Espacio abierto para todas las consideraciones que quiera añadir.

"SE AGRADECE SU DISPOSICIÓN Y TIEMPO EN RESPONDER EL CUESTIONARIO"

BIBLIOGRAFÍA

Abad, A., Cuevas, Á., & Quilis, E. (2002). Índices encadenados de volumen: una guía práctica. Universidad Carlos III de Madrid, Departamento de Estadistica., 72-85. Documento disponible en http://www.est.uc3m.es/esp/nueva_docencia/comp_col_get/lade/tecnicas_prediccion/Pages_from_BIAM157s.pdf. Última visita en diciembre 2015.

Aranguren, M. Magro, E., Navarro, M., & Valdaliso, J. (2012). Estrategias para la construcción de ventajas competitivas regionales. (I. V. de la C. Orkestra, Ed.). Deusto: Marcial Pons.

Aranguren, M., Larrea, M., & Wilson, J. (2010). Trayectorias de Cambio en la Gobernanza : Experiencias en Asociaciones "Cluster" y Redes Comarcales en el País Vasco. Ekonomiaz, 74(2), 160–177.

Asheim, B. (2012). The Changing Role of Learning Regions in the Globalizing Knowledge Economy: A Theoretical Re-Examination. Regional Studies, 46(4), 993–1004. http://doi.org/10.1080/00343404.2011.607805

Avnimelech, G., & Teubal, M. (2008). Evolutionary Targeting. Journal of Evolutionary Economics, 18(2), 151–166. http://doi.org/10.1007/s00191-007-0080-6.

Baca, V. (2004). La escuela Neokeynesiana: Desarrollo y aportes. Pensamiento Crítico, 3(1), 7.

Banco Central de Chile. (2007). Cuentas Nacionales de Chile 2003-2006. Banco Central de Chile.

Barber, W. (1978). Historia del pensamiento económico (3a ed.). Madrid: Alianza Universidad.

Barberá, R. A., & Doncel, L. M. (2003). La moderna economía del crecimiento. Madrid: Sintesis.

Barca, F. (2011). Alternative Approaches to Development Policy: Intersections and Divergences. Territorial Dimension of Development Policies, Especial(July).

Biehl, D. (1988). Las infraestructuras y el desarrollo regional. Papeles de Economía Española, 35, 293-311.

Bustelo, P. (1998). Teorías contemporaneas del desarrollo económico. Madrid: Sintesis.

Cantner, U., & Pyka, A. (2001). Classifying Technology Policy From an Evolutionary Perspective. Research Policy, 30(5), 759-775. http://doi.org/10.1016/S0048-7333(00)00104-9

Capello, R. (2006). La Economía Regional tras cincuenta años: Desarrollos teóricos recientes y desafíos futuros. Investigaciones Regionales, Otoño(009), 169-192.

CONYCIT 2015. Proyecto Anillos SOC1106. Revisado desde http://www.estudiosurbanos.uc.cl/images/noticias-actividades/2015/Mayo_2015/PPT_ICVU_2015_Conferencia.pdf. Última visita noviembre 2015.

Corbo, V., & Hernández, L. (2005). [Eighty years of history of the Central Bank]. Central Bank of Chile Working Papers, 345. Revisado desde http://www.bcentral.cl/eng/studies/working-papers/pdf/dtbc345.pdf. Última visita octubre 2015

Corral, N., Anrique, N., Fernandes, D., Parrado, C., & Cáceres, G. (2012). Power, placement and LEC evaluation to install CSP plants in northern Chile. *Renewable and Sustainable Energy Reviews, 16*(9), 6678-6685. http://doi.org/10.1016/j.rser.2012.09.006

De la Rosa, J. (2006). Dos enfoques teóricos sobre el proceso de crecimiento económico: con énfasis en las exportaciones manufactureras. Análisis Económico, Vol. 21(48), 93-119.

Díez, M. A. (2001). Propuestas para Evaluar las Nuevas Políticas Regionales. Ekonomiaz, 47(2), 182-205.

División de Planificación y Desarrollo Gobierno Regional de Atacama, República de Chile (2004). Zonificación de los usos del borde costero región de Atacama. Memoria explicativa.

dos Santos, T. (2011). Imperialismo y dependencia. (A. Lorenzo & H. Arrayago, Eds.). Caracas: Fundación Biblioteca Ayacucho.

Frenken, K., Van Oort, F., & Verburg, T. (2007). Related Variety, Unrelated Variety and Regional Economic Growth. Regional Studies, 41(5), 685-697. http://doi.org/10.1080/00343400601120296

Furió, E. (1996). Evolución y Cambio en la Economía Regional. Barcelona: Ariel S.A.

Galindo, M. (2011). Crecimiento económico. Tendencias Y Nuevos Desarrollos de La Teoría Económica, 858, 39-56.

Galindo, M. & Malgesini, G. (1994). Crecimiento Económico. Principales teorías desde Keynes. Madrid: McGraw-Hill.

Galindo, M. (2003). Keynes y el nacimiento de la macroeconomía. Madrid: Sintesis.

Garofoli, G. (1984). Modelos locales de desarrollo. Planificación Y Desarrollo, 157-168.

Garofoli, G. (1992). Endogenous development and southern europe: an introduction. (G. Garofoli, Ed.). Avebuy.

Giannitsis, T., & Kager, M. (2009). Technology and Specialization : Dilemmas , Options and Risks?, (May), 1-36.

Hax, A., & Majluf, N. (1997). Estrategias para el Liderazgo Competitivo. (3a ed.). Ediciones Granica de Chile S.A.

Hidalgo, A. (1998). El pensamiento económico sobre desarrollo. De los mercantilistas al PNUD. Huelva: Universidad de Huelva. Publicaciones.

Hirschman, A. (1957). La estrategia del desarrollo económico. México: Fondo de Cultura Económica, México.

INE Atacama. (2005). Anuario Estadístico Regional 2005 Región de Atacama. Instituto Nacional de Estadísticas - Chile.

INE Atacama. (2006). Anuario Estadístico Regional 2006 Región de Atacama. Instituto Nacional de Estadísticas - Chile. Copiapó.

INE Atacama. (2007). Anuario Estadístico Regional 2007 Región de Atacama. Instituto Nacional de Estadísticas - Chile.

INE Atacama. (2008). Anuario Estadístico Región de Atacama 2008. Instituto Nacional de Estadísticas - Chile.

INE Atacama. (2009). Anuario Estadístico Región de Atacama 2009. Instituto Nacional de Estadísticas - Chile.

INE Atacama. (2010). Anuario Estadístico Región de Atacama 2010. Instituto Nacional de Estadísticas - Chile.

INE Atacama. (2011). Anuario Estadístico Región de Atacama 2011. Instituto Nacional de Estadísticas - Chile.

INE Atacama (2012). Anuario Estadístico Región de Atacama 2012, Instituto Nacional de Estadísticas - Chile (2012).

INE Atacama. (2013). Anuario Estadístico Regional 2013 Región de Atacama. Instituto Nacional de Estadísticas - Chile.

INE Atacama. (2014a). Anuario Estadístico 2014 Región de Atacama. Instituto Nacional de Estadísticas - Chile.

INE Atacama. (2014b). Indicador de actividad económica regional. Revisado en http://www.ine.cl/canales/chile_estadistico/territorio/inacer/pdf/metodologia.pdf. Última visita diciembre 2015

Jacobs, J. (1985). Las Ciudades y la Riqueza de las Naciones. Barcelona: Sirven Grafic.

Jimenez, L. M. (2000). Desarrollo sostenible. Madrid: Piramide.

Jones, C. I. (2000). Introducción al crecimiento económico. México: Pearson - Prentice Hall.

Krugman, P. (1998). The role of geography in development. Washington, D.C.

Lipsey, R., & Carlaw, K. (1997). Technology Policies in Neo-Classical and Structuralist-Evolutionary Models. Science Technology Industry, especial(May).

Massad, C. (1999). La economía chilena: una historia difícil. Banco Central de Chile, 10.

Mattos, C. (2000). Nuevas teorías del crecimiento econó- mico : una lectura desde la perspectiva de los territorios de la periferia. Revista de Estudios Regionales, 58, 15–44.

Mintzberg, H. (1994). The Rise and Fall of Strategic Planning. Edinburgh: Prentice Hall.

Muñiz, I. (1998). Externalidades, localización y crecimiento: una revisión bibliográfica. Revista de Estudios Regionales., 52, 155–175. Revisada desde http://www.revistaestudiosregionales.com/documentos/articulos/pdf607.pdf. Última visita noviembre 2015

Myrdal, G. (1957). Teoría económica y regiones subdesarrolladas (3a ed.). México: Fondo de Cultura Económica, México.

Nahapiet, J., & Ghoshal, S. (1998). Social capital, intellectual capital, and the organizational advantage. Academy of Management Review, 23(2), 242–266. http://doi.org/10.5465/AMR.1998.533225

Navarro, M., Aranguren, M., & Magro, E. (2012). Las Estrategias de Especialización Inteligente: Una Estrategia Territorial para las Regiones. Cuadernos de Gestion, 12(Año), 27–49. http://doi.org/10.5295/cdg.110310mn

OECD (2013), Regions and Innovation: Collaborating across Borders, OECD Reviews of Regional Innovation, OECD Publishing. http://dx.doi.org/10.1787/9789264205307-en.

OECD. (1992). Technology and the Economy: The Key Relationships. Organisation for Economic Co-operation and Development, 1992.

OECD. (1997). Special Issue on "New Rationale and Approaches in Technology and Innovation Policy." OECD Science Technology Industry, (May).

OECD. (2011). OECD Reviews of Regional Innovation: Regions and Innovation Policye. (OECD, Ed.). OECD.

Orkestra-Instituto Vasco de Competitividad. (2008). Informe de Competitividad del País Vasco 2008: hacia una propuesta única de valor. (F. Deusto, Ed.). Deusto: Universidad de Deusto.

Orkestra-Instituto Vasco de Competitividad. (2015). Informe de Competitividad del País Vasco 2015. (F. Deusto, Ed.). Deusto: Universidad de Deusto.

Porter, M. (1980). Estrategia Competitiva, Técnicas para el Análisis de la Empresa y sus Competidores (4a ed.). Ediciones Pirámide.

Porter, M. (1990). La Ventaja Competitiva de las Naciones. Bostón, EE.UU: Plaza & Janés Editores.

Reyes, G. (2001). Principales Teorías sobre el Desarrollo Económico y Social. Nómadas: Revista Crítica de Ciencias Sociales Y Jurídicas, 4(1), 11.

Richardson, H. (1973). Economía Regional. Barcelona: Vicens - Vives.

Richardson, H. (1977). Teoría del Crecimiento Regional. Madrid: Piramide.

Richardson, H. (1978). Economía regional y urbana. Madrid: Alianza Universidad Textos.

Rosales, S., & López, S. (2008). Base exportadora y sistema de innovación regional. El caso de Sinaloa. Región Y Sociedad, XX (667), 164–187.

Sotarauta, M. (2004). Strategy Development in Learning Cities. Research Unit for Urban and Regional Development Studies, University of Tampere (Vol. 8), 1-54.

Torres, F., & Labarca, N. (2009b). Construcción histórica-teórica del proceso de desarrollo económico. Revista de Ciencias Sociales, XV(3), 458–469.

Vázquez, A. (1986). El cambio del modelo de desarrollo regional y los nuevos procesos de difusión en España. Estudios Territoriales, 20, 87-110.

Vázquez, A. (2005). Las nuevas fuerzas del desarrollo. Barcelona: Antoni Bosch.

Vázquez, A. (2007). Desarrollo endógeno. Teorías y políticas de desarrollo territorial. Investigaciones Regionales, (11), 183-210.

Vázquez, A., & Madoery, O. (2001). Desarrollo endógeno y globalización. In Transformaciones globales, instituciones y políticas de desarrollo local. (pp. 1-17). Rosario: Homo Sapiens.

Visión Humana 2015. Barómetro Imagen Ciudad 2015. Revisado en http://issuu.com/visionhumana/docs/bar__metro_imagen_ciudad_2015_visi _. Última visita diciembre 2015.

Wadley, D. (1988). Estrategias de desarrollo regional. Papeles de Economía Española, 35, 96-115.

SITIOS WEB VISITADOS

http://www.bcn.cl. Última visita agosto de 2015.

http://www.bibliotecanacionaldigital.cl. Última visita septiembre de 2015.

http://www.cochilco.cl. Última visita noviembre de 2015.

http://www.ine.cl. Última visita diciembre de 2015.

http://www.sii.cl. Última visita diciembre de 2015.

http://www.bcentral.cl. Última visita diciembre de 2015.

http://minsal.cl. Última visita marzo de 2016.

http://www.odepa.cl . Última visita marzo 2016.

http://www.mineduc.cl. Última visita marzo 2016.

http://www.geovirtual2.cl. Última visita abril 2016

http://www2.udec.cl/~lpalma/peces.html. Última visita abril 2016.

http://www.conaf.cl. Última visita abril 2016.

http://www.sernatur.cl/region-de-atacama/. Última visita abril 2016.

http://www.pasosfronterizos.gov.cl. Última visita abril 2016.

http://www.ministeriodesarrollosocial.gob.cl. Última visita abril 2016.

FSC
www.fsc.org
MIX
Papier | Fördert gute Waldnutzung
FSC® C083411

Kolibri 360 GmbH
Ferdinand-Jühlke-Straße 7
99095 Erfurt, Deutschland
produktsicherheit@kolibri360.de

Druck:
CPI Druckdienstleistungen GmbH
im Auftrag der
Kolibri 360 GmbH
Ferdinand-Jühlke-Str. 7
99095 Erfurt